体育经济相关理论分析与科学发展研究

彭 坤◎著

中国水利水电出版社
www.waterpub.com.cn
·北京·

内 容 提 要

本书首先阐明了体育与经济的关系以及体育经济学的研究概况，在此基础上，分析了体育需求与供给理论、体育消费及消费者行为理论、体育产业结构与组织理论、体育产业政策理论与发展，研究了体育市场运行机制与发展、体育市场营销理论与操作、体育产业市场的经营管理与发展等。

本书结构清晰、条理分明、理论严谨，可读性强，具有专业性、实用性、科学性等特点，既可作为体育经济及相关专业的教学用书，也可作为社会体育工作者的参考用书。

图书在版编目(CIP)数据

体育经济相关理论分析与科学发展研究/彭坤著.
—北京：中国水利水电出版社，2017.8 （2024.10重印）
ISBN 978-7-5170-5781-9

Ⅰ.①体… Ⅱ.①彭… Ⅲ.①体育经济学—研究
Ⅳ.①G80—05

中国版本图书馆 CIP 数据核字(2017)第 212693 号

书　名	体育经济相关理论分析与科学发展研究 TIYU JINGJI XIANGGUAN LILUN FENXI YU KEXUE FAZHAN YANJIU
作　者	彭　坤　著
出版发行	中国水利水电出版社 (北京市海淀区玉渊潭南路 1 号 D 座 100038) 网址：www.waterpub.com.cn E-mail：sales@waterpub.com.cn 电话：(010)68367658(营销中心)
经　售	北京科水图书销售中心(零售) 电话：(010)88383994、63202643、68545874 全国各地新华书店和相关出版物销售网点
排　版	北京亚吉飞数码科技有限公司
印　刷	三河市天润建兴印务有限公司
规　格	170mm×240mm　16 开本　18.5 印张　332 千字
版　次	2018 年 1 月第 1 版　2024 年 10 月第 3 次印刷
印　数	0001—2000 册
定　价	85.00 元

前　言

体育作为一项产业活动，是随着资本主义制度的产生和确立而相继萌芽、演进的。随着人们生活水平的提高以及科学技术的发展，如今的体育已经突破了其社会文化方面功能的历史局限，从过去少数人的享受转为今天的大众化消费，展露了其重要的经济价值。就概念而言，体育经济不仅包括体育产业的经济活动，还包括体育与经济的关系，以及与体育关系密切的一些经济活动。通过对体育经济活动过程中各种经济现象和经济规律的研究，能够解释体育产业运行的内在要素，并为各级政府制定体育业发展规划以及各项方针、政策和法规提供理论依据。

对于体育经济的研究，在第二次世界大战之前，欧美国家的学者们主要将目光集中于职业体育领域。第二次世界大战之后，特别是 20 世纪 90 年代以来，体育领域中的经济问题逐渐增多且更加复杂化，各国学者对它的研究也从职业体育领域拓展到了更广的范围。我国关于体育经济的研究起步较晚，十一届三中全会之后，体育高等院校的一些学者才率先开始对体育经济的研究。随着中国市场化改革的进程，体育经济开始进入了社会化、职业化、商业化的发展阶段，逐渐成为国民经济新的增长点。随着体育经济功能的不断扩展，需要我们对体育这一投入和产出巨大的产业进行深入的经济分析，但就目前的情况而言，关于体育经济的研究尚不成熟，相关方面的理论和研究都还有待完善、补充。基于此，作者撰写了《体育经济相关理论分析与科学发展研究》一书。

本书总共分为十章，第一章对体育经济学做了基本的阐释，阐明了体育与经济的关系以及体育经济学的研究概况，在此基础上，第二章到第五章分别对体育需求与供给理论、体育消费及消费者行为理论、体育产业结构与组织理论、体育产业政策理论与发展进行了分析，第六章到第十章分别对体育市场运行机制与发展、体育市场营销理论与操作、体育产业市场的经营管理与发展、现代支柱体育产业管理与发展、我国体育产业的 SWOT 分析与发展战略进行了研究。总的来说，本书结构清晰，内容翔实，科学理论研究严谨，从经济学的角度对我国体育产业进行了深入的研究，充分体现了时代性、系统性、科学性等特点，以期读者能够从经济学的视角历史地、全面地理解体育领域中的经济问题，并进行理性的理论思考和实践探索。

本书在撰写过程中参阅了许多有关体育经济方面的著作，同时也引用了许多专家和学者的研究成果，在此表示最诚挚的谢意！由于时间仓促，作者水平有限，不当之处在所难免，恳请广大读者多提宝贵意见，以便本书的修改与完善。

作　者

目　录

第一章　绪　论

体育在国民经济中发挥着重要的作用，体育与经济之间具有密不可分的关系。伴随着体育经济的兴起，体育经济学应运而生，并得到不断发展，成为一门具有自身研究对象、研究内容及研究方法的学科。本章内容就以体育与经济的关系辨析为基础，对体育经济学的产生与发展进行分析，阐明体育经济学的研究对象、研究内容与研究方法，明确体育经济学的研究现状，进而促进后续研究的开展。

第一节　体育与经济的关系辨析

随着体育产业化和社会化的发展，体育作为第三产业，地位日益凸显出来。体育产业和国民经济相互影响，相互制约，呈现出一种辩证互动的关系。一方面，国民经济的发展会对体育产业的发展起到很大的带动作用；另一方面，体育产业的发展反过来又为国民经济的发展提供推动力。分析和处理好体育产业与经济的辩证关系，使体育产业与社会经济协调发展，是当前体育管理机构制定体育经济发展战略的重要基础。

一、体育在国民经济中的地位

（一）在西方国家国民经济中的地位

美国是世界上体育产业最发达的国家，体育产业在整个国民经济中发挥着重要作用，并得到快速发展。据统计，1995 年美国体育产业的总产值在美国产业排行榜中居第 11 位，高于保险业、法律服务业、机动车与设备制造业、汽车修理与服务业的产值。近些年，美国体育产业的规模不断扩大，经营模式日渐成熟，成为七大支柱产业之一。相关数据表明，美国体育总产值在世界上遥遥领先其他国家，美国体育产业已经成为国民经济极其重要的组成部分。

欧洲国家的体育产业发展速度也非常快，体育产业已日益成为促进国民经济发展的新增长点。英国、意大利、瑞士、西班牙和芬兰等国家的体育生产总值也都不断增加。另外，体育产业在日本和澳大利亚也具有举足轻重的地位。

(二)在我国国民经济体系中的地位

体育产业在我国起步较晚，但在我国国民经济中所处的地位却越来越重要，具体表现为以下两点。

第一，我国体育及相关产业的发展已初具规模。相关统计数据表明，全国体育及相关产业从业人员数量逐年增加。

第二，我国体育及相关产业的发展速度较快。据统计，我国体育产业的增加值连续数年保持增长(图 1-1)，占 GDP 的比重也不断增加(图 1-2)。

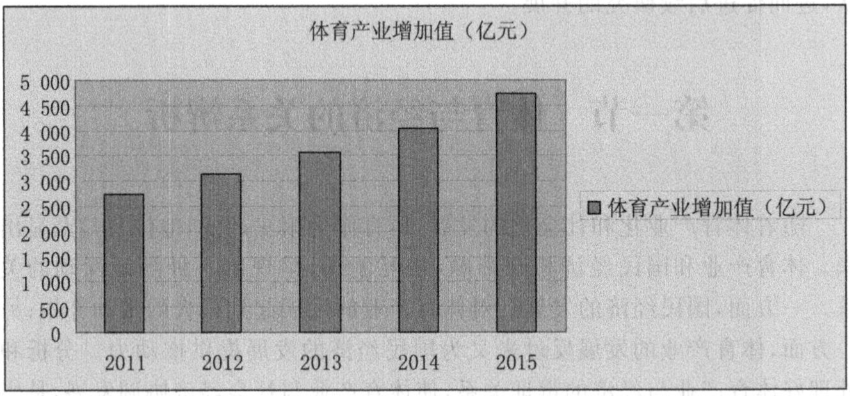

图 1-1

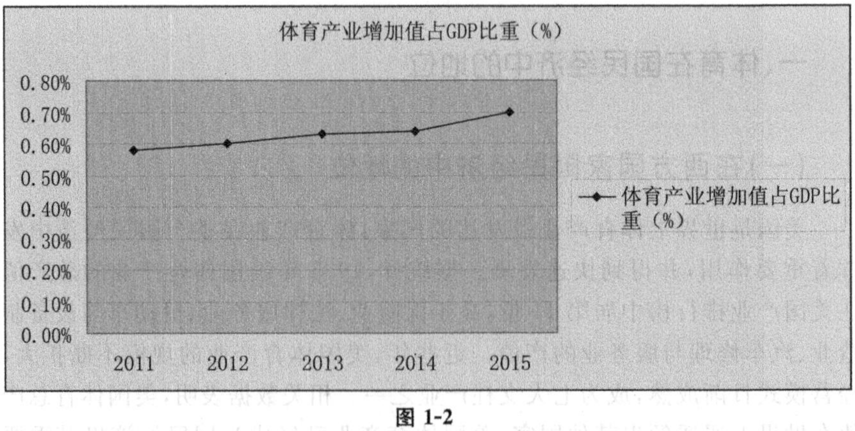

图 1-2

我国体育产业在取得发展的同时，其规模与发达国家仍不可同日而语，对国民经济发展的贡献也大大低于发达国家，体育产业发展任重而道远。

二、体育与国民经济的相互影响

(一)经济是体育发展的重要基础

1. 经济发展决定体育消费需求

体育产业的产生和发展与其他产业的产生和发展一样，是人们一定的消费需求的产物，经济发展状况决定了人们对体育产品的消费需求。

第一，经济发展水平制约着人们对体育的消费需求。体育作为一个独立的产业出现，必须以稳定的、具有一定规模的体育市场需求的存在为前提。经济发展水平决定了人们的收入水平，从而也决定了人们的支付能力。支付能力则决定了人们对体育产品的有效需求。经济发展水平决定人们的收入水平，进而影响人们对体育产品的需求。一方面，通过影响人们的消费水平制约体育产业的产生和发展程度；另一方面，通过影响人们的消费结构决定体育产业本身的产品结构。只有在人们有较高的支付能力时，付费体育产品才可能形成规模生产。

第二，生产关系，尤其是分配制度影响体育消费水平和消费结构。在不同的生产关系形势下的收入分配制度是不同的，不同的分配制度决定了社会具有不同的收入结构。有的社会收入分配平均，有的社会贫富差别适度，有的社会则贫富两极分化，这直接影响了人们的支付能力，进而造成了不同的体育消费结构。

在社会主义市场经济条件下，实行按劳分配与按生产要素分配相结合的分配政策，鼓励一部分人先富起来，使收入差别逐步拉开，当人们对体育产品的消费需求在总体水平提高的同时，需求结构也在变化，许多高档的体育活动如高尔夫等逐步发展起来，体育职业化、市场化进程也开始加快，付费体育产品日益增多。

2. 国民经济结构的调整为体育产业的发展创造了条件

当前，世界各国的产业结构不断调整，第一产业、第二产业在国民经济中所占的比重不断下降，第三产业的相对比重呈现不断上升的态势，出现了“经济服务化”的趋势。第三产业的迅速发展和其战略地位的提高，是由生产效率、消费结构和生产结构诸因素的发展引起的。工农业生产效率的提高为人们收入的不断增长和闲暇时间的延长创造了条件，从而引起消费结构中服务消费比重上升，也带动了生活服务业的发展；生产的社会化、信息化、市场化和国际化使生产结构中的生产性服务增长，从而带动了生产服务业的发展；收入水平提高使人们用货币交换时间和便利的需求增长，从而推动了提供相关服务的新兴行业的出现。而服务业的潜在需求很大，其带动经济增长和扩大就业的作用日渐突出，发展前景相当广阔。

体育产业是第三产业的一个重要组成部分，可以借助第三产业具有较高的收入水平和吸引劳动力流入等有利条件不断发展壮大自己，因此，各国第三产业的发展为体育产业的发展创造了良好的条件和宽松的环境。

3.经济制度决定体育产业的性质

经济制度决定体育产业的性质主要表现为生产力状况决定着体育产业的地位和体育产业的社会性质。

(1)生产力状况决定了体育产业的地位

在原始社会，生产力极其低下，体育只是在人与自然界斗争的物质生产活动中孕育萌芽，并没有成为物质生产活动之外的独立活动形式。

在奴隶社会和封建社会，生产力有了一定程度的发展，但社会剩余产品不多，自然经济形态占统治地位，产业分工与分化程度还很低。在这一漫长的时期中，虽然随着生产力的发展、社会的进步，人类进入文明时代，体育产业开始在逐步前进，但体育依然未能作为一个独立的产业获得充分的发展。

进入现代社会，生产力迅猛发展，经济发展水平大大提高，体育也逐步发展成为一个独立的产业部门，其产业功能也日益受到重视。一方面，各国政府大力发展体育事业，国际的体育交流也走向经常化、制度化和规范化。另一方面，现代体育开始向全社会的各个领域渗透，体育活动覆盖面越来越广。在现代社会中，体育已经作为一个独立的和日益发展的具有复杂内部结构和完善产业功能的产业部门，成为国民经济的重要组成部分。

(2)生产关系的状况决定了体育产业的社会性质

体育产业的社会性质主要是由占统治地位的生产关系的性质决定的，体育产业的社会性质是占统治地位的生产关系的社会性质在体育领域内的延伸。在现代社会，随着社会生产力的发展和人们总体收入水平的提高，并且有较为完善的再分配制度和政策，体育产业逐渐发展起来。一方面，体育活动已经成为人们强身健体和休闲娱乐的基本需要；另一方面，体育已经融入了市场经济社会而成为经营者营利的事业，同时也在很大程度上满足了人们的体育需求。

4. 经济制约着体育运动的规模和水平

体育的发展离不开经济的支持，体育的发展速度和水平，同样会受到国民经济发展规模、速度和水平的制约，因此体育还由社会生产力水平所决定并受到制约。没有社会生产力的发展、没有经济为体育提供的资金和物资条件，体育发展将无从谈起。体育的发展从根本上依赖于经济的发展，经济的滞后、资金的短缺也制约了体育事业的发展速度与发展规模，而且用于体育的自由时间是通过经济消费结构的变化而实现的。社会生产不仅改变人们的劳动方式，而且还通过劳动生产率的提高、消费品的数量和品种的增加而改变人们的消费结构。

(二)体育推动经济的发展

1. 体育产业的发展成为国民经济新的增长点

当今世界，体育不再只是一项公益事业，其在促进产业结构升级和经济可持续发展方面发挥着越来越重要的作用。当前，体育产业的浪潮席卷了全球，并渗透到人们日常生活的各个方面，涌现出许多科技含量较高、市场潜力大、投资效益好的新兴产品。体育产业蕴藏着巨大的市场潜力，呈现出生机勃勃的发展势头，因此，被称为具有广阔发展前景的“永远的朝阳产业”。

随着体育产业的快速发展，体育投资规模不断扩大，体育的商业开发和运作不断升级，促使体育进出口贸易迅速发展，使得中国的体育产业产值占GDP的份额不断提高。现代体育的职业化、产业化和商业化已经成为各国体育借以立足扬威的经济动因。体育的产业化对经济发展的价值，首先表现在对国民生产总值的贡献率上。发达国家都非常注重充分发挥体育的经济功能，努力追求体育的最大经济效益，有些发达国家的体育产业已逐渐成为其国民经济的支柱产业。

2. 体育的发展在增加就业机会中的作用

体育的发展在增加就业机会中发挥着重要的作用，具体表现在以下几点。

第一，体育的发展增加体育部门的就业岗位。体育产业的市场化运作需要各种各样的劳动者，这为拓宽社会就业的渠道提供了机遇。由于体育产业属于服务性行业，因此相对于其他部门来说，体育部门可以吸纳更多的劳动者。

第二，增加和体育有关的工业部门的就业岗位。由于体育运动的发展，增加了对运动服装、运动器材等和体育有关的工业部门产品的社会需求，因此这些企业的生产规模会随之扩大，对劳动者的需求也会相应增加。

第三，增加其他行业的就业岗位。由于体育运动的发展，增加了对第三产业相关服务产品的社会需求，推动了第三产业的发展，因而第三产业相关部门对劳动者的需求也会相应增加。

3.体育产业的发展促进了人力资本存量的增加

人力资本是指存在于人体之中的具有经济价值的知识、技能和体力（健康状况）等质量因素的综合。作为“活资本”的人力资本，其积累和增加对经济增长与社会发展的贡献远比物质资本、劳动力数量增加重要得多。人力资本存量增加的重要途径之一就是健康投资，即劳动者通过营养、锻炼、医疗保健等方面的支出改善健康状况的行为，这种行为对人力资本存量的增加具有重要的意义，而人力资本存量的增加又必将对一国经济的发展产生很大的推动作用。

从体育的基本功能来看，体育运动能增进健康，增强体质，提高有机体的工作能力，保证在复杂环境下劳动者活动的稳定性。实行市场经济，是现阶段最大限度地发展我国生产力的必然选择。生产力是人类历史发展的最根本动力，具有健康体质和劳动技能的人是生产力诸因素中最活跃并起决定作用的因素。劳动者身体状况的好坏，直接影响社会生产力的发展和提高，因此，体育在劳动力再生产中有重要作用，可以有效提高劳动力素质。

4.体育产业的发展带动了相关产业部门的发展

产业关联理论认为，一个产业的发展，会通过前向关联、后向关联等关系引起与之相关的其他产业的发展。体育产业内部各部门之间也存在着紧密的联系，使各个体育产业部门的发展融为一体，产生了良好的整体经济效益。

5.发展体育可以促进城市经济的发展

促进体育产品的消费是发展体育最明显的经济作用，而体育消费主要集中在城市，人们用于体育健身消费的开支每增加1%，就可以带动GDP增长0.5%。因此，能增加当地财富和经济收入。

体育的发展能加强城市基础设施的建设。事实证明，当今世界无论是全球、洲际性的比赛，还是国家、省级的大型运动会或单项比赛，都将加快该市的基础设施建设，这不仅能大大提升该城市的形象，而且还能改善该城市的软环境，吸引更多的投资，从而推动了城市经济的发展。

另外，发展体育有利于扩大城市间的经济合作与交流，体育运动是国内外大量人流、物流、信息流交汇的过程，是城市间合作与交流的“纽带”。城市体育的发展，既可以引进外来技术、设备、人力、管理经验和资金，还可以使一些知名度不高，但质量过硬的产品通过体育媒体的宣传而步入国内、国际市场。

6.体育的发展可以提高人们的生活质量

体育对提高人民生活水平和生活质量的作用主要表现在以下几个方面。

第一，体育可以丰富人民精神生活、文化生活的内容。改革开放以来，我国坚持以社会主义市场经济为取向的改革，使经济得到飞速发展。经济的发展给社会生活方式带来了一系列新的变化。在体育方面的重大变化，就是体育活动的内容更为丰富多彩。现在体育活动的内容是传统项目与现代项目并举，娱乐、旅游、商贸与体育结合，中西体育结合，体育与文化融为一体，而过去只是做体操、打球、爬山、游泳等。由于体育的发展，很多传统项目更加活跃，如龙舟、舞狮、舞龙、武术、气功等也是内容多样。再加上人们利用节假日、庆典、商贸活动与体育结合在一起，满足了人们的生活需要。

第二，体育是提高人民生活质量、科学安排闲暇时间、满足人们精神生活需要的重要手段。改革开放以来，随着社会主义市场经济的发展、竞争意识的加强，要求人们的生产劳动和工作过程必须走向高度的自动化、电子化、信息化，使劳动与工作的时间大大地缩短，这样人们的闲暇时间就相对增多。

第三，体育是提高人口素质、防治“文明疾病”的有效方法。随着经济的发展，社会竞争的激烈，人们的生活和工作压力越来越大，高强度、高效率、快节奏已成为人们生活的节拍。这就要求人们知识更新的周期更快更短，不仅要具有开拓精神和创造力，而且还要求具有健康的身体和充沛的精力。而体育作为研究人体及其智能培养、发展、保护、恢复、维持和开发的科学，在现代智能社会、信息社会里对提高人口素质的作用就显得格外重要。

第二节 体育经济学的产生与发展

一、体育经济的出现与发展

随着体育产业的兴起，体育经济得以出现并不断发展。体育经济发端于英国，并在美国不断兴盛。20 世纪 90 年代以来，世界体育经济的发展出现了一些新的发展趋势，表现出一些显著的发展特点。

（一）体育经济的出现

1. 体育经济的萌芽

体育经济是现代体育与经济互相融合的产物，而体育经济的萌芽发端于体育产业。国外大多数学者认为，作为一项产业，体育起源于英国。

英国人创立并推崇的户外运动，如足球、橄榄球、高尔夫球和部分水上和冰上运动项目等都是现代体育可以作为产业来经营的运动项目。殖民主义时期，英国通过殖民扩张把贵族们热衷的户外运动传给了殖民地的新贵，从而使户外运动逐渐传播到美国和欧亚等许多国家，这从客观上促进了体育在全球的职业化和商业化，奠定了现代体育的产业基础。另外，体育作为产业除了需要有可以开展经营的内容，还必须具备开展经营所必需的组织形式——俱乐部体制，而俱乐部体制最早也产生于英国。

2. 体育经济的兴起

现代体育经济兴起于美国，并不断发展。美国也是当今世界最为成功的商业化体育经营项目的创始国之一。此外，美国还在引进英国俱乐部体制的基础上，又创立了另外一种现代体育职业化、商业化的重要组织形式——联盟体制。

所谓联盟体制，是指为实现自身利益最大化，职业运动队的业主们把经营权委托给一些专业人员，让他们代表自己的利益来对联盟进行经营和管理。联盟体制的特征是所有权和经营权相分离，是按照现代企业制度规范建立的一种经济上的合资企业和法律上的合作实体，其实质就是通过垄断经营来实现整体利益的最大化。在美国创始的职业联盟体制的推动之下，体育已经从一种单纯的教育和文化现象演变为一个能够创造可观收益的巨大产业。

除了竞技运动从业余走向职业的商业化过程，体育产业的形成与发展还与大众体育的全球兴起和健身娱乐产业的迅速发展有着密不可分的联系。但是，与竞技运动的职业化探索相比，大众体育商业化的时间要晚得多。尽管十八九世纪西方主要资本主义国家的上流社会已经有了一定的体育健身娱乐消费，但其规模在整体上还比较小，还不能算作真正意义上的产业。直到 20 世纪中叶，欧洲国家在第二次世界大战后的经济重建中重新崛起时，体育健身娱乐消费才具备了产业的形态。经过几十年的发展，后发的体育健身娱乐业已在产业规模和产值上超过了体育竞赛表演业，成为体育产业中的主导产业部门之一。

(二)体育经济的发展

1.体育经济的新发展

20世纪90年代以来，世界体育经济呈现出一些新的发展趋势，主要表现在以下几个方面。

(1)国际化发展

随着经济全球化和体育运动国际化进程的不断加快，现代体育经济的发展已经打破了国界、地域界限，发展成为一种全球性的社会经济活动。尤其是现代奥运会的举办以及科学技术的进步，促进了现代传媒技术和通信技术手段的现代化，为人们观看体育大赛提供了良好的条件，人们足不出户就可以欣赏世界各地举办的高水平的体育大赛，能够获得更多体育需求的满足。目前，体育企业的经营也日趋国际化，出现了许多著名的跨国公司，体育产业在国际上的发展出现了全球化、集约化和垄断化的趋势。

(2)资本市场融资

20世纪90年代以来，体育企业从证券市场募集的资金越来越多，体育股票在许多国家二级市场的影响也越来越大，体育产业资本在经济发达国家资本市场的地位也越来越高。今后，体育产业资本在资本市场将成为流动速度最快的产业资本，体育产业资本大规模走向公开市场进行融资将成为必然的趋势。

(3)管理规范化

现代体育经济活动在其发展过程中，还逐渐形成一种有组织的规范化经营管理模式。无论是国际高水平体育大赛，还是国内一般的体育比赛，通常都有专门的组织机构进行严密的策划，并依托体育各相关部门，按照预定计划、活动内容和时间，以商业化方式进行运作，提供综合性的体育服务，来满足居民多方面的体育需求；而居民只需承担一定的门票费用，就可以尽情地享受体育活动的乐趣。体育经济活动管理的规范性发展，推动了体育经济活动的大众化和全球化，促进了现代体育产业逐渐成为一个相对独立的产业部门，成为国民经济的重要组成部分。

(4)带动相关产业发展

当前，在许多国家“花钱买健康”已经成为人们普遍接受的理念，向大众提供健身场所、销售体育健身用品已成为有利可图的大市场；随着体育健身娱乐活动的广泛开展和人们健康意识的加强，现代体育经济活动成为一种与生命有关的产业；在这些国家的体育产业结构中，体育健身服务业等主体产业部门在体育产业中的地位更加突出。体育主体产业的发展也给相关产业的发展提供了强大动力，体育用品业、体育旅游业、体育博彩业、体育保险业等体育相关产业在许多国家取得了前所未有的发展。

2.体育经济发展的特点

从近年来体育经济的发展历程来看，现代体育经济表现出以下几方面显著的特点。

(1)大众体育崛起

当前，体育健身娱乐活动不再是少数富有者专享的活动，而是转变成一种面向大众的社会经济活动。特别是随着国民经济的发展、人们可支配收入的增加以及工作时间的缩短，许多人不仅具备了体育消费的能力，也具备了进行休闲娱乐活动的时间和条件，从而推动了体育健身娱乐活动的普及。而体育活动的大众化发展又引致大量的体育需求，也促进了体育资源的开发和体育设施的建设，从而为大众体育提供了更为便利的体育活动条件和服务，进而又反过来进一步促进了体育经济活动的大众化普及和发展。

(2)现代传媒技术不断发展

奥运会、世界杯、世界锦标赛、四大网球公开赛、美职篮、意甲、英超、F1赛车、环法自行车等高水平赛事为世界各国体育爱好者向往，但受到时空的限制，许多体育爱好者无法亲临现场观看比赛。电视的普及与电视转播技术的进步，以及IT网络产业的发展，将千里之外的精彩赛事信号传递到千家万户，使观众能在比赛举行时同步欣赏到激烈的比赛，从而突破了体育赛事的时空限制。而媒体利用体育诱人的魅力，提高了自身的收视率，并以插播广告的方式获取了丰厚的回报，也加速了体育经济的发展。

(3)体育赞助提供了资金保障

体育比赛，尤其是高水平体育赛事，是一种极佳的广告载体，它获得的广告效果比通过电视、报纸等正式媒体发布广告更佳。因此，当今世界各国企业，包括一些国际知名的大企业，都热衷于通过各种渠道对各种体育赛事进行赞助，获得冠名权或指定商品使用权，以提高自己的知名度和美誉度。

(4)成为服务业的一个重要部门

现代体育经济是以体育服务为主的产业，体育服务产品也具备服务业产品的共性，因此，体育经济基本属于服务业的范畴。现代体育经济是服务业的朝阳产业，基于体育大众对体育的需求和体育厂商的体育供给，已形成了相对独立的体育市场结构和体育生产经营体系。另外，现代体育经济在长期发展过程中已形成自己的主体部门和产业结构体系，具备成为一个产业部门的基础。总而言之,现代体育经济已发展成为服务业中相对独立的一个产业部门,并在国民经济中发挥着重要的作用。

二、体育经济学的产生

(一)体育经济学产生的条件

1. 现代体育与经济的相互关联与融合

现代体育的发展,与经济的发展具有密切的联系。经济是体育发展的基础,经济的发展推动了体育的发展,增强了人们的体育消费意识,形成了一个巨大的体育消费市场。体育对国民生产总值有着明显的影响,体育的商业化促进了经济的快速发展。作为一个产业部门,现代社会体育不仅自身创造价值,还促进了个体身体健康水平的提高,劳动者生产效率的提高,节约了大量社会资金,改善了社会资源配置,从而为社会经济发展创造了价值。另外,体育事业的发展也带动了体育相关产业的发展,如体育用品制造业、体育建筑业等。

2. 我国传统体育理念的转变

20 世纪 80 年代,我国经济体制改革的目标模式促进了我国体育体制改革的发展。社会主义市场经济体制的提出,为体育体制改革指出了方向,引导并推动我国体育事业进入了产业化的发展历程。体育事业的不断扩大,体育投资的不断增加,使国家已无力全部承担和解决体育产业的财政负担和发展问题。体育需要走产业化和市场化的道路已得到社会各界的认可,体育经济意识、经济观念已渗透体育管理和运行过程中的所有环节。体育传统理念经过多年来广泛的讨论和逐步的改变,使体育经济理论体系的成型成为一种必然。

从世界范围来看,体育经济学理论的形成并不久,但伴随着体育事业的快速发展,已取得了丰厚的理论研究成果。由于西方国家体育高度的职业化和社会化,因而这些国家的体育产业发展较早,市场规模和效益比较明显,相关理论也相当丰富。在我国也已有许多学者在体育经济学方面做了大量的探索和研究工作,一些研究成果已被社会各界认可和采纳。体育经济理论研究业已形成的社会影响及其对产业的指导作用已显示出来,大量的探索与创新研究为体育经济学的建立奠定了理论基础。

3. 体育事业面临的经济问题日益突出

我国体育事业面临的经济问题主要有以下几点。

第一，资金问题。体育事业的发展需要投入更大的财力，我国及世界各国的情况表明，仅靠国家财政拨款远不能满足体育事业发展的需要，必须实现体育经费来源的多元化。在我国的具体条件下，如何扩大体育经费的来源，实现体育经费的多元化，是否可以以体育组织自筹为主；对于国外普遍采用的发行体育彩票这一筹集的手段是否可以仿效等，都需要进行探讨。

第二，效益问题。效益问题是一切经济活动的核心。如何提高体育投资的效益，花较少的钱办更多的事；体育事业既要讲社会效益，又要讲经济效益，如何处理两者的关系；如何评价体育部门的经济效益，如何提高体育投资的经济效益，这些都是实践中迫切需要回答的问题。

第三，体育与市场的关系。市场经济对体育事业有什么影响，体育事业如何适应市场经济的要求；体育是否进入市场，纳入市场运行机制；体育市场有哪些特点、规律等，都是市场经济条件下体育的改革与发展必须回答的问题，而要回答这些问题就不能不研究体育经济学。

体育与经济的关系、体育市场的特点与规律等问题都需要有专业的学科理论来加以指导与研究，由此体育经济学应运而生。

（二）体育经济学的概念

在对体育经济问题进行研究的过程中，国内外学者从不同的角度对体育经济学的概念进行了界定。有学者将体育经济学界定为经济学的一个分支；有学者将体育经济学界定为体育学的一个分支；有学者则将体育经济学界定为一门交叉学科。从体育经济的发展来看，将体育经济学界定为经济学或体育学的一个分支都较为片面，将其界定为一门交叉学科更符合当代体育经济发展的实际情况。因此可以说，体育经济学是一门兼具体育学和经济学属性，但更偏重于经济学的交叉学科。

综上所述，体育经济是人们在一定社会中取得和利用体育产品的一切活动；而体育经济学则是研究如何将稀缺的体育资源在各种可供选择的用途中进行最有效的配置，以求得人类体育运动欲望之最大满足的一门社会科学。

三、体育经济学的发展

(一)国外体育经济学的发展

西方国家体育经济起步较早,因此较早地出现了对体育经济学以及相关问题的研究。

20 世纪 60 年代以来,欧美国家的学者就发表了许多有关体育经济问题的文章,并提出了体育经济学这一学科名称。欧美国家对体育经济问题的研究大多是与体育社会学结合在一起的,而日本对体育经济问题的研究则多与体育经营管理学相结合。在西方,大量学者就体育经济某些方面的具体问题进行深入的研究,如电视转播的经济学问题、体育场馆的融资方式问题等,这些研究成果在很大程度上促进了体育经济学学科研究的发展。同时,有关体育经济学的专著不断涌现。值得一提的是,许多学者在很多方面进行了开创性的研究,如美国学者埃尔菲·米克提出国内体育生产总值(GDSP)的概念,并以此估算美国体育产业的经济重要性等。

在实行计划经济体制的社会主义国家,体育经济学的研究表现出与欧美国家明显的不同。以苏联为代表的社会主义国家,为增加在“冷战”博弈中的筹码,纷纷以体育为工具,以奥运会为舞台,采取政府统包、财政统支的办法,扩大本国竞技体育的规模,追求奥运会金牌和奖牌的突破,以展示社会主义制度的优越性。随着这些国家不断扩大竞技体育发展规模和提升奥运会的运动成绩,财政投入不足成为其共性问题。于是,这些国家的学者开始从宏观上审视体育与经济的关系,并在微观上寻找解决经费短缺的具体办法。

(二)国内体育经济学的发展

改革开放以后,我国才逐渐开始了对体育经济学的研究。随着苏联《体育运动的社会经济问题》一书引入我国,国内体育院校从事政治经济学教学的教师率先开始了对体育经济问题的研究,积极召开体育哲学社会科学论文报告会,创建体育经济学专业等。中国政府体育管理部门和体育理论界也多次召开理论研讨会和论文报告会,对体育经济学的研究起到了积极的倡导和推动作用。在体育运动实践的推动和理论工作者的努力之下,我国体育经济学的研究取得了很大的进展。20 世纪 90 年代以来,尤其是进入 21 世纪之后,我国体育经济学研究取得了重大进展,这一时期的体育经济已从 20 世纪 80 年代主要研究计划经济体制下体育事业单位的经济活动和体育经济问题，转变为研究市场经济条件下的体育产业、体育无形资产、奥运经济、职业体育等内容，对国外体育经济的研究也明显增加，我国体育经济学的体系不断完善，理论趋于成熟。

第三节　体育经济学的研究对象、内容与方法

一、体育经济学的研究对象

总体而言，体育经济学主要是对体育经济现象和体育经济规律的研究，下面对其进行具体分析。

(一)体育经济现象

第二次世界大战以后，人类社会拥有了和平稳定的发展环境。发达国家和新兴工业化国家经济快速增长，国民收入水平显著提高，产业结构和居民的消费结构升级，劳动生产率快速提高。随着休闲时间的普遍增多，人们对生活质量有了更高的要求，越来越多的人参与到体育消费活动中。在此背景下，体育与经济之间有了越来越多的互动，一方面，经济的发展对体育的发展发挥着明显的促进作用；另一方面体育在引导消费、扩大需求、带动就业、拉动经济增长等方面发挥着越来越重要的作用。当前，体育领域内的经济问题大量涌现，体育事务正日益成为经济事务，体育与经济的联系日益紧密。

大量体育经济现实问题的出现，促进了体育经济学的产生。可以说，体育经济现象是体育经济学研究的起点。离开对体育领域经济现象、经济活动的具体分析，就无法全面、深入地把握体育与经济间的紧密联系，无法深刻理解经济对体育的基础性作用，以及体育对经济发展的重要意义。

(二)体育经济规律

从本质上讲，体育产业属于第三产业的范畴，不同于第一产业和第二产业，第三产业经济学是以第三产业为研究对象的，它主要是针对服务领域的经济活动进行研究，从而揭示该部门经济运行的内在规律。体育经济学是以体育产业为研究对象，它是第三产业经济学的分支之一。

只对体育经济现象进行认识，并不能对人们的体育经济实践进行指导。透过体育经济现象抓住体育经济的本质和规律，才是体育经济学最主要的

任务。由于体育经济活动过程中存在着体育需求与体育供给的主要矛盾，以及由此而产生的各种矛盾，为了解决这些矛盾，体育经济学应主要研究现代体育经济活动过程中各种经济现象之间的内在联系，揭示现代体育经济活动过程中的内在规律及其运行机制，并将这些规律性的认识用于指导体育经济活动实践，以促进体育产业的稳定持续发展。

二、体育经济学的研究内容

体育经济学研究内容的选择是体育经济学学科建设的重要基础。研究内容又是由学科研究的目的所决定的。体育经济学是运用经济学的原理研究体育运动中所包含的经济现象、经济活动的本质特点和内在规律，是从体育经济活动规律的探寻中找出最优的体育资源配置方式，为体育运动的持续、协调健康发展提供帮助。具体而言，体育经济学主要包括以下几个方面的内容。

(一)体育经济学的形成与发展

体育经济学对学科交叉和综合学科建立与形成的各种条件及因素进行研究；对国内外相关学术与理论成果进行借鉴，建立完善的体育经济学理论体系，并准确把握体育经济学的新动向和新现象，找出规律性的成果和思路。

(二)体育与经济的关系

体育经济学研究从宏观上对体育与经济的相互关系进行探讨。一方面，阐明经济实体与发展的基础，经济对体育的制约作用，体育的规模、水平、运行机制等都要与经济发展程度相适应；另一方面，研究体育对国民经济的多方面影响，揭示体育的经济功能和社会经济价值，以及体育在促进经济增长中的作用。

(三)体育供需

体育供需是体育经济学研究的起点，主要介绍体育需求与供给的概念，以及它们在单个商品竞争性市场上是如何运作的。研究体育需求和体育需求曲线以及影响体育需求的诸多因素；研究体育供给和体育供给曲线以及影响体育供给的诸多因素；研究体育需求弹性和体育供给弹性。利用这些基本工具，对体育市场机制的变化尤其是价格机制的变动进行分析，实现体育供需的均衡发展。

(四)体育市场

体育市场是体育产品的交易场所。体育市场研究分别探讨体育市场结构的完全竞争、垄断竞争、寡头垄断和完全垄断等几种市场类型的特征,并对体育市场机制的实现条件以及价格机制、供求机制和竞争机制进行详细阐述。除此之外,还对体育博弈论的相关内容进行介绍。

(五)体育消费

体育消费是体育经济活动中的重要环节,主要探讨体育消费的含义,研究体育消费的类型、结构、性质、特点,影响体育消费行为的因素,体育消费的效益,衡量体育消费水平的指标体系,影响体育消费水平的因素以及体育消费对社会发展的作用等。同时也对体育消费者的行为规律和行为合理化进行研究。

(六)体育生产要素

体育生产要素是体育产品生产中的各种投入,体育生产要素部分主要以西方经济学的生产要素供需及其价格决定理论为基础,结合体育生产要素的特点,研究体育生产要素合理配置的内容、方式及其实现。

(七)体育资金的来源及效益分析

体育资金来源及效益分析主要探讨社会资金流向、体育消费资金结构、体育投资等概念,具体阐述体育资金的特点与作用,体育资金的筹措、预算、配置及审计监督政策,对体育投资的经济效益及投资规划。

(八)体育市场失灵

体育市场失灵是体育市场本身无法有效配置体育资源的领域。体育市场失灵部分主要以西方经济学的市场失灵理论为基础,结合体育市场的现状对体育市场失灵的表现及其政府规制进行具体的研究。

(九)体育经济政策

体育经济政策是国家对体育经济发展的政策性干预,其以西方经济学的经济政策理论为依据,结合体育经济发展的实际情况,对体育经济政策的制定与实施进行研究。

(十)体育经济中的实际案例分析

筛选了部分国内外经典体育经济学案例,用于人才培训与教学,并对其中一些案例进行经济学概念总结与分析,有助于学者从体育经济现象揭示体育经济原理及规律,推进学科理论的实践和应用。

三、体育经济学的研究方法

体育经济学应遵循辩证唯物主义和历史唯物主义基本原则,创造性地运用一切适宜的科学研究方法并注意融会贯通,具体包括以下几点。

(一)实证分析与规范分析结合

实证分析和规范分析是经济学分析中两种最基本的方法。

实证分析从客观事实本身出发,用理论对各种经济活动、经济现象进行解释、分析,说明"是什么"的问题。

规范分析则以一定价值判断为出发点,提出行为标准,阐述怎样才能达到这样的标准,并做出"应当"与"不应当"的评价。

从体育经济学的学科性质上看,体育经济学研究应广泛地运用实证分析法,尤其是结合我国体育经济学发展尚处在起步阶段的具体状况,这一方法的选择和运用尤为重要。但是,作为一门基础的经济理论学科,运用规范分析来研究体育经济学也是必不可少的。

因此,需要运用实证分析与规范分析相结合的方法,不断提高我们对体育经济学的基本特征、特点与产业发展规律的认识。

(二)定性分析与定量分析结合

在体育经济学的研究中,既要研究体育经济现象的质,进行定性分析;又要研究体育经济事物的量,进行定量分析。通过定量分析可以揭示各种体育现象之间的变动关系的发展趋势,为定性分析提供科学依据;通过定性分析,可以准确界定事物的本质和属性,为定量分析提供指导。因此,应当把定性分析与定量分析结合起来。

(三)宏观分析与微观分析结合

宏观分析与微观分析结合是体育经济学必须遵循的研究方法之一。宏观经济是微观经济的集合与表现,微观经济是宏观经济的内容与结构。通过微观分析法研究和分析体育经济内部各要素的特征及相互间的关系,做出具有针对性的计划和制度安排。通过宏观研究可以清晰把握体育经济整体发展规律，找寻其发展趋势。

在体育经济学中，研究体育经济整体发展主要采用宏观分析法，如体育产业对国民生产总值的贡献率、区域体育产业的产业结构等，需要从地域的、全国的甚至全球的角度来研究；而在考察体育个人消费行为时，应从微观的角度考察消费者如何做出购买决策，以及其决策怎样受价格和收入的影响。在体育经济学研究中，只有将宏观分析与微观分析结合起来，才能更全面、更准确地反映体育经济的本质与特征。

(四)局部均衡分析与一般均衡分析结合

经济均衡是指经济决策者在权衡抉择其使用资源的方式、方法时认为重新调整配置资源的方法已不可能更好，从而不再改变其经济行为的状态。均衡分析有局部均衡和一般均衡之分。

在体育经济领域，既要有从局部观点考察单个体育市场的局部均衡分析，又要有从整体系统的观点考察整个体育市场体系的一般均衡分析。只有这样，才能对体育经济现象进行全面考察，把握体育市场经济规律。

(五)静态分析与动态分析结合

静态分析主要是分析经济现象的均衡状态以及有关的经济变量达到均衡状态所具备的条件，并不论及达到均衡状态的过程。动态分析则是考察经济活动的实际发展和变化。

随着体育事业的发展，体育经济不断更新，这种更新既有某一个特定历史条件下的具体特征，又有体育经济发展的积累。因此，我们不仅要了解体育经济在各个时期的具体状况，更要了解体育经济发展的轨迹，研究其发展的历史沿革，以更好地把握其未来的发展趋势，及其运动的规律性。

(六)比较分析法的应用

体育经济问题不仅有共性的特征，也有由各国社会文化传统、经济发展状况、体育发展政策等造成的独特性，因此，在研究一国体育产业时，一方面要将该国体育产业的现状和历史进行比较，还应将该国体育产业与其他各国的体育产业进行对比，对出现差异的原因进行分析。

第四节 体育经济学研究现状

目前,国内外对体育经济学的研究取得了很大的进展。就我国体育经济学研究而言,既取得了一定的成就,同时又存在一定的问题,下面对其进行具体阐述。

一、体育经济学研究取得的成就

我国在体育经济学研究方面取得了一定的成就,具体如下。

第一,认识到经济对体育的决定作用。经济是体育发展的基础,为体育的发展提供了物质条件;经济也制约着竞技运动的水平,各国投入体育运动的人力和财力的竞争,取决于该国的经济发展水平;同时经济也决定社会对体育的需求和结构。社会生产力的发展和居民收入的增长大大增强了对体育健身、娱乐和观赏的需求,体育运动项目日益多样化,体育运动的结构趋于复杂化。

第二,认识到体育对经济发展的作用。体育的发展并不是消极地被经济决定,它对经济的发展也具有反作用。人是社会生产的主体,人的素质提高必然会促进社会进步和经济发展。而人的体质作为人的素质基础,提高主要依靠体育。体育已经成为一种产业,还会带动相关产业的发展,进而促进经济增长。

第三,认识到经济对体育体制的影响。在单一的社会主义公有制占统治地位的基本经济制度和计划经济体制下,不允许非公有制成分和市场机制存在,决定了我国体育组织机构基本上都是由国家财政拨款建立起来的社会公益事业单位,计划机制起支配作用,实行自上而下的行政管理。在改革开放过程中确立了以公有制为主体的多种所有制并存的基本经济制度和市场经济体制。基本经济制度和经济体制的转变,决定了我国体育体制和运行机制的变化和走向。

第四,体育产业是第三产业的一个部门。根据我国经济学研究的新进展,参照联合国的产业统计分类,确认了三次产业的分类,将体育部门列入了第三产业的第三层次。体育业虽不创造物质产品,但可以生产体育服务产品用以满足人们健身、娱乐、观赏的需要,因而体育业也是一种生产性事业。

第五,对体育市场有了深入的认识。随着社会主义市场经济理论的确立，体育市场在理论上得以确立。对体育市场的研究主要集中在体育市场的内涵和构成，我国体育市场兴起的原因、条件、作用和意义等方面。

第六，对体育消费和体育赞助有了一定的认识。对体育消费的研究主要集中在体育消费的内涵、分类、方式、特点和水平方面。对体育赞助的研究主要集中在体育赞助的概念、作用、形式和回报等方面。

二、体育经济学研究存在的问题

我国体育经济学的研究主要存在以下几方面问题。

第一，对经济学理论的错误理解，导致对体育经济问题的分析出现失误。例如，有学者将包括与体育有关的产业在内的体育产业，称为上游产业，这是不正确的。之所以会产生这种错误的认识，主要是因为没有正确理解经济学中所讲的上游产业的含义及其划分标准。

第二，不重视概念的科学性和准确性。概念的内涵和外延不准确会导致人们产生错误的认识。体育经济学者忽视概念的准确性和科学性主要表现为，有的学者在没有认真论证的情况下就轻率地提出一系列概念，全然不顾这些概念在理论上、实践上是否成立；有的学者对别人提出的概念是否科学，其内涵与外延是否准确，也不予以严格辨析。

第三，不注意对体育经济现象和经济活动的实质进行深入揭示。有的学者把体育彩票称为“体育产业的支柱”，这一论断并没有揭示体育彩票发行这一经济现象的实质，也并没有反映出体育彩票所体现的社会公众、彩票公司、政府、公益性体育事业单位之间的真实关系。

第四，轻率否定经济学原理。有的研究者为了论证自己所支持的，把与体育有关的工业品纳入体育产业之中的观点，就轻率地认为三次产业理论“过时了”。而实际上，三次产业理论在理论上是科学的，在实践上也是被广泛运用的。即使将来知识文化、信息传播等产业从第三产业中分离出来成为第四产业，也并不意味着三次产业理论“过时了”，而是对三次产业理论的发展。

第五，没有遵循逻辑思维的基本规律。如果不遵循逻辑思维的基本规律，就无法对概念、判断、推理进行正确的运用。如在同一思维过程中任意改变概念的内涵和外延，偷换概念，就违反了同一律。有的则违背矛盾律，用两个互相矛盾的概念代表同一个对象。

第六，忽视了体育经济学与经济学整体的统一性。体育经济学是运用经济学原理分析体育经济问题而建立起来的一个交叉学科。体育经济学应与经济学保持整体的统一性，经济学关于产业及产业分类的理论和标准以及关于市场分类的理论与标准，应当适用于体育经济学。而一些学者在研究体育产业、体育市场时违背了经济学提供的理论和统一标准，将体育经济学与经济学进行分离。

第七，在进行对策研究时，往往缺乏坚实的理论支撑。经济学者的任务首先是认识世界，对经济现象做出合理的解释，为对策和政策研究提供理论基础。体育经济学者也应该研究政策，但政策研究应有坚实的理论基础。体育经济学的研究课题大都属于对策研究，由于这些研究缺乏坚实的理论基础，因而在实践中没有得到充分发挥。

第八，在借鉴国外理论与经验时，对其原有的含义理解不清。随着我国经济体制改革和体育体制改革的不断推进，借鉴西方发达国家体育经济运作的理论与经验是十分必要的。但这种借鉴必须建立在对西方国家经验的充分了解和真实描述的基础上，否则就会误导理论研究和实际工作。

第二章 体育需求与供给理论分析

随着社会经济和体育事业的不断发展，现代体育与经济发展的关系越来越密切，两者相互促进、共同发展。体育需求与供给是现代体育经济理论中的基本要素，在现代体育经济的发展中具有重要的作用和地位。本章将对体育需求与体育供给的概念、特征及规律进行具体的阐述，然后对体育供需弹性理论和体育供求均衡及发展规律进行详细的分析。

第一节 体育需求与体育供给的概念、特征及规律

一、体育需求的概念、特征及规律

(一)体育需求的概念

体育需求是指体育消费者在某一特定的时间内，在一定市场的各种可能价格水平上愿意并且能够购买的体育产品量。要对这一概念有准确的理解，必须注意以下几点。

1. 体育需求体现了体育消费者对体育产品的购买欲望

体育需求作为体育消费者的一种主观愿望，其表现为体育消费者对体育活动渴求满足的一种欲望，也就是说，对体育商品的购买欲望是激发体育消费者的消费动机及行为的内在动因。这种需求首先表现为一种购买欲望，而这种购买欲望是否能够实现，则取决于体育消费者的购买能力及体育生产者提供相对合适的体育商品的数量。

2. 体育需求体现了体育消费者对体育产品的购买能力

体育商品的购买能力是指人们在其收入中用于体育消费支出的能力，即体育消费者的经济条件。它通常用个人可支配收入来衡量。在其他条件

不变的情况下，个人可支配收入越多，则对正常体育商品的需求越大。此外，体育商品的价格也是影响体育消费者体育购买能力的重要因素。因此，体育消费者对体育商品的购买能力，不仅表现为体育消费者消费体育商品的能力及水平，而且也是体育消费者的购买欲望转化为有效需求的前提条件。

3. 体育需求表现为体育市场中的一种有效需求

在体育市场中，有效的体育需求是既有购买欲望又有支付能力的需求。由于体育商品的消费与体育消费者的闲暇时间有很大关系，所以这里的有效需求当然还应包括闲暇时间。这种有效需求反映了体育市场的现实需求状况，因而是分析体育市场变化和预测体育需求趋势的重要依据，也是体育供应商制定生产经营计划和营销策略的出发点。凡是只有体育购买欲望而无支付能力，或只有支付能力而无购买欲望的体育需求均称为潜在需求。

体育需求的产生有其客观条件，它是科学技术进步、生产力水平提高和社会经济发展的必然产物。具体而言，体育需求产生的三个重要的因素分别是人们可支配收入的提高、空闲时间的增多和健康意识的逐渐增强。随着社会经济的发展和国民收入的不断提高，人们的消费层次和消费结构发生了很大变化，为体育需求的产生具备了前提条件；随着社会生产力发展和劳动生产率的提高，人们的闲暇时间不断增多，为体育需求的产生具备了必要条件；随着生活水平的提高和生活方式的改善，人们的健康意识不断增强，这对体育需求的产生起到了很大的催化作用。

（二）体育需求的特征

1. 层次较高

美国心理学家马斯洛把人们的需求分成五个层次：生理需求、安全需求、社交需求、尊重需求和自我实现需求，五个层次的需求总是由低级向高级逐渐得到满足的；随着低层次需求不断得到满足，追求更高层次的需求就成为驱使人们行为的动力。体育需求是人们在基本需求层次得到满足以后产生的高层次社交、自尊及自我实现需求，其需求层次较高。在体育消费中，人们借助体育发展了自己，实现了更高层次的物质享受和精神满足。

2. 目的多样

跟人们的一般需求一样，体育需求也表现为一种多样性的需求。人们参加体育活动，有可能是为了强身健体、休闲娱乐，也有可能是为了社会交往和经济利益，还有可能是为了满足自己的冒险和刺激的心理。造成人们体育需求多样性特点的原因是人们的个性、生活条件、理想追求都不尽相同。

3. 体育需求是一种主客观相统一的复杂需求

体育需求的产生既受到政治、经济、文化及社会环境等各种客观因素的影响，也受到人们的价值观、生活方式、生活习惯及消费特点等主观因素的制约。上述主客观因素都较为复杂，而且会随着时间的推移不断变化，这就决定了主客观相统一的体育需求会经常处于动态变化之中，并表现出复杂性的特点。

(三)体育需求的规律

要研究体育需求的规律，首先要对体育需求量和体育需求这两个概念进行区分。体育需求量是体育消费者在某一价格水平下希望并且能够购买的某种体育商品的数量。体育需求是体育消费者在价格水平既定的情况下希望并且能够购买的某种体育商品的数量。

体育需求的变化是商品本身的价格不变，其他因素变化(收入变化)引起需求曲线的移动，如图 2-1 所示。

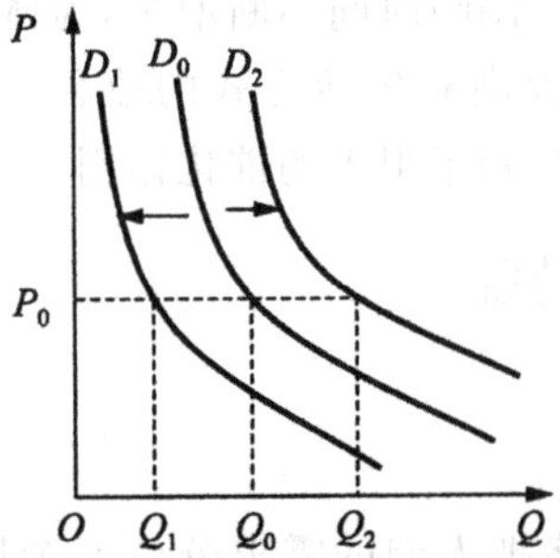

图 2-1

体育需求量的变化是其他因素不变，商品本身的价格变化，引起需求曲线上点的移动，如图 2-2 所示。

由此可知，体育需求的变动会引起体育需求量的变动，但体育需求量的变动不一定会引起体育需求的变动。例如，当体育需求增加时，在各个价格水平上的体育需求量都会增加；而体育需求量随着价格的升高(降低)而减少(增加)时，体育需求可以不变。具体来讲，体育需求量和体育需求的变化规律如下。

(1)体育需求量变化的规律性：体育需求量与体育商品的价格成反方向

变化。

(2)体育需求变化的规律性：在体育商品价格既定的条件下，由于其他因素的变动引起的体育需求的变化称为体育需求水平的变化。

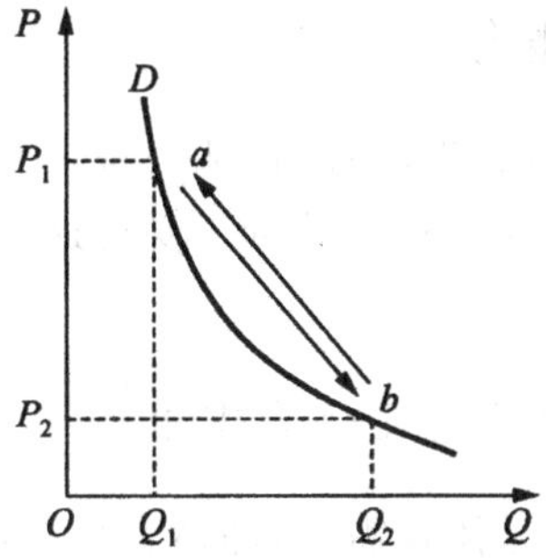

图 2-2

下面举例说明需求量与需求的变动。需求定律是指："在其他条件不变的情况下，当价格愈低时需求量愈高；反之，当价格愈高时需求量愈低。"例如，假若一场赛事的门票突然由 10 美元降至 5 美元，就会有更多的人想去购买门票；但若门票的价格突然由 10 美元上涨为 15 美元，则会使购买门票的人数下降。

如图 2-3 所示，点 A 表示在门票价格为 10 美元时，有 1 000 人会购买门票。而需求量的改变是指当价格改变时对需求量的影响，比如当门票价格降为 5 美元时，需求量将由 1 000 张增为 1 500 张，到点 B 的位置。需求变动是指非价格因素造成整个需求曲线的移动，即在一定价格条件下，会有比过去更多(或更少)的需求量。图 2-3 中即为非价格因素造成的整个需求曲线变动，D 向右变动至 D_1。

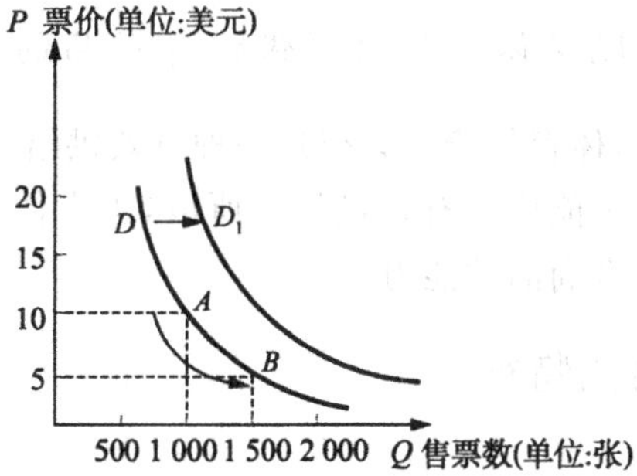

图 2-3

二、体育供给的概念、特征及规律

(一)体育供给的概念

体育供给是指体育厂商(生产者)在某一特定时期内,在每一价格水平上愿意而且能够提供出售的体育产品量。要对这一概念有准确的理解,必须注意以下几点。

1.体育供给的目的是满足体育需求

体育供给的前提条件是体育需求,即体育供应商或企业必须以满足体育消费者的体育需求为经营目标,通过建立一套满足体育需求的体育供给体系,保证提供满足体育消费者需求的高质量的体育商品。在当前市场基本属于买方市场的情况下,体育供应商应该以市场为导向,对体育消费者的体育需求的内容、层次和变动趋势进行调查研究与预测,才能有效地制定体育供给计划,科学地组织体育商品的生产,才能达到满足体育需求的目的,从而获取利润。

2.体育供给体现了体育厂商愿意提供的体育产品

体育需求是体育供给的前提条件,而决定体育供给的主观条件在于体育供应商是否愿意提供相应的体育商品。即在一定的价格条件下,体育供应商愿意提供一定的体育商品数量,并随着体育商品的价格升降的变动而相应变动。

3.体育供给体现了体育厂商提供体育产品的能力

与体育需求一样,体育供给也必须是一种有效供给,体育供应商只有意愿而没有供给能力也不能成为有效供给。所以,决定体育供给的客观条件是体育供应商供给体育商品的能力。

(二)体育供给的特征

1.计量差别性

体育供给是多种资源、设施与服务要素共同参与生产的结果,而这些生产要素具有异质性的特点。因此,体育供给既不能用各种生产要素的累加来反映,也不能用体育产品数量的累加来测度,而只能用体育生产者的数量及体育生产能力的大小来衡量。

2. 非存储性

体育产品的生产、交换与消费是同时发生的，这是由其产品的服务特性决定的。也正因如此，体育产品既不能先于消费而生产，也不能通过体育产品的存储来调节体育供需矛盾，而只能通过增加或减少体育参与者的数量、提高或降低体育供给能力，来实现体育产品的供求均衡。

3. 多样性

体育产品的使用价值在于满足体育消费者的物质和精神需要，而这种需要是千差万别的，这也使得体育供给具有多样性的特点。即使采用体育比赛的方式来提供体育产品，也要注意满足个别体育消费者的特殊需求。正是体育需求的多样性决定了体育供给的多样性。

（三）体育供给的规律

研究体育供给的规律同样也有必要区分体育供给量与体育供给这两个概念。体育供给量是体育生产者在某一价格水平下愿意并且能够提供的某种体育商品的数量。体育供给是体育生产者在每一价格水平下愿意并且能够提供的某种体育商品的数量。体育供给的变动会引起体育供给量的变动，但体育供给量的变动不一定会引起体育供给的变动。

体育供给量的变动是其他因素不变，体育商品本身的价格变化，引起供给曲线上点的移动，如图 2-4 所示。

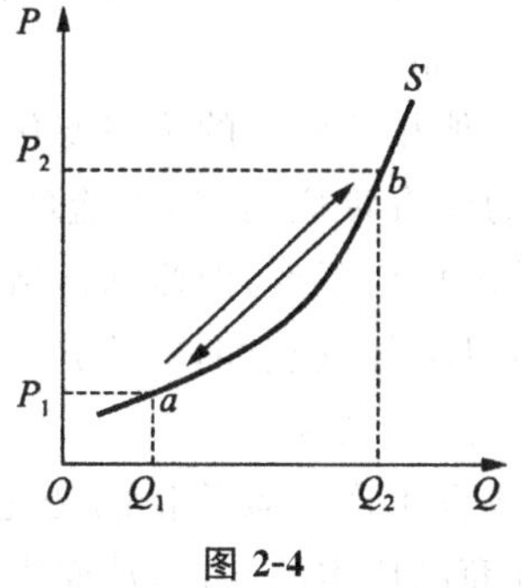

图 2-4

体育供给的变化是商品本身的价格不变，其他因素变化（成本变化）引起供给曲线的移动，如图 2-5 所示。

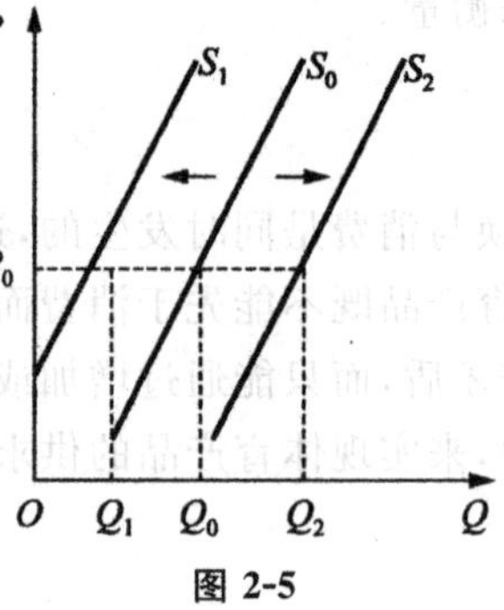

图 2-5

由此可概括体育供给量和体育供给的变化规律如下。

1.体育供给量变化的规律性

体育供给量与体育商品的价格成同方向变化，即一种体育商品的价格越高，体育供应商提供的产量就越大，对应的体育供给量沿体育供给曲线向右移动；反之越小，对应的体育供给量沿体育供给曲线向左移动，即表现为体育供给曲线上点的移动。

2.体育供给变化的规律性

(1)体育供给会随体育供应商预期的变化而变化，即如果体育供应商对未来看好，预期价格会上涨，在制定生产计划时就会增加供给；相反，如果体育供应商对未来的预期是悲观的，就会减少供给。

(2)体育供给会随着体育生产技术水平的变化而变化，即在一般情况下，生产技术水平的提高可以降低生产成本，增加体育供应商的利润，体育供应商会提供更多的体育商品。

(3)体育供给会随着其他相关商品的价格变化而变化。例如，假定其他条件不变，一个生产球类的体育供应商，如果篮球价格上涨，则其对排球的供给就会减少。因为在排球价格不变、而篮球价格上涨的情况下，该体育供应商就会增加篮球的供给以增加其利润，在生产技术和生产规模等不变的条件下，就会减少排球的生产与供应。

(4)体育供给会随着体育生产要素价格的变化而变化。因为生产要素价格的高低直接关系体育商品成本的高低，从而影响到体育供应商的利润。在其他条件不变时，体育要素价格提高，则必然使体育商品的成本增加而利润降低，于是引起体育商品的供给也随之减少；反之，则体育供给增加。

(5)其他因素。由于市场供给是由各个体育供应商的供给总加而成，体育供应商的数量增减也会影响到整个体育市场的供给；体育产业的发展要以社会经济的发展为基础，社会经济发展水平会影响到体育供给的物质条件，进而影响体育供应商的供给能力，最终影响到体育供给；国家与体育经济有关的方针政策会直接影响到体育供给的规模、数量、品种和质量。

下面举例说明供给量与供给的变动。以篮球鞋为例，篮球鞋的价格越高，体育供应商生产的数量越多。图 2-6 中，点 A 表示当篮球鞋销售价格为 50 美元时，生产数量为 1 000 双。篮球鞋生产数量将随着销售价格变动而变动，当篮球鞋销售价格下降为 30 美元时，生产数量为 500 双；供给的变动是指非价格因素的变动导致整条供给曲线的变化。若整个供给曲线移动，所有价格对应的生产数量将增加（或减少）。图 2-6 中，箭头 a 代表生产数量的变动从 A 下移至 B，箭头 b 代表供给曲线的变动从 S 右移至 S_1。

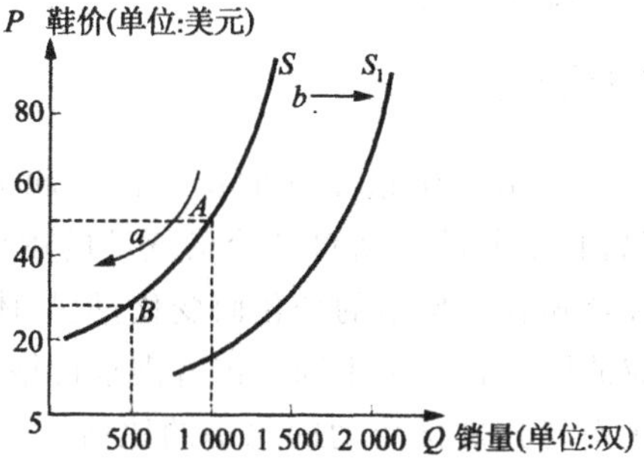

图 2-6

第二节 体育供需弹性理论

一、体育需求弹性

弹性研究是供求对于价格或收入的变动的反应程度进行定量分析的方法。在经济学分析中，对需求或供给对于价格或收入变化的敏感程度的相对性研究，通常比对价格、收入与数量的绝对性研究更准确、更有意义。

（一）弹性与体育需求弹性的概念

经济学中，弹性的一般公式为：

$$弹性系数=\frac{因变量的变化比例}{自变量的变动比例}$$

所谓弹性，就是指作为因变量的经济变量 Y 相对于作为自变量的经济

变量 X 的相对变化的程度。由此可见,所谓体育需求弹性是指体育需求对各种影响体育需求的因素变化的敏感性,即体育需求量随其影响因素的变化而相应变化的程度。

(二)体育需求弹性的分类

由于体育商品的价格、人们的可支配收入和相关体育商品的价格是影响体育需求的最基本因素,因此体育需求弹性一般可划分为体育需求价格弹性、体育需求收入弹性和体育需求交叉弹性。体育需求价格弹性反映体育需求量对价格变动的敏感程度,体育需求收入弹性反映体育需求对收入变动的敏感程度,体育需求交叉弹性则反映某一种体育商品的需求对另一种体育商品价格变动的敏感程度。

1. 体育需求价格弹性

体育需求价格弹性是指因价格变动的比率而引起的需求量变动的比率,用来衡量体育商品的需求量变动对其价格变动的敏感程度。虽然各种体育商品的需求量都会随着其价格的变化而变化,但是体育商品种类不同,其需求量对价格反应的敏感程度也不同。体育需求价格弹性系数就是体育商品需求量变动的比率与其价格变动的比率的比值。根据体育需求规律,其他条件不变,体育商品的价格上涨或下跌,其需求量就会随之减少或增加。但是这个变动幅度需要进行定量分析,也就是需要用体育需求价格弹性系数准确衡量。其计算公式为:

$$\text{体育需求价格弹性}=\frac{\text{体育商品需求量变化的百分比}}{\text{体育商品价格变化的百分比}}$$

设 E_{dp} 为体育需求价格弹性系数(d 表示需求,P 表示价格);

P_0,P_1 为变化前后的体育商品价格;

Q_0,Q_1 为变化前后的体育商品需求量。

点弹性公式:

$$E_{dp}=\lim_{\Delta P\to 0}\frac{(Q_1-Q_0)/Q_0}{(P_1-P_0)/P_0}=\frac{dQ/Q}{dP/P}=\frac{dQ}{dP}\cdot\frac{P}{Q}$$

弧弹性公式:

$$E_{dp}=\frac{(Q_1-Q_0)/Q_0}{(P_1-P_0)/P_0}=\frac{\Delta Q}{\Delta P}\cdot\frac{P}{Q}$$

由于体育商品价格与体育需求量成反向关系,因而体育需求价格弹性系数应为负值。于是,体育需求价格弹性系数 E_{dp} 的绝对值在数值上可以从 0 到无穷。

(1)$E_{dp}=0$,意味着当价格发生变化时体育需求量完全没有发生变化,这种情况叫作这种体育商品完全无弹性。

(2)$E_{dp}=\infty$，意味着当价格发生任何微小的变化时可以导致体育需求量发生无穷量的变化，这种情况叫作这种体育商品具有完全弹性。

(3)当$|E_{dp}|>1$时，表明体育需求量变动的百分比大于体育商品价格变动的百分比，称为体育需求富有弹性。例如，如果2003年8月皇家马德里足球队与北京健力宝队的门票价格下降10%，导致门票销售量提高30%，则此体育需求就富有价格弹性。

(4)当$|E_{dp}|<1$时，表明体育需求量变动的百分比小于体育商品价格变动的百分比，称为体育需求缺乏弹性。例如，中国足球甲B联赛某两支球队比赛，门票价格降低10%，门票的需求变动量为3%，则此体育需求就缺乏弹性。

(5)当$|E_{dp}|=1$时，表明体育需求量变动的百分比等于体育商品价格变动的百分比，称为体育需求具有单位弹性。在这种情况下，价格上涨1%，需求量就会减少1%，也就是说，无论价格如何变动，需求量都等比例地反方向变动。

美国学者根据需求价格弹性基本原理考察了美国体育竞赛市场中的项目需求价格弹性问题。在美国体育竞赛市场中，足球和棒球等的价格弹性最大，这类项目常常会因为价格略微变动导致需求量的较大变化；拳击、橄榄球、滑雪等项目的价格弹性较小，需求的变化量要小于价格的变化量；而篮球和曲棍球等项目的需求弹性接近于1，价格变化对需求没有多大影响。

体育需求价格弹性与总收益的关系表明，当价格发生变化时，一种体育商品的需求价格弹性的大小对于这种体育商品的生产者的总收益有着重要影响。因为体育生产者总收益＝体育商品的价格×体育商品的需求量。

当体育商品缺乏弹性时，价格的下降带来的是需求量的较小幅度的增加，结果两者的乘积使总收益反而减少了；当体育商品富有弹性时，价格的下降导致了需求量较大幅度的增加，因而总收益也随之增加；当体育商品具有单位弹性时，价格下降的幅度与需求量增加的幅度相同，总收益没有变化。

通过以上分析可以得到以下结论。

(1)如果一种体育商品的需求缺乏价格弹性，那么该体育商品价格一定程度的下降将引起体育生产者总收益的减少；反之则引起其总收益的增加，两者的变化是同方向的。

(2)如果一种体育商品的需求富有价格弹性，那么该体育商品价格一定程度的下降将引起体育生产者总收益的增加；反之，则引起其总收益的减少。两者的变化是反方向的。

降价而总收益增加就是我们一般所说的薄利多销。“薄利”是由于降价每单位商品的利润减少了，“多销”是指销售量因降价增加了，需求富有弹性的商品降价引起的销售量的增加的比例大于降价的比例。所以，在现实中得以实现薄利多销的商品大多为需求富有弹性的商品。

(3)如果一种体育商品的需求具有单位价格弹性，那么该体育商品价格一定程度的变化对体育生产者的总收益没有影响。

综上所述，也可以根据体育商品的价格变化引起的体育供应商的总收益的变化，来判断体育商品需求弹性的大小。如果将 $E_{dp}=0$ 和 $E_{dp}=\infty$ 两种情况也考虑在内，一种体育商品的需求价格弹性与总收益之间的关系可以用表 2-1 表示。

表 2-1　体育商品的需求价格弹性与总收益之间的关系

	$E_{dp}>1$	$E_{dp}=1$	$E_{dp}<1$	$E_{dp}=\infty$	$E_{dp}=0$
降价	增加收益	不变	减少	同比例于价格的下降而减少	既定价格下，可以无限增加，供应商不会降价
涨价	减少	不变	增加	同比例于价格的上涨而增加	收益会减少为零

2. 体育需求收入弹性

除了价格，需求弹性还与其他变量有关。例如，当总收入增加时，绝大多数商品的需求通常会增加。因此，需求收入弹性是建立在消费者的收入量和商品的需求量关系上的一个概念。体育需求收入弹性又称体育收入弹性，是指因体育消费者的收入变动的比率而引起的体育需求量变动的比率，用来衡量体育商品的需求量变动对体育消费者收入变动反应的敏感程度。体育需求量变动的比率与体育消费者收入变动的比率的比值就是体育需求的收入弹性系数。用公式表示是：

$$\text{体育需求收入弹性系数}=\frac{\text{需求量变动的百分比}}{\text{收入变动的百分比}}$$

设 Y，Y' 表示变化前后的收入，E_d 表示需求的收入弹性，那么公式可以表示为：

$$E_d=\frac{(Q'-Q)/Q}{(Y'-Y)/Y}$$

对于大多数体育商品来说，体育消费者收入的增加都会引起这些体育商品需求量的增加，所以它们的体育收入弹性是正值。但也有个别体育商品，在体育消费者收入增加时需求量反而减少，其体育收入弹性则为负值。

在西方经济学中，收入弹性为正值的商品称为正常品，收入弹性为负值的称为劣等品。在正常品中收入弹性大于1的为奢侈品，小于1的为必需品。当体育消费者收入增加时，尽管对必需品和奢侈品的需求量都会增加，但对必需品的需求量增加是有限的，是缺乏弹性的，而对奢侈品的需求量的增加是较多的，是富有弹性的。不同的体育商品在同一收入范围具有不同的收入弹性；同一种体育商品在不同的收入范围也有不同的收入弹性。例如，健身俱乐部会员卡在低收入人群中的弹性较大，而在高收入人群中的弹性就较小。

对于培育中的体育需求而言，除了价格以外，体育消费者的收入水平对其有着直接的影响，尤其是在经济发展水平还不是很发达的我国，体育需求的收入弹性往往较大。而且，由于我国经济发展的不平衡，不同区域消费者的体育需求收入弹性呈现非常显著的差异。例如东部沿海发达城市体育需求的收入弹性较之西部经济欠发达城市体育需求的收入弹性要小，城市居民体育需求的收入弹性较之农村居民体育需求的收入弹性要小。应该充分重视的是消费者收入水平的变化直接影响体育需求量的变动。

3. 体育需求交叉弹性

体育商品是一种由多种要素所组成的复杂商品，它既表现为一种整体的商品，又表现为由若干商品组成的系列，即每一种要素都能构成独立的单项体育商品。体育商品的需求量不仅对其自身的价格变化有反应，而且对其他相关体育商品的价格变化也有反应。所以，体育商品的需求交叉弹性就表示，在一定时期内一种体育商品的需求量的变动对于与它相关的体育商品的价格变动反应的敏感程度。它是该体育商品的需求量的变动比例与相关体育商品的价格的变动比例的比值。

假定体育商品 X 的需求量 Q_X 是它的相关体育商品 Y 的价格 P_Y 的函数，即 $Q_X=f(P_Y)$，设：

E_{XY} 为体育需求交叉弹性系数；

Q_{X_0}，Q_{X_1} 为变化前后 X 体育用品的需求量；

P_{Y_0}，P_{Y_1} 为变化前后 Y 体育商品的需求量；

则体育商品 X 的需求交叉弹性公式为：

$$E_{XY}=\frac{(Q_{X_1}-Q_{X_0})/Q_{X_0}}{(P_{Y_1}-P_{Y_0})/P_{Y_0}}=\frac{\Delta Q_X}{\Delta P_Y}\cdot\frac{P_Y}{Q_X}$$

体育商品的需求交叉弹性系数的正负取决于所考察的两种体育商品的相关关系。体育商品的相关关系可以分为两种，一种为替代关系，另一种为互补关系。所谓体育商品间的替代性，是指相同性质而不同类型的体育商品可以相互替代以满足体育消费者的需求。例如，网球和壁球等都是向体育消费者提供非身体接触球类运动的体育需求的满足，它们之间就具有替代关系。所谓体育商品的互补性，是指两种体育商品同时使用才能满足体育消费者的体育需求。例如，网球和网球场地。

根据体育商品的替代性和互补性的特点，计算出来的体育需求交叉弹性系数有两种情况。

(1)如果体育商品 Y 对体育商品 X 具有替代性，那么体育商品 Y 的价格下降必将引起体育商品 X 的需求量减少；反之，体育商品 Y 价格上涨则引起体育商品 X 的需求量增加。因此，对于具有替代性的体育商品而言，其体育需求交叉弹性系数 E_{XY} 必然是正值。

(2)如果体育商品 Y 对体育商品 X 具有互补性，那么体育商品 Y 的价格下降必将引起体育商品 X 的需求量增加；反之，体育商品 Y 价格上涨则引起体育商品 X 的需求量减少。因此，对于具有互补性的体育商品而言，其体育需求交叉弹性系数 E_{XY} 必然为负值。

若两种体育商品之间没有相关关系，则意味着任何一种体育商品的需求量都不会对另一种体育商品的价格变动做出反应，相应的体育需求交叉弹性系数 E_{XY} 为零，X 价格的变化对 Y 的需求量基本没有影响。

(三)影响体育需求弹性的因素

一般来说，影响体育需求弹性的因素主要有以下几个。

1.体育商品在消费者支出预算中的比重

当某种体育商品在消费者的支出预算中所占比重较小时，如乒乓球、跳绳、羽毛球等，其价格上涨下跌，对体育消费者的需求量影响不大，体育消费者不会因为这些体育商品的涨跌而大幅度地改变对它们的消费量，因此，它们的需求价格弹性较小；反之，当某种体育商品在消费者的支出预算中占较大比重时，如高尔夫俱乐部会员卡、高尔夫球杆、高档网球拍等体育消费品，其价格上涨下跌，就会影响消费者对它们的需求量，如果这种体育商品价格上升，体育消费者就会寻找替代品，对这种体育商品的需求就会减少，因此，这些体育商品的需求价格弹性就比较大。

2.体育商品的可替代程度和寻找替代品的难易程度

如果体育商品有很多替代品，这些体育商品就可以相互替代来满足同种需要。不同的体育替代品的可替代程度有高低之分。如 Nike 运动鞋和其他品牌运动鞋都能用于运动，后者对前者的替代程度很高，当 Nike 运动鞋价格提高时，人们就会转向购买价格未变的替代品——其他品牌运动鞋，从而使 Nike 运动鞋的需求量减少。当 Nike 运动鞋价格不变，其他品牌运动鞋价格降低时，人们也会转向购买其他品牌的运动鞋，而减少购买 Nike 运动鞋，这也会使其需求量大幅减少。可替代程度高的体育商品，其需求交叉弹性是很大的，以至价格的小幅变动都会引起需求量的大幅变动；反之，可替代程度较低的商品，因其需求交叉弹性较小，价格变动不会引起需求量的大幅变动。寻找替代品的难易程度也会影响体育商品的需求弹性。

3. 体育商品用途的广泛性及体育商品的耐用程度

一种体育商品的用途越广，其需求弹性就越大；而一种体育商品的用途越少，其需求弹性就越小。当一项体育运动不仅具有健身、休闲的功能，同时还被赋予社交、时尚的角色时，它的需求弹性往往较大。例如，在保龄球运动刚引入我国时，这不仅是一项能够愉悦身心的体育运动，而且是一个高档次的休闲聚会社交场所，是一种身份的象征。再如，运动服、运动鞋等不仅可以在运动时穿，平时生活中也可以穿，也具有平时衣物所具有的功效，往往还被赋予休闲的意义。一种体育商品的使用时间长、耐用程度高，其需求弹性就越大；而使用时间短、耐用程度低的体育商品，其需求弹性就越小。

4. 体育商品对体育消费者生活的影响程度

属于消费资料的商品即消费品对人们的生活具有不同程度的影响。经济学中把消费品分为必需品和奢侈品。必需品在人们的日常生活中是必不可少的，缺乏生活必需品会影响人们的正常生活。因此，不管这种商品的价格上升还是下降，人们都不会随着价格高低而大幅度地减少或增加对其的消费量，即其需求价格弹性较小；反之，奢侈品并不是人们日常生活中必不可少的，如果经济条件不允许，不消费也无所谓，人们会根据它们的价格变化和自身收入状况来决定是购买还是寻找替代品，若购买则还要想想购买多少。这些商品的需求量对其价格变化的反应程度比较高，所以，需求价格弹性也较大。

不同的体育商品对体育消费者而言也有“必需品”和“奢侈品”之分。这里所讲的“必需品”是指那些能满足人们基本健身、娱乐休闲需求的体育商品，这些“必需品”有相当一部分属于公共物品或准公共物品，免费向人们开放或象征性地收取一定的费用，如许多高校的体育设施免费向师生开放；还有一些小区的体育健身设施、公园里的公共体育设施等都属于这一类型。这些必需品在价格上都有这样一个特征：即基本上不涉及购买价格或它的购买价格不会很高，消费者在一般情况下，都会花钱购买。因此这类需求的价格弹性较小。与此相反，“奢侈品”的价格弹性则较大，如网球运动在价格较高时，是“贵族化”的运动项目，消费者很少，当其价格降到适当的价位时，消费者与日俱增，逐渐成为大众化、平民化的运动项目。不过，体育商品的“必需品”和“奢侈品”的区分具有历史性、地域性，所以同样的体育商品在不同国家、不同时期的需求价格弹性往往是不同的。

可见，体育商品的需求弹性并不是由某一因素所能决定的，而是由上述诸因素综合决定的。而且，其需求弹性还会因时间、地点和消费者收入水平的差异而有所不同。所以，在分析一种体育商品的需求弹性大小时，要根据具体情况进行全面综合的分析。

二、体育供给弹性

（一）体育供给弹性的概念

体育供给弹性是指体育供给对各种影响体育供给的因素变化的敏感性，即体育供给量随其影响因素的变化而相应变化的程度。由于体育供给不仅受到体育商品价格的直接影响，还受到生产规模变化、生产成本等多种因素的影响，因而体育供给弹性包括体育供给价格弹性、体育价格预期弹性和体育供给交叉弹性等。下面对体育供给价格弹性和体育价格预期弹性进行重点分析。

1. 体育供给价格弹性

体育供给价格弹性是指因体育商品价格变动的比率而引起的体育供给量变动的比率，用来衡量体育商品的供给量变动对其价格变动的敏感程度。虽然各种体育商品的供给量都会随着其价格的变化而变化，但是体育商品种类不同，其供给量对价格反应的敏感程度也不同。

体育供给价格弹性系数就是体育商品供给量变动的比率与其价格变动的比率的比值。根据体育供给规律，其他条件不变，体育商品的价格上涨或下跌，其供给量就会随之增加或减少，其计算公式如下：

$$\text{体育供给价格弹性}=\frac{\text{体育商品供给量变化的百分比}}{\text{体育商品价格变化的百分比}}$$

设 E_{sp} 为体育供给价格弹性系数；

P_0, P_1 为变化前后的体育商品价格；

Q_0, Q_1 为变化前后的体育商品需求量。

点弹性公式：

$$E_{sp}=\lim_{\Delta X\to 0}\frac{(Q_1-Q_0)/Q_0}{(P_1-P_0)/P_0}=\frac{dQ/Q}{dP/P}=\frac{dQ}{dP}\cdot\frac{P}{Q}$$

弧弹性公式：

$$E_{sp}=\frac{(Q_1-Q_0)/Q_0}{(P_1-P_0)/P_0}=\frac{\Delta Q}{\Delta P}\cdot\frac{P}{Q}$$

体育商品的供给量与体育商品价格是同方向变化的，所以供给弹性总是正值。其取值范围是零到无穷。根据体育供给弹性系数 E_{sp} 的大小，可以区分为以下两种情况。

(1)当 $E_{sp}=\infty$时，则称体育供给是完全富有弹性的，或体育供给具有无限弹性。体育供给曲线是一条平行于横轴的直线，表明在既定的体育商品价格条件下，体育供给量可以任意变化(图 2-7)。

(2)当 $E_{sp}=0$ 时，称体育供给完全缺乏弹性。体育供给曲线为一条垂直于横轴的直线，表明无论体育商品价格怎样变动，体育供给量保持不变(图 2-7)。

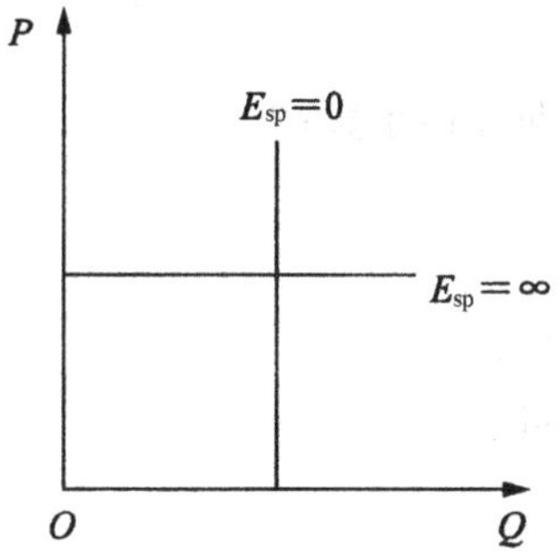

图 2-7

需要注意的是，体育供给弹性不同于体育供给曲线的斜率。体育供给弹性 $E_s=(\Delta Q/\Delta P)\cdot(P/Q)$即等于 P/Q 与供给曲线的斜率的倒数的乘积。

体育供给弹性在一条供给曲线上是变化的，如图 2-8 所示。

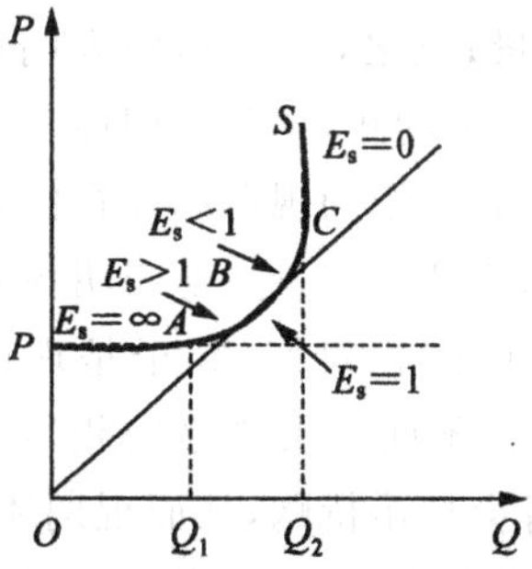

图 2-8

如图 2-8 所示，当 $E_s=\infty$ 时，体育供给有无穷弹性或称有完全弹性。在体育商品价格已定时，体育供给是无限的，供给曲线几乎为平行于横轴的直线，如图 2-8 中 PA 段所示。如果 $E_s=0$，是另一种极端的情况，这时体育供给完全缺乏弹性，无论体育商品价格如何变化，体育供给量保持不变，即不受价格影响。图 2-8 中 C 点以上部分为 $E_s=0$ 时体育供给曲线的形状，是一条几乎垂直于横轴的直线。如果 $E_s>1$，如图中 AB 段所示，这时体育供给富有弹性。如果 $E_s=1$，这时体育供给具有单位弹性或单元弹性，即体育供给与价格保持相同幅度的变化，即 B 点。如果 $E_s<1$，这时体育供给的价格弹性不足，即体育供给变动的幅度小于体育商品价格变动的幅度。如图 2-8 中 BC 段所示。

2. 体育价格预期弹性

体育价格预期弹性是指未来价格的相对变动与当前价格的相对变动之比。体育价格预期弹性无论对于体育消费者还是体育经营者来说，都是一个重要的决策影响因素。

设 E_P 为体育价格预期弹性系数；

F 为未来价格；

P 为现行价格；

ΔF 为未来价格变化量；

ΔP 为现行价格变化量。

则可得公式：

$$E_P=\frac{\Delta F/F}{\Delta P/P}$$

对于体育经营者来说，体育价格预期弹性的作用相对较大。当 $E_P>1$ 时，表明体育经营者预期未来价格的相对变动将大于现行价格的相对变动，于是为了保持经营的稳定性，体育经营者会减少现期的体育供给，并加大投入以提高未来的体育供给量；反之，$E_P<1$，则表明体育供给者预期未来价格的相对变动将小于现行价格的相对变动，即体育市场价格趋于稳定，于是体育经营者会扩大宣传促销，以增加现期的体育供给。

对于体育消费者而言，当 $E_P>1$ 时，则表明体育消费者预期未来价格的相对变动将大于现行价格的相对变动，于是现期体育需求增加；反之，$E_P<1$时，则表明体育参与者预期未来价格的相对变动将小于现行价格的相对变动，于是体育消费者会持币待购，从而现期体育需求减少。但由于体育需求同时受闲暇时间等因素影响，因而价格预期对于体育需求的影响相对较小。

(二)影响体育供给弹性的因素

影响体育供给弹性的因素主要有以下几类。

1.体育商品生产时间的长短

时间因素对体育商品的供给弹性有重大影响。时间越长,该体育商品的供给弹性就越大;时间越短,则供给弹性越小。在体育生产者向市场提供体育商品的瞬时,即使体育价格发生变动,体育生产者也无法立即增加或减少产量。因为体育生产者的生产能力不可能在瞬时发生变化。短期内,由于生产设备、劳动力无法增加,体育生产者的生产能力是既定的。这时即使价格发生很大变动,体育供给量也不会发生大幅变动,其供给弹性是比较小的。长期而言,由于体育生产者有充分的时间调整生产规模,扩大生产能力,其供给量可以随价格的涨跌而增减,体育供给弹性就比较大。

2.进入和退出的难易程度

如果某一体育商品行业的进入和退出壁垒很少,体育生产供应商可以根据市场和本企业的情况进退自如,则该商品的供给弹性会较大;反之,如果某一体育商品行业,存在着寡头垄断或完全垄断企业,并通过技术、品牌等设置进入壁垒,使其他小企业进入的门槛很高,整个市场上的该体育商品的供应商就很少,该类体育商品的价格和供给都由少数大公司掌控,市场效率就很低下,供给量对价格变动的敏感度较小,即供给弹性较小。

3.体育商品生产要素的替代程度

体育生产要素能否替代和替代程度的高低对体育供给弹性的影响很大。假如生产某种体育商品所用的生产要素的替代品很多,有些替代程度很高,体育商品价格提高,体育生产者要增加供给量就要增加对生产要素的投入,原来用于生产其他商品的生产要素也可以用来生产这种体育商品,这些替代程度高的生产要素就会被用于这种体育商品的生产,其供给量也就可以大幅度地增加,因而其供给弹性就大;反之,生产某种体育商品的生产要素替代品很少,替代程度低,体育生产者在要素市场上很难找到替代的生产要素,而原生产要素的供给也是有限的,就不能尽快扩大生产增加供给,其供给弹性就小。

4.体育商品生产的难易程度

一般来讲,生产较为容易、技术水平较低且生产周期较短、生产规模较容易变动的体育商品，其供给弹性较大；反之，生产较为困难、技术水平较高及生产周期较长、生产规模不易变动的体育商品，其供给弹性较小。

第三节　体育供求均衡及发展规律

一、体育供给与需求的矛盾

体育供给与体育需求是相互依存和相互矛盾的，它们通过体育商品价格这一中介有机地结合起来，从而形成了体育供给与体育需求既相互依存又相互矛盾的运动规律。

从体育供给与体育需求的相互依存关系看，一方面体育供给虽然受许多影响因素的制约，但归根结底最基本的影响来自体育需求。体育供给的数量和规模都要以体育需求为前提，离开体育需求所确定的体育供给必然是盲目的。此外，自然和社会等各种因素对体育供给的影响，往往也是对体育需求的影响，或者是通过抑制体育需求来限制体育供给。另一方面，体育供给又是体育需求实现的保证，它提供体育需求以具体的活动内容表现。如果没有体育供给的不断发展，体育需求将永远停留在一般水平上。

从总体上看，体育供给源于体育需求，但在体育产业发展到一定程度后，体育供给又能激发体育需求，产生新的体育需求，促使人们的体育需求内容不断扩大，需求水平不断提高，从而改善人们的生活质量。

从体育供给与体育需求的矛盾关系看，主要表现在数量、质量、结构、时间等方面的矛盾冲突。

（一）体育供给与体育需求数量的矛盾

体育供给与体育需求在数量方面的矛盾，主要表现为供给能力与实际需求之间的矛盾。根据我国的社会经济条件，建立适合国内体育消费者体育需求的体育服务体系，通过有计划、有步骤的建设，形成体育供给能力，满足不断扩大的体育需求。体育供给在一定时间内是有限的，并具有相对稳定性。体育需求则随着人们收入水平的提高、闲暇时间的增加、消费水平与消费结构的变化而不断上升；同时，受社会政治经济状况和社会环境的制约，气候季节交替的影响，体育需求也会相应地变化，即体育需求量具有不稳定性和随机性的特点。因此，在一定时间内，必然出现体育供给总量与体育需求总量之间的不平衡，形成供不应求或供过于求的状况。

(二)体育供给与体育需求质量的矛盾

由于体育供给的发展是以体育需求为基础和前提的,所以体育供给的发展一般滞后于体育需求。

首先,在一定的生产力发展水平上,与体育资源相关的体育设施和服务形成以后,它们的水平也就相应确定了。而人们的体育需求内容和水平却在不断变化。体育供给要跟上体育需求的变化,需要一定的资金投入和建设时间;受社会价值准则和道德规范的限制,对有的体育需求也不能提供相应的体育供给。

其次,体育供给也有自己的生命周期,随着设施的磨损和老化,即使不断地局部更新,也难以阻止设施在整体上的落伍,这就使体育供给的质量下降,从而落后于体育需求的要求。

最后,体育供给若不以体育需求为前提,超越体育需求的水平而发展,会使体育供给在近期内的效益降低,达不到预期的效益目标。这些都是体育供给与体育需求在质量方面矛盾的表现。

(三)体育供给与体育需求结构的矛盾

由于体育消费者的年龄不同,体育活动中的兴趣爱好各异,支付能力和消费水平等方面的千差万别,就形成了体育需求的复杂多样和灵活多变的特点。而一个国家甚至一个地区的体育供给,不管怎样发展和规划,总不能面面俱到、一应俱全。因此,体育供给的稳定性、固定性与体育需求的复杂性、多样性之间的反差就形成了体育供给与体育需求在结构上的矛盾冲突。

(四)体育供给与体育需求时间的矛盾

时间因素有时直接影响体育供给能力的发挥,有时则通过抑制体育需求而造成体育供给的冲突。例如炎热夏天的到来,可能引发人们游泳的需求;而隆冬季节,滑雪、冬泳则成为人们体育需求的项目。总之,由于构成体育商品的体育设施和体育服务,一旦相互配套形成一定的供给能力,就具有常年的同一性。因此,体育供给的常年同一性与服务的季节性就形成了体育供给与体育需求在时间方面的矛盾。

二、体育供给与需求的均衡

由于体育供给和体育需求具有以上四个方面的矛盾冲突,因而需要实现体育供给与体育需求的均衡,就必须把两者结合起来考察,以探寻体育供给与体育需求的规律性，以及它们在体育市场上的动态均衡。

（一）体育供给与体育需求的静态均衡

在市场经济条件下，体育商品价格是决定体育供给与体育需求的根本性因素。根据体育供给规律和体育需求规律，体育商品价格越高，则体育需求量越少，而体育供给量越多；反之，体育商品价格越低，则体育需求量越多，体育供给量越少。因此，体育商品价格决定着体育供给和体育需求的均衡交易量，而体育供给和体育需求两种矛盾力量共同作用的结果，又形成体育市场上的均衡价格。

假如以横坐标 Q 表示体育供求数量，以纵坐标 P 表示体育商品的价格，把体育需求价格曲线 D 和体育供给价格曲线 S 在同一坐标图中绘出（图 2-9），体育需求价格曲线 D 与体育供给价格曲线 S 相交于点 E。在点 E，由于体育供给量与体育需求量相等，故称为体育供求均衡，这时相对应的价格 P_0 称为均衡价格，相对应的 Q_0 称为均衡产量。如果体育商品价格高于 P_0 并上升为 P_1，这时体育需求量减少到 Q_1，而体育供给量增加至 Q_2，体育市场上出现供大于求（$S>D$），即 Q_2-Q_1；如果体育商品价格由 P_0 降到 P_2，则体育需求量增加至 Q_3，而体育供给量减少至 Q_4，这时体育市场上出现供不应求（$D>S$），即 $Q_4-Q_3=(Q_3-Q_4)$。

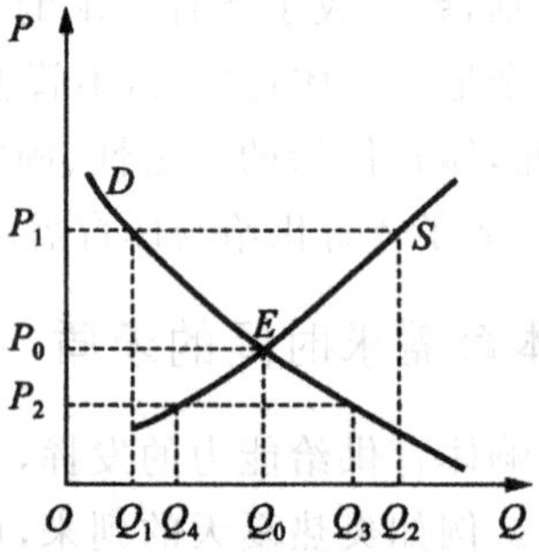

图 2-9

（二）体育供给与体育需求的动态均衡

体育供给与体育需求的均衡是动态的均衡。虽然体育供给一旦形成就具有相对稳定性，但在一定的体育供给能力内仍然会随体育商品的价格变化而变化。因此，对于体育供给与体育需求之间的动态均衡，可采用供给曲线与需求曲线的变动来研究。为简化分析，我们假定体育供给曲线与体育需求曲线在移动时形状保持不变，体育供给和体育需求的动态均衡有以下几种情况。

1. 体育需求变动引起的动态均衡

由于社会经济发展和消费水平的变化，使人们生活结构调整，工作日减少而休假日增加，会引起体育需求增加，体育需求曲线右移。在体育供给水平不变的情况下，体育供求均衡点从点 E_0 移到点 E_1，并带动体育供给量增加，使均衡价格也相应由 P_0 上升到 P_1，均衡量由 Q_0 增加到 Q_1（图 2-10）。

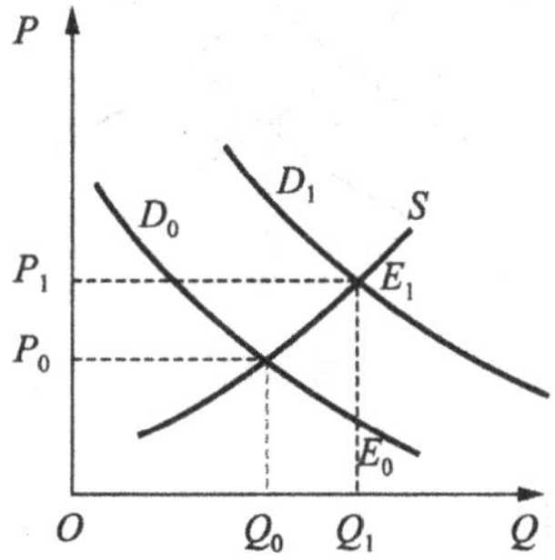

图 2-10

2. 体育供给变动引起的动态均衡

随着社会生产力水平的提高，必然引起经济结构的调整，如第一、第二产业因生产率的提高，冗余人员转入服务业，而服务业的迅速发展，使社会能提供更多的体育商品，会使体育供给曲线右移。在体育需求水平不变的情况下，体育供求均衡点从点 E_0 移到点 E_2，并带动体育需求量的增加，引起均衡产量由 Q_0 增加到 Q_2，而均衡价格由 P_0 下降到 P_2（图 2-11）。

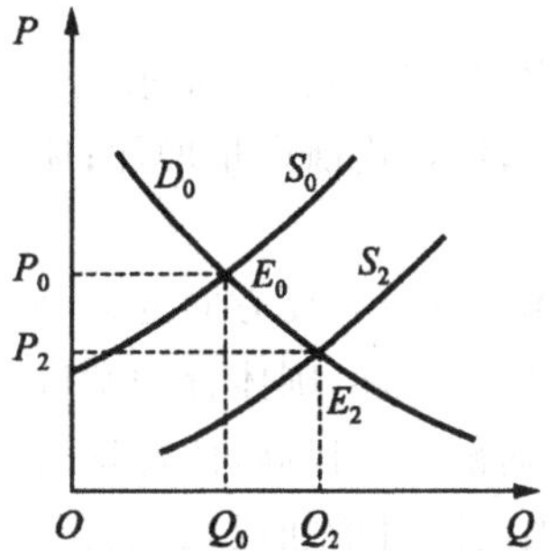

图 2-11

3. 体育供给与体育需求同时变化引起的动态均衡

体育供给与体育需求同时变动的情况较为复杂，因为它们既可按同方向变动，也可按反方向变动；既可按同比例变动，也可按不同比例变动。若体育供给和需求同时增加，会引起体育供给曲线与体育需求曲线同时向上移动，使体育供求均衡点由点 E_0 上升到点 E_3，并在体育均衡产量 Q_0 不变的条件下，导致均衡价格由 P_0 上升到 P_3（图 2-12）。

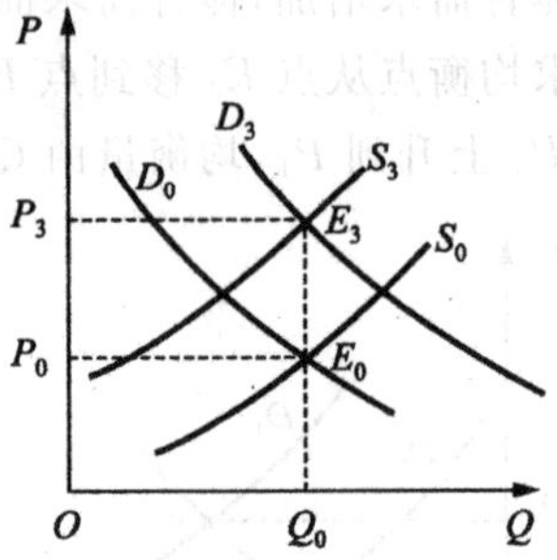

图 2-12

三、体育供求规律

根据以上分析，可把市场经济条件下体育供求规律概括如下。

(1)体育需求和体育供给共同决定着体育商品的价格。即体育均衡价格就是体育需求量等于体育供给量时的价格。与体育均衡价格相应的均衡交易量即为体育均衡产量。

(2)体育商品价格影响和决定着体育需求和体育供给的数量。当体育商品价格上涨时，体育供给增加，体育需求减少，于是体育市场上出现供过于求；当体育商品价格下跌时，体育供给减少，体育需求增加，于是体育市场上出现供不应求。

(3)体育均衡价格与均衡产量与体育需求呈同方向变动。即体育需求增加，则体育均衡价格提高，体育均衡产量增加；体育需求减少，则体育均衡价格降低，体育均衡产量减少。

(4)体育均衡价格与体育供给呈反方向变动，而体育均衡产量与体育供给呈同方向变动。即体育供给增加，则体育均衡价格降低，体育均衡产量增加；体育供给减少，则体育均衡价格提高，体育均衡产量减少。

(5)体育需求与体育供给同时增加或减少，会引起体育均衡产量同方向变动。而这时的体育均衡价格则有提高、不变或降低三种可能。图 2-12 中描述的就是体育均衡价格提高的情况。

四、体育供求均衡的调控

通常，体育供求均衡主要是指量的均衡，但由于影响体育供求数量变化的因素较多，体育供求除了量的均衡以外，还应在质的方面也相互适应，即表现在体育供求构成、供求季节和区域不平衡的协调等方面。因此，体育供求均衡与一般商品的供求均衡相比，具有均衡的相对性、不均衡的绝对性、供求均衡的随机性等特点，从而要求体育管理系统作为调控主体加强宏观调控，从体育产业的长远发展和国家社会经济的发展要求来确立调控目标，并采用一定的调控方式，有效地实现体育供求均衡，以求和谐发展，为民造福。从实践来看，体育供求均衡的调控有多种方式，概括起来主要有规划调控和过程调控两种方式。

（一）体育供求均衡的规划调控

体育供求均衡的规划调控是一种通过调节体育供给来实现体育供求均衡的调控方式，是一种前馈控制。它对体育供给的发展给出目标限定和范围，其内容包括体育需求预测、体育资源开发、供给规模确定、体育规划建设、体育设施供给、相关体育基础设施发展计划、人员培训和行业规范管理等方面。在制定体育供给规划的时候，要遵循市场经济规律和国家的方针政策，从建设的总目标出发，使体育供给的发展规模和发展速度既适应市场经济发展的需要，又符合国家或本地区的经济实力。

（二）体育供求均衡的过程调控

体育供求均衡的过程调控是根据体育市场上体育供给与体育需求的变化来调控体育供求均衡的调控方式，它包括宏观调控和微观调控两个方面。在宏观层面上，政府可以根据体育经济发展的目标和体育供求均衡的现实状况，通过政策对体育供求变化进行引导或限制，促成体育供求的均衡；在微观层面上，主要通过市场机制对体育供求均衡进行调控，即遵循体育供求规律调节体育供给数量。当体育市场上出现供过于求时，迫使体育商品价格下降，而使体育供给减少；当体育市场上出现供不应求时，体育商品价格就会上扬，从而使体育供给扩大。这就需要根据体育需求发展的趋势，适时扩大体育供给，增强体育供给能力，提高体育供给与体育需求的变化，达到动态均衡的主动性。

第三章　体育消费及消费者行为理论分析

体育消费是现代生活消费的一个重要组成部分，也是体育经济研究的主要内容之一。随着我国社会主义市场经济体制的建立，社会生产力水平的不断提高，人民生活水平、消费意识、消费习惯等都有了显著变化，我国体育产业也逐渐兴旺发达，体育消费领域正不断地得到开拓和发展。同时，体育消费作为现代生活消费的一个重要内容，不仅对整个社会消费结构的改变及消费模式的转化具有十分重要的意义和作用，而且对于促进社会主义初级阶段社会生产力的发展、实现社会主义生产目的，以及推动我国体育产业的加速发展，都具有十分重要的意义和作用。本章将在消费者行为理论的研究基础上，对体育消费和体育者消费行为进行分析。

第一节　消费者行为理论概述

消费者在市场上进行消费的基础在于消费品对消费者的有用性，这种有用性在经济学上用效用论来解释。本节将在效用论的基础上，对基础效用论和序数效用论下的消费者均衡进行分析。

一、效用

(一)效用、总效用与边际效用

1. 效用

效用就是消费者在购买或使用某商品时所感觉的满足程度。比如，消费者在享用食品时，心理上必然感觉到一种满足，这种满足就是效用。如果满足的程度大，就是效用大；如果满足的程度小，就是效用小；如果感到毫无满足，就是毫无效用。因此，效用不仅与商品的物质实体或劳务的真实质量有关，而且与人们的主观心理状况有关，同一商品不仅在不同的人之间会因满足程度的差异而有不同的效用，而且对于同一消费者来说，由于时间和情况的差异，其效用也会不同。

2. 总效用

总效用是指消费者在一定时间内从一定数量的商品消费中所得到的效用量的总和。或者说，是指消费者从事某一消费行为或消费某一定量的某种物品所获得的总满足程度。如以 TU 表示消费某种商品获得的总效用，以 Q 表示某种商品的消费量，则 $TU=f(Q)$，其中 f 代表函数关系。

3. 边际效用

边际效用是指每增加一单位某种商品的消费所增加的满足程度。如果以 ΔTU 表示总效用的增量，ΔQ 表示商品消费的增量，MU 表示边际效用，则 $MU=\Delta TU/\Delta Q$，即边际效用等于总效用的增量与商品消费的增量之商。

(二)边际效用递减规律

一定时间内，在其他商品的消费数量保持不变的条件下，随着消费者对某种商品消费量的增加，消费者从该商品连续增加的每一消费单位中所得到的效用增量即边际效用是递减的。如以喝水为例，当一个人感到非常渴时，迫不及待地喝下了第一杯水，这杯水给他带来了极大的满足，效用极大；当他喝第二杯水时就不如第一杯那么迫切了，而第三杯水则勉强地喝下。这说明随着喝水数量的增加，每杯水给他带来的满足感是下降的。在这种情况下，如果让这个人继续喝水，那么，水给他带来的就不是满足，而是痛苦了。

边际效用递减规律之所以出现，有两个原因：一是生理或心理的原因。由于相同消费品的连续增加，从人的生理和心理的角度讲，从每一单位消费品中所感受到的满足程度和对重复刺激的反应程度是递减的。二是“经济合理性”原则决定的。在一种商品具有几种用途时，消费者总是将第一单位的消费品用在最重要的用途上，第二单位的消费品用在次重要的用途上，这样，消费品的边际效用便随着消费品的用途重要性的递减而递减。

二、基数效用论下的消费者均衡分析

(一)消费者均衡

1.消费者均衡的概念

消费者均衡是指消费者在收入既定和商品价格既定的情况下，购买一定数量的各种商品，获得最大的满足程度，实现总效用最大化。或者说，消费者消费一定数量的各种商品的总效用最大化时，既不愿再增加、也不愿再减少购买数量的一种相对静止的状态。

2.消费者均衡的前提假设

第一，消费者的偏好是既定的。这也就是说，消费者对于各种物品效用与边际效用的评价是既定的，不会发生变动。

第二，消费者的收入是既定的，每一元货币的边际效用对于消费者是相同的。

第三，物品的价格是既定的。

消费者均衡就是要说明在这些假设条件下，消费者如何把有限的收入分配于各种物品的购买上，以实现总效用（TU 值）的最大化。

(二)基数效用论对消费者均衡的分析

1.基数效用论的基本观点

基数效用论认为，效用如同长度、重量等概念一样，可以具体衡量并加总求和，具体的效用量之间的比较是有意义的；效用的大小可以用基数(1，2，3……)来表示，计量效用大小的单位被称作效用单位。基数效用论是早期研究消费者行为的一种理论，采用的是边际效用分析方法。

2.基数效用论主张的消费者均衡

基数效用论认为，消费者均衡的实现需要满足两个条件。

(1)消费者的收入全部花光，即 $P_1X_1+P_2X_2+\cdots\cdots+P_nX_n=I$，这是消费者均衡的约束条件。

(2)消费者花费在各种商品上的最后一元钱所带来的边际效用相等，且等于货币的边际效用，即$\frac{MU_1}{P_1}=\frac{MU_2}{P_2}=\cdots\cdots\frac{MU_n}{P_n}=\lambda$，这是消费者均衡的实现条件。式中，$MU_i=\frac{dTU}{dQ_i}$，$\frac{MU_i}{Pi}=\frac{dTU}{dQ_i}/P_i$ 表示当商品 Q_i 的价格为 P_i 时，每变化单位 Q_i 的消费量所引发的总效用 TU 的变化量；$\lambda=\frac{MU_i}{Pi}=\frac{dTU}{dQ_i}/P_i$ 为单位货币的边际效用。更具体地说，就是消费者对于任何一种商品的最优购买量，应该是消费者最后一元钱购买商品 1，商品 2…商品 n 时，所得到的边际效用相等。

如果能够满足上述两个条件，消费者把有限的收入分配于各种物品的购买上时，其总效用就会最大。

三、序数效用论下的消费者均衡分析

(一)无差异曲线和预算约束线

1. 无差异曲线

无差异曲线又称为等效用线，是用来表示偏好相同的两种商品的所有组合曲线。或者说，它是表示能够给消费者带来相同的效用水平或满足程度的两种商品所有组合的点的轨迹。

有三点需要特别说明：第一，无差异曲线表达的是某一个消费者对于某一组商品组合集的效用评价——这一组合集中的任一组合其效用是无差异的；第二，无差异曲线簇表达的是一个消费者不同的消费愿望，至于这些愿望能不能实现是另外一回事；第三，无差异曲线表达 A 消费者的效用评价，但不代表 B 消费者的效用评价。

无差异曲线可以用表格和坐标图来具体说明。表 3-1 是某消费者关于商品 X_1 和商品 X_2 的无差异表，表中列出了关于这两种商品各种不同的组合。该表有 a、b、c 三个子表，每一个子表代表着一种效用水平，共包含六种商品组合；六种商品组合的效用水平是相等的，消费者对这六个组合的偏好程度是无差异的。根据商品数量“多比少好”的原则，表 a 所代表的效用水平低于表 b，表 b 又低于表 c。

表 3-1　某消费者的无差异表

商品组合	表 a		表 b		表 c	
	X_1	X_2	X_1	X_2	X_1	X_2
A	20	130	30	120	50	120
B	30	60	40	80	55	90
C	40	45	50	63	60	83
D	50	35	60	50	70	70
E	60	30	70	44	80	60
F	70	27	80	40	90	54

根据表 3-1，可以绘制无差异曲线，如图 3-1 所示。图中的横轴和纵轴分别表示商品 X_1 和商品 X_2 的数量，曲线 U_1，U_2，U_3 顺次代表与表 a、表 b 和表 c 相对应的三条无差异曲线。

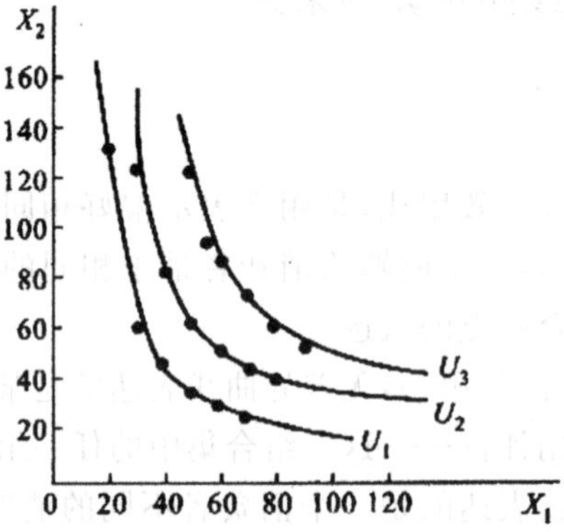

图 3-1

无差异曲线具有以下特征。

(1)同一平面图上可以有无数条无差异曲线，离原点越远的无差异曲线代表的效用水平越高。

(2)同一坐标平面上的任意两条无差异曲线不会相交。

(3)无差异曲线是从左上方向右下方倾斜的，斜率为负值。

(4)无差异曲线是凸向原点的。

2. 预算约束线

预算约束线又称等成本线，它是表示在消费者收入与商品价格既定的条件下，消费者所能购买到的两种商品最大数量组合的曲线。我们每一个人都要消费多种商品，但是，现实中每一个人的收入是有限的，有限的收入就是消费者的预算约束。预算线的图形如图 3-2 所示。

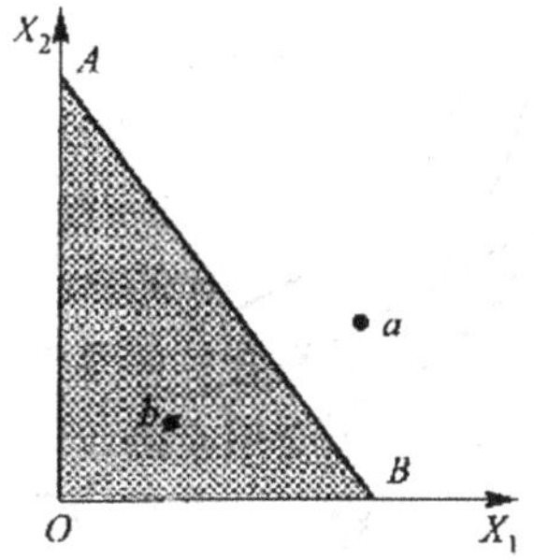

图 3-2

在图中，预算线 AB 把平面坐标图划分为三个区域。

(1)预算线 AB 以外的区域中的任何一点，如 a 点，是消费者利用全部收入都不可能实现的商品购买的组合点。

(2)预算线 AB 以内的区域中的任何一点，如 b 点，表示消费者的全部收入在购买该点的商品组合以后还有剩余。

(3)唯有预算线 AB 上的任何一点，才是消费者的全部收入刚好花完所能购买到的商品组合数量对应的点。

图中的阴影部分(包括直角三角形的三条边)，被称为消费者的预算可行集或预算空间。

(二)序数效用论对消费者均衡的分析

1. 序数效用论的基本观点

序数效用论认为，效用的大小是无法具体衡量的，效用之间的比较只能通过顺序或等级即用序数(第一、第二、第三……)来表示。序数效用论是为了弥补基数效用论的缺点而提出来的另一种研究消费者行为的理论，采用的是无差异曲线分析方法。以序数来度量效用的假定比基数效用的假定所受到的限制要少，它可以减少一些被认为是值得怀疑的心理假设。

2. 序数效用论主张的消费者均衡

假定消费者的偏好不变、收入不变、商品的市场价格不变，则只有在既定的预算线与其中一条无差异曲线的切点，才是消费者获得最大效用水平或满足程度的均衡点。或者换句话说，消费者对于两种商品组合，最优购买组合的选择是在既定的预算线与其中一条无差异曲线的切点上；由此构成的商品组合点不再变动；在这一均衡点上的购买量会使消费者获得效用的最大化。如图 3-3 所示，切点 E 就是消费者实现效用最大化的均衡点。

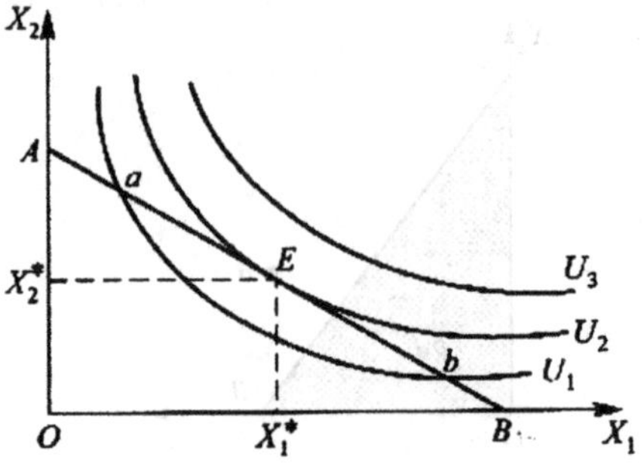

图 3-3

之所以只有 E 点才是消费者效用最大化的均衡点，是因为就无差异曲线 U_3 来说，虽然它代表的效用水平高于无差异曲线 U_2，但它与既定的预算线 AB 既无交点又无切点。这说明消费者在既定的收入水平下无法实现无差异曲线 U_3 上任何一点商品组合的购买。就无差异曲线 U_1 来说，虽然它与既定的预算线 AB 相交于 a、b 两点，这表明消费者利用现有收入可以购买 a、b 两点的商品组合。但是，这两点的效用水平低于无差异曲线 U_2，因此，理性的消费者不会用全部收入去购买无差异曲线 U_1 上 a、b 两点的商品组合。显然，只有当既定的预算线 AB 和无差异曲线 U_2 相切于 E 点时，消费者才在既定的预算约束条件下获得最大的满足。

第二节　体育消费分析

一、体育消费的定义

体育消费是指人们通过支付一定数量的费用而从体育活动中获得效用的消费行为和过程。它既包括人们在购买体育服装、体育用品、运动器材、体育期刊和书报方面的消费支出，也包括人们在观看各种体育比赛、表演、展览等方面的消费支出，还包括人们为了满足身心健康需求而在体育活动、健身训练、体育健康医疗等方面的消费支出。

体育消费也有广义和狭义之分。狭义的体育消费主要指支付一定费用直接参与体育活动而获取效用的个人消费行为和过程；广义的体育消费是指一切参加与体育有直接或间接联系的活动时所发生的个人消费行为和过程。

二、体育消费在社会消费中的地位

(一)人们生活消费的分类和层次

消费是社会生产总过程的一个重要环节,它同生产、交换和分配一起构成互相联系、互相制约的社会生产总过程,使社会生活得以正常进行。马克思说:"没有生产,就没有消费,但是,没有消费,也就没有生产,因为如果这样,生产就没有目的。"生产决定消费,消费又反作用于生产,这是马克思主义经济学的基本常识。

社会消费关系是社会生产关系的一个重要方面。因为消费在任何时候都是在一定的生产关系的制约下,在人们相互之间的经济关系中进行的社会行为和过程,也都是一定阶级的经济利益的集中体现。并且,在一定社会里,个人消费的方式、消费的结构、消费的水平和消费的需求是受一定社会生产力发展水平和经济发展速度制约的。一般来说,两者大体是作同方向变动的。社会生产力发展水平比较高、经济发展速度比较快,人们的消费需求、消费方式、消费结构和消费水平等的增长、变化和提高就相应较快。

生活消费作为人们对消费资料的使用和消耗,是人和物之间、主体和客体之间的物质变换过程。生活消费可分为社会公共生活消费和个人生活消费两大类。社会公共生活消费又称社会集体消费,它指的是众多的消费者在社会或一个集体范围内所进行的消费活动。个人生活消费指的是由消费者分散进行的直接满足个人需要的各种消费活动和消费行为的总和。

个人生活消费可以从不同的角度进行分类。从满足人们需要的角度看,可分为生存消费、发展消费和享受消费;从满足人们需要的不同效能的角度看,可分为吃、穿、住、用、行等消费;从满足人们需要的消费品的价值角度看,可分为低档、中档和高档等消费;从满足人们需要的性质看,可分为物质的、精神的和服务的消费。一般来说,满足个人生活消费的层次和序列依次分为生存消费、发展消费和享受消费。生存消费是通过对各种生存资料,包括衣、食、住等基本生活资料的消费而实现的,它是恢复体力和脑力、维持劳动力再生产的必要条件,属于低层次的消费。发展消费是通过对各种发展资料的消费来实现的,它是发展人的体力和智力、开发体力和智力资源的必要条件,属于中高层次的消费;享受消费则是通过对各种享受资料的消费来实现的,它是保证人们生活更加舒适愉快、增进身心健康、获取美的享受的必要条件,属于高层次的消费。当然,这三者难以截然分开,其界限是相对且发展变化的。随着社会生产力的发展和人民生活水平的提高,目前属于享受消费的部分，今后可能成为生存消费。但是从一个既定的时期来看，它们之间还是有明显区别的。

(二)体育消费属于发展及享受消费

体育消费是社会生产力发展到一定阶段上的产物，因为体育消费是个人在满足基本的生存消费之后追求发展和享受等方面需要的个人消费行为，也是个人在完成正常的工作和必要的家务劳动等时间之外的闲暇时间的个人消费行为。体育消费作为社会消遣和娱乐消费的重要组成部分，在个人闲暇消费(休闲消费)中占有重要的位置，也是社会大消费结构中不可缺少的分支。因此，体育消费是个人生活消费中属于发展消费和享受消费的一个重要的有机组成部分。

三、体育消费的分类

(一)实物型体育消费

实物型体育消费是指人们用货币购买各种和体育活动有关的体育实物消费资料的消费行为，如购买运动器材、运动服装、运动饮料以及各种体育报纸、杂志、图书、画册等。这种实物型体育消费者可分为两部分：一部分是为了直接参与各种体育活动而购买各种体育运动器材、运动服装等体育实物消费资料。另一部分则是为了增加“动口的素材”，了解体育的动态而订阅各种体育报纸杂志，也有的是为了显示对体育的偏爱而购买各种体育实物消费资料。这部分人一般不直接参与体育活动，但也属于“体育消费者”。

(二)观赏型体育消费

观赏型体育消费是指体育消费者通过支付一定量的货币购买各种体育比赛和体育表演的入场券或门票，通过观看、欣赏达到视觉神经满足和精神愉悦的体育消费行为，如观看各种体育比赛、体育表演、体育影像、体育展览和参加体育明星见面会等。体育消费者的观赏型体育消费与消费者偏好有着密切关系，还与消费者对特定俱乐部和特定表演团体的忠诚度有关。

(三)参与型体育消费

参与型体育消费是指人们用货币购买各种和体育活动有关的体育服务消费资料的消费行为，如为参加各种各样的体育活动、健美训练和健康咨询等所支付的各项费用。一般来说，参与型体育消费者在其参与过程中直接消费了有关部门所提供的各种体育服务消费资料。因此对参与型体育消费者而言，其参与过程就是消费过程。

四、体育消费的特点

（一）高层次性

从满足人的需要的角度看，个人生活消费可分为满足生存需要、满足发展需要和满足享受需要三个层次的消费。解决温饱问题依赖于食物和衣物等实物产品的消费，体育产品消费在满足这类需求方面显然作用甚微。体育消费可以促进身心健康和娱乐交往，属于满足发展和满足享受这两个较高层次的需要。只有当人解决了温饱问题之后，才会产生对体育教育、体育休闲、体育表演和体育保健等体育产品消费的需求。

（二）综合性

一方面，从体育消费活动的对象看，体育消费是以体育参与为中心，集体育实物和服务消费为一体的综合性消费活动。任何体育参与者为了实现自己的体育目的，都必须凭借某种体育产品，因此，必须在体育活动中购买一定的体育实物产品和体育服务产品。另一方面，从体育消费的构成看，体育消费不仅包括对体育产品、体育设施和体育服务等多种直接要素的消费，也包括对衣、食、住、行等多种间接服务的消费，因此，体育消费是一种涉及多方面和多因素的综合性消费。

（三）差异性

体育消费在形式、内容、组织等方面可谓千差万别。我国地域辽阔，经济发展水平不均衡。由于人口、年龄、民族和个体爱好都存在显著差异，各地区、各年龄段、不同民族以及城乡居民的体育消费水平也有所不同。现阶段东西部地区居民体育消费支出的绝对数有差异，但体育消费水平与工资收入比例没有明显的地区差异。

（四）交叉性

体育与其他文化娱乐活动存在很大的交叉性，体育与舞蹈、娱乐等关系都十分密切。例如，钓鱼既是一种闲暇时的娱乐消遣活动，也是体育活动的重要组成部分；瑜伽既是一种身心修炼，也是一种喜闻乐见的体育活动；体育运动被用于辅助患者康复治疗，就成为一种物理治疗的重要手段；学校体育既是一项和竞技体育、群众体育并列为体育组成部分的体育活动，又是各个教育层次不可缺少的重要内容等。

（五）多样性

体育消费的多样性主要体现在两个方面。

1. 体育消费场所选择的多样性

就体育健身活动的场地设施而言，目前主要有三种：一是分布在居住小区的健身苑（点）设施、城市公园或绿地等；二是由各级政府投资兴建的公共体育场馆；三是由私人或其他组织投资开办的专门性体育服务会所。但这三种类型的体育活动场地，从消费者角度分析有明显的不同，现阶段消费者根据自身条件和体育消费能力选择他们各自喜欢的体育活动场所，甚至出现结合旅游活动跨地域和跨国体育消费的现象。

2. 体育消费内容的多样性

体育消费包括有形的物质产品消费（购买体育服装、体育用品、体育书报刊和体育彩票）和无形的体育服务消费（参加体育组织会费、体育场地服务、体育培训与咨询和观看体育比赛）两种。然而，体育消费者在一定时期内对各种体育物质产品和服务产品消费的数量比例是不一样的。从部分发达国家居民体育消费的经验来看，随着人均收入水平的提高，体育消费比例中体育物质产品比例逐级降低，体育服务消费逐步增加。不仅如此，体育消费的重点也逐步发生转移，即实现实物型体育消费向参与型消费及观赏型消费的转变。由于体育具有的健身和娱乐功能已经被人们广泛理解和接受，因而大众体育消费进入了以参与型为主的新阶段。

五、体育消费的效益

所谓体育消费效益，就是指人们通过消费一定的体育消费资料而实际得到的某方面需求的满足程度。作为一种健康投资，体育消费有其特有的消费效益。体育消费效益的考察角度并没有特殊的规定，不过，通常情况下，其考察的角度主要有两种，即经济效益和社会效益。

(一)体育消费的经济效益

1. 能够提高劳动力水平,提高劳动生产率

体育消费正是改造人、发展人的有力手段。对劳动者来说,体育消费是消除疲劳、增强体质、发展智力、振奋精神以及完善人的品格的有力手段,是劳动力再生产的重要环节,是提高劳动生产率的重要途径。

2. 有利于促进体育产业的高速发展

体育消费对于各种运动器材、运动食品、运动饮料、运动服装、体育旅游、体育报纸杂志、体育娱乐、健美训练、健康咨询、体育图书画册等体育实物消费资料和体育服务资料的社会需求有积极的推动作用。另外,体育消费还为生产部门提供各种体育消费资料的需求信息。通过以上这两种途径,从而更好地为我国体育产业及与体育有关的产业的迅速发展,贡献出自己的力量。

3. 对于社会资金的积累有积极的促进作用

居民为健身和生活需要而购置各种体育设备、服装鞋帽、各种比赛和健身房门票以及订购体育报刊、书籍等;体育机关、体育场所和运动队等事业单位的日常工作、训练和科研对体育器材、设备、服装、燃料、饮料、报刊书籍等物品的消费,是社会资金的一个重要方面。这些体育消费都能在一定程度上促进社会资金的积累。

4. 能够进一步推动国民经济各部门的快速发展

体育消费不但促进了体育产品、体育劳务产品、体育信息产品的发展产生了许多新的、更多的需求,而且广泛刺激着国民经济其他部门的活动。如交通、运输、建筑、电子、通信、旅游、饮食等,这使全社会各行各业都得到了发展的机会。体育旅游是一种新兴产业,它不仅是人们了解大自然、欣赏大自然、在大自然中陶冶情操的健身活动,而且成了世界上许多国家财政和外汇收入的“无烟工业”。当前,世界性和区域性体育大赛十分频繁,球迷越来越多,体育旅游业已成为许多国家经济发展的战略重点。一次奥运会或一次世界大赛,都是几十亿美元的经济消费活动。它所涉及的地域是全世界,所涉及的范围几乎是各行各业,所涉及的消费者可达上百亿人次,体育消费是促进国民经济发展的一个强有力的动力。

(二)体育消费的社会效益

1.能够使人民的体质有所增强

不断增强人民的身体素质,是我国的一项重要任务,为此,国家大力推行《全民健身计划纲要》,已经有越来越多的人通过各种途径参与到体育健身活动中来,其中,开展得较好的是通过加入各种体育协会进行健身活动,如健身操、太极拳等。实践证明,适宜的体育运动对于人民身体素质的增强有非常积极的促进作用,能够使人们的生活方式得到一定的改善,通过有规律的体育活动,能够有效地戒除不良的生活习惯,并能促进身体健康。

2.有利于人们意志品质和精神的培养

体育消费对于人们情操陶冶及进取、拼搏精神的培养,都具有非常积极的促进作用。除此之外,体育消费还有助于人们竞争意识和团队协作精神的培养,从而进一步促进人的全面发展。

3.能够使人们的余暇生活更加丰富多彩

随着社会的进步、生产力的发展,人们物质生活和文化生活水平的提高,人们可以利用余暇时间参与各种体育活动,如各种群众性长跑活动、篮球赛、体育旅游、激流探险、漂流活动等,极大地丰富了人们的余暇生活。同时,体育消费还能丰富人们的精神生活。体育劳务产品作为一种发展资料和享受资料,是一种文明的、美感很强的消费品,是健壮体魄、改善生态环境、扩大生活空间、协调人际关系、改善家庭消费结构、丰富共同语言和生活色彩的消费活动。这种消费含有精神因素,因此能给人的知识、情感和人际关系带来全面的健康发展,使人的精神生活更加丰富。

4.有利于终身体育和全民健身的顺利开展

体育消费对于人们体育意识的增强,整个社会体育运动水平和人民群众参加体育活动的兴趣与积极性的提高,我国的体育人口的扩大,都具有非常积极的推动作用,从而为群众性体育运动的蓬勃开展和体育社会化的进程以及全民健身战略的实施做出了积极的贡献。

5.对于社会就业的扩大有积极的推动作用

体育消费不仅为发展国家经济生活、丰富社会文化、提供健身娱乐和精神享受等方面做出贡献,而且能提供大量的就业岗位,比如轻工、建筑、交通运输、旅游、饮食等各行各业。可见,发展体育消费,也是扩大社会就业的一条重要途径。

6.对于社会主义建设的进程有积极的推动作用

体育消费对于社会主义精神文明建设,人们爱国主义激情的激发,民族自豪感和自信心的增强,振兴中华的决心和信心的增强,都具有积极的促进作用,从而对社会文化的建设和发展,社会主义物质文明和精神文明建设进程的加速发展,起到积极的推动作用。

六、体育消费的质量

现代体育消费研究领域已经开始出现重心转移的趋向,即从传统的以数量为核心的研究转向以质量为根本的考量与评析。体育消费质量应包含以下内容。

(一)体育消费主体质量

体育消费主体,即体育消费者,指体育职能部门的消费和大众体育消费。实际上,上述两种形式的消费,都是由具体的个人消费来实现的。因此,可以说体育主体消费质量就是个体体育消费者在消费中质和量的体现。由于体育消费的特殊性,即很多形式的体育消费都需要消费者直接参与,在参与过程中消费者本身所具备的综合素质的高低,直接影响到体育消费质量。由此可以认为,作为体育消费者(主体),要得到消费中本来具备的某一质量层次上的体验和满足,与以下两个因素密切相关。

第一,体育消费者的科学文化知识和文化素养层次。体育消费是一种文化性消费,消费主体如果具备较丰富的科学文化知识,在文化素养上有较高的层次,就能体现出体育的文化内涵。尤其在群体参与性和观赏性消费中,素质不高的消费者由起哄发展到滋生恶性事件,这就使消费质量大打折扣。体育消费者掌握多学科的知识,可以在各种形式的体育消费中,除在身心、感观上得到舒适愉悦的享受外,还能体味到蕴含的道德教化、思想启迪等作用。

第二,消费者接受体育信息量的大小及层次。体育消费者往往通过体育的有关信息,以本身所具备的文化素质为基础,去了解和认定各种体育消费的价值,从而根据个体的兴趣和需要进行选择。

（二）体育消费客体质量

体育消费客体包括以下三个部分：体育实物消费品、体育服务消费和体育信息（精神）消费。体育消费客体的质量，直接地影响到体育消费质量，是进行体育消费质量分析与研究最主要和重要的内容，也是体育产业发展的战略重点之所在。

（三）体育消费环境质量

体育消费离不开环境，因为人们总是在一定的环境中进行活动。由于体育消费对环境有特定的要求，因此，体育消费环境的质量，是整个体育消费的重要组成部分。体育消费环境质量，主要包括以下内容。

1. 自然环境与体育消费质量

很多体育活动，是在自然环境中进行的，特别是野外活动，如登山、旅游、垂钓，等等，一些观赏性和参与性的体育消费，也受到自然环境的影响，如气温、风向风速、阴晴雪雨。能否选择良好的自然环境以保证体育消费质量，完全可以根据具体的体育消费形式和内容拟定标准，进行质量的评价。

2. 人工环境与体育消费质量

很多形式和内容的体育消费，都是在人工环境中进行的。因此，人工环境对体育消费质量影响很大。全国的人工环境下体育消费的场所很多，同样的消费项目，在不同的环境下，其消费质量的差距很大。对于不同的体育消费形式，人工环境应保证怎样的起点和基准线，收取与之相适应的费用，以保证不同层次消费的质量，应该是当前研究体育消费人工环境的主要内容。

3. 社会环境与体育消费质量

人的各种消费，都不能脱离社会、脱离群体。人与人之间的社会关系、社会风气、秩序和社会治安，对体育消费活动有很大影响，因而也就影响了体育消费质量。尤其一些集体观赏性的、参与性的消费，需要良好的社会环境保证。只有在社会风气好、秩序好、人们有安全感的前提条件下，才能感受到舒适和舒心。良好的社会环境，能提高人的体育消费需要的满足程度，自然就能保证和提高体育消费质量。

七、体育消费的阶段性发展

体育消费水平的发展取决于区域社会的生产方式、生活水平和经济增长的状况。通常认为，它是具有阶段性的，而且与人均国民收入水平和工作生活质量的高低紧密相关。对体育消费水平的考量，一般可有三个阶段。

(一)温饱阶段的体育消费

人均收入在300美元以下，社会生产以农业和手工业为主，人们为基本的生存条件而奋斗，非生活必需品消费支出很少。随着人均收入水平的缓慢上升，人们在满足必要的消费需求后，开始对基本的非必需品的追求。但是，这一时期居民体育消费支出比例仍很低，仅有的体育消费支出也局限在体育物质产品，如购买体育服装、鞋袜和小件体育用品。而对体育服务消费，如体育场地服务、体育健身技术指导等方面的支出却十分有限。

(二)小康阶段的体育消费

人均收入在800～1 500美元之间，它具有“社会注意将由供给方面转向需求方面，从生产问题转到消费问题”的特征，即人均实际收入的提高使得为数众多的人可以在基本的衣、食、住之外享用其他消费项目。这一阶段人们对耐用消费品和服务产品支出的比重迅速提高，其中较低层次的服务产品往往具有必需品的特点。但是，与体育服装、运动鞋等体育物质产品消费相比，体育健身咨询与培训、观看体育比赛等体育服务产品的支出仍较低。

(三)富裕阶段的体育消费

人均收入在1 500美元以上，其消费重心倾向重工业产品，如向汽车、住房以及更高层次的现代服务业转移。人们倾向于具有奢侈品特点的服务需求，如更多的在外就餐、更频繁地旅游、参加更多的体育文化活动等，也需要更多的体育场馆和文化设施。这一时期的体育消费成为人们生活消费的重要组成部分，其特点是居民对体育物质产品(各种体育健身器材)的需求下降，对体育服务产品消费将逐渐增加，尤其是各种体育健身娱乐服务、体育场地服务和观看各种体育竞赛表演的消费迅速增加。

第三节　体育消费者行为分析与应用

体育消费者行为不是简单的购买行为，而是一个前后连贯的过程。这个过程包含若干有序的阶段，而每一个阶段又体现出体育消费者行为的相应特点。全面系统地研究和把握体育消费者的行为，是体育经营管理的重要内容。

一、体育消费者行为概念和模式

（一）体育消费者行为概念

消费者行为是指消费者为满足自身需要，通过获取、使用、处置消费物品或服务所采取的各种行动，包括先于且决定这些行动的决策过程。消费者行为是与产品或服务的交换密切联系在一起的。

（二）体育消费者行为模式

心理学研究表明，消费者购买行为中存在一些共性或规律性，体育消费者也不例外。如图 3-4 所示。

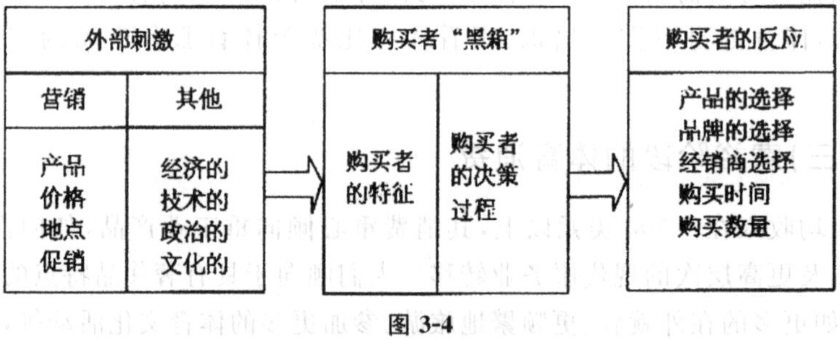

图 3-4

图 3-4 显示出营销组合（“4P”）策略和其他刺激进入购买者的“黑箱”并产生特定反应的过程。图左边的刺激分成两类：营销和其他。营销刺激由四个 P 组成：即产品（Product）、价格（Price）、地点（Place）以及促销（Promotion）；其他刺激包括购买者所处环境中的经济、技术、政治以及文化等一些主要因素。所有的这些刺激穿过购买者“黑箱”，产生出一组可供观察的购买者的反应：即产品选择、品牌选择、经销商选择、购买时间和购买数量。

购买者“黑箱”是研究体育消费者行为的核心和难点，体育市场营销人员的任务就是要知道购买者“黑箱”在刺激和反应之间发生了什么变化。购买者的“黑箱”由两部分组成：第一，对于他和她如何对刺激做出反应，购买者的特点有着巨大的影响力；第二，购买者决策过程影响着结果。

二、体育消费者的行为过程

体育消费者行为作为一个过程，一般会经历六个阶段，即形成体育消费需求、产生购买动机、收集体育商品信息、评估待购体育商品、购买决策和购后评估，如图 3-5 所示。这六个阶段环环相扣，循序渐进。

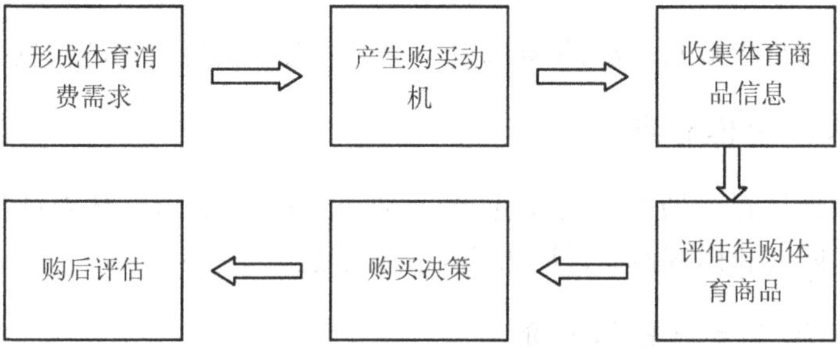

图 3-5

（一）形成体育消费需求

体育消费需求的形成是体育消费者由于某种刺激而引起的对尚未满足的体育消费的心理紧张感，即对体育消费的渴求，这是体育消费者购买行为的起点。体育消费者体育消费需求的形成由内在的刺激和外在的刺激引起，或者是两者相互作用的结果。内在刺激源于体育消费者生理上感到某种缺少，如腰酸背痛、肢体障碍、运动不足需要体育活动等。外在刺激是指外界客观因素，如同事朋友、推销广告等。当外界影响因素刺激这种缺少感使体育消费者的心理紧张达到一定程度时，便形成体育消费需求。

（二）产生购买动机

体育消费者体育消费需求形成之后，经一定因素的影响，才能产生购买体育消费品的动机。购买动机的形成除受到体育消费者内在生理因素的影响外，还受到社会和经济因素的影响。当体育消费者的某种缺少的紧张感经这些因素以一定强度的刺激之后，便会产生购买这种体育消费品的心理冲动，即购买动机。

(三)收集体育商品信息

体育消费者信息的主要来源有以下四个方面。

1.来源于经验

主要是指体育消费者在以往生活中的所见所闻以及实际感受,这是体育消费者获取有关信息的基本来源。凭着经验,体育消费者就可以做出购买决策。

2.来源于相关团体

这主要是指亲戚朋友、领导以及学会或协会成员所提供的信息。

3.来源于体育市场

这是指体育市场上推销人员、营业员、经销商、承办商、体育商品展览、体育商品陈列和体育商品说明书等提供的信息。

4.来源于大众传播媒介

这主要是指报纸、杂志、广播、电视等大众传播媒介所提供的各类广告信息。

(四)评估待购商品

在决策过程的信息搜集阶段中获得信息后,消费者便进入到选择评价阶段。在这个阶段,消费者会使用记忆中存储的和从外界信息源获得的信息,并形成一套标准。以下标准将帮助消费者评估和比较各种选择。

1.体育商品属性

体育消费者不仅要了解体育商品质量的好坏,而且还要比较各类体育商品的不同属性。体育商品的属性可分为一般属性和特别属性。体育商品的特别属性是体育消费者购买体育商品时首先考虑的属性。例如,健身器材有单一功能的,也有多功能的。在单一功能的健身器中,有专门锻炼上肢力量的,也有专门锻炼下肢力量或专门训练腰背部力量的等。

2.价格

价格是影响体育消费者购买决策的重要因素。不同的体育消费者因其性别、年龄、收入、学识、经历等不同,对不同体育商品价格的反应不一样。

一般地讲，体育消费者愿意接受货真价实、价廉物美的体育商品。

3. 效用函数

效用函数即体育商品对体育消费需求的满足程度函数。任何体育商品在不同时间和不同场合，其效用是不一样的。如游泳衣裤在夏天游泳时效用最大，不游泳时效用就不大，冬天则几乎没有效用。把握体育商品的效用函数，就是要充分利用体育商品的时间价值原则，不失时机地满足不同体育消费者对不同体育商品的消费需求。

(五)购买决策

购买决策和真正的购买行为并不是一回事。在一般情况下，消费者一旦选择买哪一种品牌，他就会执行这个决策并真正的购买。但在消费者即将采购时，也许会出现某些未预料到的情况，从而改变了他的购买意图。这时就需要做出额外的决策，比如在什么时候买、在什么地方买、花多少钱以及支付方式等。所以，有时消费者在购买意图和购买行为之间常常存在时滞，尤其对于诸如汽车、房子、个人电脑等高档消费品的购买上，更是如此。消费者改变、推迟或取消购买决定在很大程度上是受到所感受到的风险的影响。费用很高的商品一般都带有风险，消费者无法确定购买的回报，便感到担心。所感到的风险程度是随着所付费用的多少、属性不确定的程度而变化的。

(六)购后评估

体育消费者购买和试用某种体育产品或接受销售者的服务后，必然会有某种程度的满意和不满意，消费者购买后的感觉一般来说取决于消费者对该产品或服务的期望与实际使用效用的一致程度，如果产品性能与体育消费者的预期相符，消费者就满意；反之，如果产品性能达不到消费者的预期，不能给他以预期的满足，他就会感到失望和不满。对产品或服务满意的消费者，就会产生重复购买的行为，或向同事、朋友推荐该产品或服务，从而对该产品的销售产生积极效能，做活广告；反之，对产品或服务不满意的消费者，将会停止购买该种产品，而且会对别人说对该产品的销售起阻碍作用的言语，并劝阻别人不要购买该产品。

三、体育消费者购买行为的类型

根据体育消费者购买的心理状况，可将体育消费者购买行为分成以下几种类型。

(一)理智型

理智型购买是指经过冷静思考,从体育产品长期使用的角度出发,经过一系列深思熟虑之后才做出的购买决定。

一般说,理智型购买者在做出这种购买决定前,通常仔细考虑下列问题。

(1)是否质价相当。理智型购买者重视价格,往往要进行一定的质价比较,或期望降价后才购买。

(2)使用开支。考虑购买体育商品本身所花的代价,还要考虑这些体育商品或服务在消费过程中的开支是否合算。

(3)体育产品的可靠性或服务给购买者带来的最大效用。

(4)产品的使用寿命。他们对不耐用的商品或只能适用短时的时尚商品很少买。

(二)冲动型

这类体育消费者感情比较外露,即兴性较强,容易受外界刺激和诱导的影响,购买体育商品前通常没有足够的思想准备,凭自己的一时感觉做出购买决策,购买商品时也不愿反复比较,容易做出较快的购买行为。

(三)经济型

经济型购买行为,特别重视价格,专选廉价的商品买。只要实用,则外形、包装不一定太讲究,至于质量,虽然也作质价比较,但往往价重于质。

(四)习惯型

习惯型购买是指有的体育消费者,只习惯于选取自己熟知的品牌、偏爱一种或数种品牌。其购买通常建立在见解或信任的基础上,较少受广告宣传和流行时尚的影响。

(五)情感型

这类体育消费者情感体验深刻,想象力丰富,审美感强,购买体育商品时容易受促销宣传和情感的诱导,对购物现场的环境反应十分敏感,常购买符合自己感情需要的体育用品。引起感情购买动机的主要因素有以下几种。

(1)感觉上的感染力。某些商品能在人们的眼、耳、鼻、舌、身等感官上产生吸引力，从而使他们产生购买的念头。不少人为满足这些官能上的需要，往往乐意购买某些不一定有很大实用价值的商品。

(2)祈求安全长寿，避免痛苦和危险。人们的自卫本能和爱护家庭、亲友的情感，常常驱使人们去购买能够带来健康的体育产品。

(3)显示地位和威望。在现代社会中，地位标志的产品赋予它的使用者某种光彩(如一种有威望、身居高位、身居上层社会的光彩)，虽不会具有更大的实用价值，但被看作是与成就、威望相同的东西。

(六)群体型

这类体育消费者往往以一定范围的群体形式来购买体育商品，如以球迷协会、朋友聚会及家庭为单位观看运动竞赛、体育表演和参加各种体育健身、休闲、娱乐活动。也有以某一群体的形式购买运动服装、运动鞋及运动器材等。

(七)不定型

这类体育消费者购买心理不稳定，没有明确的购买目标和要求，缺乏对购买物品的选择常识，购买商品时，没有多大主见，往往是奉命购买或随意购买，容易受到旁人意见的左右。

四、影响体育者消费行为的因素

体育消费者在做出购买决策采取购买行动时，从表面上看是体育消费者个人的行为，但这种个人行为不是独立发生的，它会受到体育消费者自身因素及各种外界因素的影响。

(一)收入水平

体育消费属于高层次的消费需求，其需求收入弹性较大。人们即使有体育消费欲望，也未必能形成现实的体育消费需求。只有当人们的可支配收入在满足基本生活需求之后尚有剩余时，人们才会真正将体育消费欲望转化为现实的体育消费需求。一般而言，体育参与者的收入水平越高，购买体育产品的经济基础就越好，体育需求就越能得到满足。基于上述分析，收入水平决定着体育消费水平，也决定着体育需求的满足程度，从而决定着体育消费方式的变化；体育参与者的收入越多，就越能促使体育消费从低层次向高层次发展。

(二)体育消费者的成分结构

体育消费者的成分结构是由体育消费者的年龄、性别、文化和职业构成,它同样是影响体育消费方式的重要因素。

1.年龄

一般来讲,年轻人对刺激和激烈的体育对抗项目需求较多;而老年人对参与性和保健性的体育健身消费需求较多。

2.性别

不同性别的体育消费者,其体育消费的偏好和特征不同,如男性体育消费者喜欢竞争激烈的运动项目,女性体育消费者则更喜欢优雅、柔美的运动项目。

3.文化

文化程度较高的体育消费者,一般选择高雅朴实、精神消费性强,且与社会的风俗道德相一致的体育商品或消费方式;而文化程度较低的体育消费者,则较多地选择华丽显目、实用性较强的体育商品或消费方式。

4.职业

不同职业的体育消费者,对于体育商品的爱好与需求往往不尽一致。一般来说,白领阶层、脑力劳动者对高尔夫球、保龄球、健身房等休闲娱乐型体育消费项目较感兴趣,这些体育消费追求时尚、前卫,讲究品位(环境幽雅)、品牌;而对于体力劳动者来说,则比较钟情于各类运动竞赛、体育表演,以及各种大众化的体育劳务及服务产品。

(三)个性与爱好

个性是指一个人特有的心理素质和素养,通常可用自信、支配、自主、顺从、交际、保守和适应等性格特征去描述。爱好则指体育消费者在从事体育消费活动中,对某些体育商品产生的一种偏爱。体育消费者在选择购买体育商品的过程中常受其个性的影响,坚定、独立性强的体育消费者在挑选体育商品过程中,表现出大胆、自信,为了满足自己的体育消费需要,不怕冒风险,即使挑选错了也不后悔。软弱、依赖性强的体育消费者,在挑选体育商品时,则表现得举棋不定,不敢冒风险。

体育消费者的购买与爱好也有密切关系。当体育消费者已形成对某品牌的体育商品，或对某种体育劳务或服务产品，或对某个竞赛项目、某个著名球队、某个著名球星等的偏爱后，则会不假思索地购买。由此可见，现存的体育消费者的偏爱是体育经营单位的无形财富。

（四）余暇时间

余暇时间指的是人们除了工作与日常生活必须占用的，包括休息在内的时间之外，所拥有的可支配时间。这部分时间通常用于因个人爱好而进行的各种活动。工作时间的长短主要受法律规定限制，但也因地区、工作单位和岗位性质不同而略有区别。一般来说，余暇越多，人们用于体育锻炼和观看体育比赛的时间也会越长；反之，则越短。社会公众的余暇时间长短，落实到具体个人则在相当程度上影响其体育消费的行为动机。

（五）体育产品的质量

体育产品的质量一般包括两个方面：一是向体育消费者提供的体育产品要适销、适量、适时和适价，即符合物美价廉的要求。二是要提高体育服务效率，体育服务要尽量做到主动、热情、熟练、敏捷，为体育消费者节约时间，提供方便；只有提高了体育产品的质量，使体育消费者获得物质与精神上的充分满足，才能提高他们的体育消费水平，并促进其体育消费方式和消费结构日趋完善。

（六）体育产品的价格

由于体育产品的需求价格弹性比较大，各种体育产品价格的相对变化都会影响消费者对体育产品选择的变化，从而引起其体育消费方式和内容的变化。所以在消费者收入水平和其他商品价格保持不变的情况下，某种体育产品的价格上涨会使消费者把对该种体育产品的消费转向其他替代性体育产品的消费；反之，如果该种体育产品价格下跌，消费者则会把用于其他体育产品的消费转向该种体育产品的消费。

（七）相关产品的价格

在体育领域，人们对一种体育产品的需求，或观看一场比赛的热情，或参与某项体育运动的欲望，不仅取决于该体育产品（或比赛门票、参与该项体育项目的必须支付）的本身价格，而且还取决于其相关产品或服务的价格。这种相关产品或服务分为两类。

1. 替代品是可以用另一种物品代替的物品

例如，在高尔夫球、登山等体育项目的花费还相当高的情况下，一般的体育爱好者受实际可支配收入的制约，对这些体育项目的花费感到望尘莫及时，他们会根据自己的实际收入情况，选择诸如羽毛球、乒乓球等所需花费较少，但又可获得同样运动快感和效果的运动项目。

2. 互补品是与另一物品结合起来使用的物品

在体育领域，互补品出现的频率是极其高的。例如，乒乓球、乒乓球拍、乒乓球桌是互补品，要打一场乒乓球，三者缺一不可；再如，保龄球、保龄球道、保龄球鞋等是互补品，要打一场保龄球，以上物品是基本硬件。互补品有这样的特征，当一种物品的互补品价格上升，人们也会减少对这种物品的购买。相反，当某种物品的互补品价格下降，人们也会增加对这种物品的购买。因此，一种物品互补品的价格变动，会影响对该种物品的整个需求。

第四章 体育产业结构与组织理论分析

体育产业的发展既需要在实践中进行不断探索，又需要一定的理论作为支撑。为了更好地促进我国体育产业的发展，应对体育产业结构与组织的相关内容有一个系统的认识。本章将对体育产业结构与组织理论进行具体的分析与研究。

第一节 体育产业结构理论分析

一、体育产业结构的概念

所谓体育产业结构是指在体育产业中各个部门之间的数量比例关系和技术经济联系。它从生产技术方面反映了各种体育服务和体育实物产品生产部门之间的相互制约、相互依赖的关系，同时也将各个部门的各类经济资源的配置情况以及体育产业生产总值在各个部门中的分布情况予以直观反映。

二、体育产业结构的特征

了解体育产业结构的特征，对于优化体育产业结构具有十分重要的意义。具体而言，体育产业结构主要具有以下几点特征。

（一）整体性

体育产业是一个集合体，组成这个集合体的因素有两部分，一部分是为社会公众提供体育产品和体育服务的活动，另一部分是与这些活动有关的活动。体育产业中的各类活动具有密切的联系，它们是相互依存的产业群体。各个活动之间的关联效应很强，其耦合关系较为复杂。如果体育产业只是由各个部分简单组合而成，那么就不会产生一系列的效应。正是因为体育产业不是各要素简单相加的集合体，所以其集体效应才很强大。我们可以将体育产业的巨大集体效应看作是其结构的内在属性，这一属性的存在离不开产业的结构内涵和结构素质。

只有充分结合体育产业结构的各要素和环节，并对其进行全面分析，才能对体育产业结构有一个整体的把握。在整个体育产业结构中，任何一个要素的生存与发展都离不开对其他要素的依存，一个要素的产出可以是另一个要素的投入，同时，一个要素的投入也可以是另一个要素的产业目标。以整体的视角来分析，不难发现体育经济发展的整体效应是其中任何一个要素都不具备的。而且体育产业的整体效应也不简单是各要素的功能之和，其远远大于各部分的功能总和。因此说，整体性是体育产业结构的一个基本特征。

（二）转换性

实际上，系统结构的"转换"就是系统结构的生成。体育产业结构问题从本质上讲是一个资源配置问题。可以把体育产业结构视为一个资源转换器，即在一定的资源条件下，通过体育产业结构的有效运转，不断从外界吸收物质、能量、信息，又不断地生产出各种体育产品，来满足社会不同群体的多元化体育需求。体育产业结构转换是资源在体育产业内各部门间的重新配置，通过劳动力、资金等在体育产业内各部门间的转移对初始不理想的产业结构进行有关变量的调整，以实现体育产业结构的优化。

（三）自发性

自发性是体育产业结构基本的特征之一。产业结构要维护系统结构的整体性并进行有效的转换生成，主要依靠自我调节。体育产业结构的自我调节是指通过体育产业经济系统的内部机制就能够自发地建造体育产业结构和实现体育产业结构的升级。体育产业结构本身、内部各组成部分之间以及所处的外部环境等都时刻处在不停地运动中。

（四）层次性

任何系统都能够分解成许多小的子系统，同时，任何系统也都能够与其他系统组合成为更大的系统。体育产业系统同样如此，大系统包含小系统，小系统可分解为更小的系统。

从宏观经济角度来看，体育产业属于第三产业的第三层次。同时，体育产业又包括八大子系统，即体育组织管理活动，体育中介活动，体育健身休闲活动，体育场馆管理活动，体育场馆建筑活动，其他体育活动，体育用品、服装、鞋帽及相关体育产品的销售，体育用品、服装、鞋帽及相关体育产品的制造。每个子系统又包含了更低级的系统，更低级的每个系统又包括许多级别更低的子系统，体育产业结构的层级体系由此而形成。不同层级的结构在整个系统中拥有不同的地位和作用，但不同层级的结构并不是孤立的，彼此之间存在着非常密切的联系。体育产业结构的层次性能够将体育产业结构的优化状况反映出来，这主要是从对体育产业结构的属性和素质的分析来实现的。

(五)相关性

体育产业的各构成要素之间存在着前向关联、后向关联及产业间关联总波及效应。随着科学技术的进步和社会分工的发展，结构关联度越来越高，产业结构经济系统的整体性也越来越突出。一个产业的存在会成为其他产业出现和发展的条件，一个产业内部结构的变化会直接或间接引起其他产业的变化。在产业链中任何一个环节成为“瓶颈”都将影响整个产业的发展，只有把构成体育产业结构的各要素和环节联系起来进行全面分析，才能从整体上把握体育产业结构的合理性。

(六)相对性

体育产业结构各组成要素之间并不是孤立、静止的，而是随着市场需求、技术进步、投资行为等各种因素的变化而变化。体育产业结构本身、内部各组成部分之间以及所处的外部环境等都处于不停的运动之中。因此，体育产业结构是否合理具有相对性，体育产业结构的优化是一个动态的过程。体育产业结构的演进从相对不合理逐渐发展为相对合理。

三、体育产业结构的基本形态

体育产业主要包括四种基本结构形态，即产值结构、就业结构、投资结构以及需求结构。

(一)产值结构

体育产业的产值结构主要包括两方面内容：一是在国民总产值中体育产业总产值所占的比重；二是体育产业总产值在体育产业内部各个行业中的产值分布。前者是对一个国家体育产业发展程度的反映；后者是对体育产业系统内部各个行业的相对地位的直观反映。

体育产业的外部结构反映体育产业的地位和作用，它是指在国民总产值中体育产业总产值所占的份额。体育服务能满足人们生活质量和时尚个性的追求和需求,一个国家的经济越发达,人们的需求层次就越高,体育产业越发达,在国民经济中的地位就越重要。

体育产业产值的内部结构是指在体育产业内部的各个行业中体育产业总产值的分配比例。它是对一个国家或地区体育产业发展特色的直观反映,是对体育产业内部结构是否协调进行衡量的重要指标。在我国,北京算是体育产业相对发达的地区,主要是以体育外围产业为主。而在西方一些体育产业较为发达的国家中,体育本体产业占据着主导地位,这一情况与我国形成了非常鲜明的对比。这说明与西方发达国家相比,我国体育产业仍存在着较大的差距。

体育产业作为一个有机整体,它是由本体产业、相关产业和外围产业共同组成,社会经济所受到的体育活动的影响,正是通过体育产业的这三个方面的发展与兴盛来进行扩散的,从而实现经济价值。体育相关产业、外围产业的发展为体育本体产业提供群众基础、物质支持和技术保障。因此,在体育产业结构中,本体产业、相关产业和外围产业的产值份额要相互协调好。

(二)就业结构

体育产业的就业结构是指体育产业中就业者的分布状态,它主要是由内部产业结构和外部产业结构两部分组成。内部产业结构主要是指体育产业系统内部各个行业之间吸纳就业的结构比例,而外部产业结构是指在总就业量中体育产业所吸纳的就业人数所占的比重。

劳动力流向和结构,体育产业本身的需求增长和技术进步都会对体育产业的结构发展产生重要的影响。作为一个新兴产业,西方发达国家的体育产业在吸纳社会就业方面发挥着非常重要的作用。

(三)投资结构

体育产业的投资结构是指在一定时期内整个社会体育产业总投资在各行业间的分布,它包括增量投资结构和存量结构。其中,存量结构是增量投资结构的凝固状态。在体育产业发展中,对体育产业结构进行合理调整能够起到非常重要的作用。通常主要是从调整投资结构来对体育产业结构进行调整。在未来一段时期内,增量投资结构对一个国家的体育产业内部各个行业之间的关系、地区分布状况以及生产与消费关系等起到决定作用和产生重要影响。存量结构是优化体育产业结构的基本内容,它通过对体育产业系统内容中的效率较低的行业产生影响,并实现向着高效率的行业流动和重组。因此,调整增量投资结构和存量结构,即对体育产业投资结构进行调整,能够对体育产业的发展起到非常重要的作用。

(四)需求结构

体育产业的需求结构是指各种不同类型的需求数量在体育市场中的构成状况。体育产业的需求结构可以根据不同的标准划分为不同的类型,如可划分为国内与国外需求、不同年龄、不同收入水平上的需求、私人与政府需求以及中间需求和最终需求等。在体育产业发展中,体育市场需求具有牵引力的作用,通过对体育需求结构进行分析,能够更好地制定体育产业整个的发展战略,调整体育产业结构,促进体育产业更好的发展。

四、体育产业结构的演进

(一)体育产业结构演进的机制

体育产业结构演进的机制可以分为自组织机制和他组织机制两种形式,具体分析如下。

1. 自组织机制

体育产业结构的演进是一个动态过程,即在技术进步和制度创新的影响下,体育产业结构由低级转向高级、内部各组成要素协调性和适应性不断增强的动态过程,这个过程庞大且复杂。下面从以下几个方面对体育产业结构演进的自组织机制进行分析。

(1)开放性是前提条件

作为宏观经济的一个重要组成部分,体育产业是一个大型的复杂的系统,其结构由八类多层级组成,各组成部分相互影响、相互依赖、相互促进、相互制约,形成了一定的关联效应。其中任何一个部门的发展都会受到其他部门的影响,而且其自身的发展也会对其他部门产生影响。体育产业内部各组成部门之间的技术经济联系是经常性的,产业结构间的关联正是在经济联系的基础上形成的,实质上各部门之间的关联就是体育产业结构的自组织。

将各类体育产品和服务提供到产品市场上,促进不同群体多元化体育需求的满足,这就是体育生产的最终目的。体育生产的实现离不开对各种生产要素的依赖,而这些生产要素一定要在生产要素市场上购买。同时,体育生产过程中,还需要从外界环境中获取信息,从而使生产的盲目性得到有效避免,并促进体育生产的持续进行。从事体育生产活动,必须具备一定的物质资源与信息，这是体育产业结构实现自组织演进的基本条件，而这些资源与信息主要是由体育产业系统从环境中获取。

(2)远离平衡态是直接诱因

体育产业系统具有不平衡性，主要从体育产业内部各要素间的差别中突出反映出来。体育产业各内部构成要素之间存在着各种各样的差别，主要表现在各要素的收益率、增长速度、需求扩张和地位作用等方面。体育产业系统中的子产业的发展也存在不平衡性，相对于体育用品业的发展而言，体育产业的核心产业发展较为滞后，体育竞赛表演业、体育健身娱乐业的发展速度较慢，而整体上健身娱乐业的发展优于体育竞赛表演业的发展。科学技术的进步使大量的先进生产工具被创造出来，落后的生产工具逐步被先进的生产工具代替，技术进步也促进了新兴体育产品的大量涌现，原有产业或部门因此被新兴产业或部门所代替，新的产业结构在此基础上逐步形成。总的来说，体育产业各要素间是非平衡且有差异的，这也是体育产业发展的一个常态。

(3)非线性作用是内在依据

判断一个体系是否为非线性，就要看这个体系的组成部分是否在数量上、性质上相互独立，且存在一定的区别。另外，从数量上而言，体系的组成要素中，独立要素不能少于 3 个。

体育产业是一个多层级的大型体系，这个体系中各组成要素间的相互作用机制是非线性的，各要素间外在的商品交换关系是其非线性的主要表现，而各要素间的技术联系是其存在非线性作用的内在原因。具体来说，技术因素通过发挥以下功能来促进体育产业形成非线性作用。

第一，技术发展带来了高水平的生产力，因而对社会分工的发展具有积极的推动作用，进而促使新的产业分工得以形成。

第二，技术发展促进了劳动生产力的提高，劳动生产力的提高直接影响了劳动力的转移，产业结构也就因此而出现了相应的变动。

第三，技术的发展对需求的增长具有一定的刺激作用，因而影响了需求结构的变化，产业结构受需求结构变化的影响，必然会发生相应变动。

第四，技术的发展促进了夕阳产业的淘汰、原有产业的改造和新兴产业的产生，因而使生产结构得到了优化。

第五，技术的发展与进步促进了国家国际竞争力的增强，因而推动了对外贸易的发展，影响了产业结构的变化。

在体育产业结构不断演进的过程中，其之所以能够形成有序结构，产生复杂性，主要的内在原因就是非线性作用。体育产业内部各要素之间的相互作用，即非线性作用是产业结构自组织演化的终极动力。

(4)涨落是触发器

体育产业结构在一段时间里具有相对的稳定性,其内部各要素之间的关系也相对较为稳定。但是,从局部视角来分析,体育产业内部的波动是经常性的。例如,在体育产业内部各部门间,劳动力和资金等要素不断流动,因而使体育产业的产值不断出现波动。如果体育产业产值的涨落只是产业内部的一种起伏变化,且不会对体育产业结构的稳定构成影响时,我们将这种涨落称为体育产业结构演变过程的微涨落。

综观体育产业结构的演变过程可知,微涨落不会将原有的产业结构打破。但是,有些涨落在一定条件下也会使原有的产业结构发生改变,我们将对产业结构造成影响的涨落称为体育产业结构演化过程中的巨涨落。微涨落在系统失稳的临界点上被放大就会形成巨涨落,体育产业系统高度不稳定主要就是受这种涨落的影响。当出现巨涨落时,之前的产业结构模式必然会产生变化,新的结构就会相应出现。我们可以用图 4-1 来表示体育产业结构演变的涨落机制。

只有体育产业结构原有的稳定性消失,并建立了新的有序结构,才算是实现了一次体育产业结构的演进。涨落在体育产业结构演进的临界点上发挥着重要的触发作用,新的体育产业结构的形成离不开涨落的触发作用。

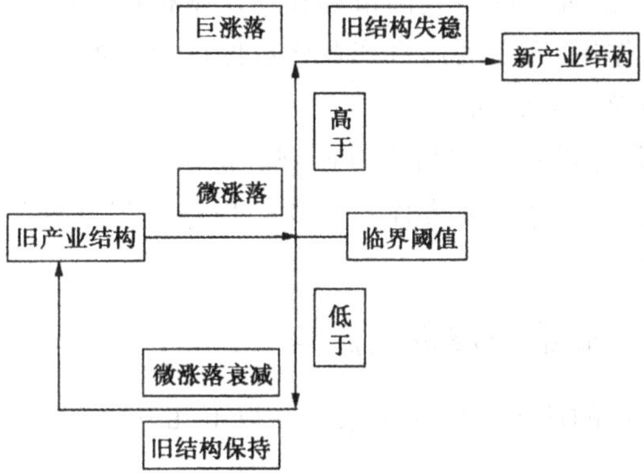

图 4-1

2.他组织机制

体育产业结构的演进是一个控制的过程,不管是从自组织的角度分析,还是从他组织的角度来分析,都是如此。他组织角度下的控制过程,具体是指国家为实现国民经济发展的整体目标,对体育产业结构进行及时、有效的协调,并以科学性的措施来对产业结构进行积极调整,从而实现结构和组织优化的增长控制。在体育产业结构的演进过程中,其既受内部因素的干扰,又受外界的干预,而政府的宏观调控就是外界干预的主要体现。只有通过政府的宏观调控,才能在实践中实现体育产业结构演进的他组织机制。

体育产业结构在政府宏观调控下的他组织演进指的是,在体育产业结构的演进过程中,作为宏观经济主体的政府发挥主导作用,以国家经济发展的现状为依据,通过对宏观经济手段、产业政策等的运用来对体育产业各内部之间资源的有效配置进行干预和引导,从而对体育产业结构进行及时的调整与优化。

体育产业结构的演进过程中,政府发挥宏观调控的功能主要表现在以下几方面。

首先,政府为促进国家经济和体育产业的发展,对体育产业发展的目标、重点、规模等进行科学制定,对体育产业结构演进的趋势进行总体把握。

其次,政府通过对经济手段(税收、财政、补贴等)和产业政策的运用,对重点产业进行扶植与保护,对产业间的发展差距进行抑制,同时政府为了保证政策的有效实施,还对强制手段如行政命令、法律法规等进行采用,从而对体育产业的发展进行正确的引导,使其以国家总体经济目标为出发点来优化与升级体育产业结构。

再次,政府通过对产业政策的推行和运用,促进了现代竞争的微观基础的逐步形成,这一微观基础与我国市场经济体制相符,可以对市场供需关系产生良好的协调作用,为发展体育产业营造优良的市场氛围,从而使体育产业结构以市场为导向逐步优化。

最后,在公共建设及公共组织方面,政府发挥其功能,为发展体育产业创造健康的社会环境,从而促进体育产业结构的优化升级与体育产业发展目标的顺利实现。

(二)体育产业结构演进的趋势

体育产业结构的演进趋势主要表现在以下几方面。

1. 软化

体育产业结构随着经济的不断发展逐渐表现出软化的发展方向。在体育产业发展的早期,其提供的体育产品以实物为主,很少提供服务类产品,体育服务产品与体育实物产品之比较低。随着经济的飞速发展和收入的增加,人们有了越来越多的闲暇时间,因此开始对高质量的生活展开追求,体现出更高层次的需求,在这一条件下,体育产业的发展势头良好。西方发达国家从 20 世纪六七十年代开始,体育产业的发展水平就有了很大的提高。在这一阶段,体育健身娱乐业、竞赛表演业等本体产业的发展速度较快,大量的体育相关产业由此得到衍生并取得了一定程度的发展成果。此时，整个体育产业中，体育服务业的地位开始提升，体育用品业的地位相应受到了打击。

2. 高度化

体育产业结构演进的另一个明显趋势就是高度化。引领体育产业结构走向高度化的一个重要力量就是高新技术产业。21世纪，知识经济与知识产业蓬勃发展，知识密集型产业、技术密集型产业的发展速度迅速加快，相比而言，劳动密集型产业的发展受到重创。批量生产逐步被柔性生产取代，体育产业结构的优化与升级离不开科技的进步，核心技术的创新为体育产业结构的高度化发展提供了动力。

3. 合理化

近年来，体育产业机构在演进中逐渐呈现出了合理化的趋势。在资源既定的条件下，资源在体育产业内部构成之间的配置逐渐平衡且不断优化，促进了各内部的协调发展，从而使体育产业在整体上取得了良好的结构效益和经济效益。体育产业结构演进的合理化具体从以下三方面表现出来。

首先，从动态看，体育产业各内部可以以需求结构变动为依据来对资源配置进行合理调整。

其次，从静态看，体育产业各内部之间实现了资源的合理配置，而且各内部所占的资源在比例上相对合理。

最后，从效果看，各类体育产品的总供给与总需求之间处于动态平衡的状态。

4. 高效化

体育产业结构的高效化，不仅要求体育产业整体上具有良好的经济效益，还要求产业各内部拥有较高的经济效益。各区域、体育产业各内部都可以对各种资源进行有效利用，尽可能地促进成本最小化、利润和社会效益最大化目标的实现，这样才能实现体育产业结构的高效化。体育产业作为一个有机的整体，其良好的经济效益能够促进结构效益的提高，但体育产业的整体经济效益并不是这个有机整体内部各构成部分的经济效益的简单相加。

5. 区域结构协调化

如果不同地区的体育产业结构都可以达到高效化、高度化及合理化的效果，那么区域体育产业结构将更加趋于协调化。现阶段，我国不同地区都对本地的资源禀赋进行了有效的整合，努力促进本区资源优势的充分发挥，并在此基础上兼顾全国体育产业结构优化对地区产业结构的要求，从而促进体育产业结构空间布局科学化、合理化的逐步实现。

五、体育产业结构的变动分析

（一）影响体育产业结构变动的因素

影响体育产业结构变动的因素主要有以下几点。

1.需求结构因素

社会对体育用品和体育服务的需求就是体育需求，体育产业对其他产业产出的需求并不属于体育需求的范畴。在需求结构的引导下，体育产业中的各个生产部门进行最大限度的产出，促进社会体育消费需求的充分满足，从而使体育产业各部门的合理分布逐步实现，即形成合理完善的体育产业结构，这是最为理想的状态。总之，生产部门的生产活动受需求结构的引导，产业结构必然会随着需求结构的变动而变动。

在马克思的需求理论中，人的需求被分为三类，即生存需求、享受需求和发展需求。其中，生存需求是最低层次的需求，即满足生理需要；而享受需求和发展需求是高层次需求，即满足人作为社会人实现自我价值的需要。客观上而言，人的需求结构具有自身的变化趋势与规律，即由低级转向高级。在社会经济还不发达的时候，人们渴望能够解决温饱问题，主要的需求就是对物质消费品的低级需求。随着社会的进步与经济发展水平的提高，人们对物质消费品的需求逐渐下降，对服务消费品的需求逐渐增加，特别是能够提高人的健康水平和生活质量的服务消费品。体育运动不但可以满足人们的健康需求，还可以满足人们娱乐休闲及改善生活方式、提高生活质量的需求。所以，顺应消费需求结构变化规律，体育用品及体育服务自然成为吸引人们的重要消费领域，体育产业结构因此也会产生一定的变动。

2.供给结构因素

体育供给结构指的是社会对体育产业需求的满足程度。体育产业结构的变动与发展是以供给结构为基础与前提的，供给结构因素在很大程度上影响着体育产业结构的变化。发展体育产业离不开自然、物质、技术及人力等资源条件，这些资源都需要由社会提供，体育产业的供给结构由此而形成。

第一，体育产业的发展需要物质资本积累。体育产业发展的重要物质基础主要体现在运动设施、体育场馆等物质设施上，但对运动设施与体育场馆的兴建需要一定的物质资本积累，只有物质资本足够，才能开展兴建工作。同时，只有物质财富的积累达到一定的程度，人们才能将更多的精力与时间投在休闲娱乐中，投在运动健身中，投在自己感兴趣的事物中，从而对发展体育产业的良好外部环境进行有效的营造。

第二，体育产业的发展需要人力资本积累。体育产业的发展离不开一定水平的体育运动，竞技体育水平越高，观赏性越突出，就越能对人们的参与热情进行有效的激发，为体育产业的发展营造良好的氛围。而竞技体育的高水平发展离不开高素质的运动员、教练员等相关人力资源。要利用体育运动来创造产业价值，就要对高水平的人力资源进行有效的培养。

第三，体育产业的发展离不开技术。现代社会中，体育运动器材、健身器材越来越便利化、智能化，这对于促进健身娱乐业的发展具有积极的作用，而这主要得益于高科技的产生。将新的科学技术运用于体育场馆、运动设施中，对于促进竞技体育水平的提高，促进体育观赏性的增强，促进竞赛表演业的发展都具有积极的意义。在体育竞赛表演中采用现代通信技术、信息技术直接带动了体育分支行业（体育广告业、体育传媒业等）的发展，促进了体育产业内容的不断丰富和体育运动社会影响的不断扩大。

3.贸易结构因素

国际间体育用品和体育服务的进出口结构就是所谓的体育贸易结构，也就是体育产业的国际贸易结构。在经济全球化的今天，体育的发展也逐渐突破国界，走向国际，成为世界人民可以共同享有的文化资源与产品。利用这一中介物，各国之间的沟通也逐渐加强了。国家之间的空间距离因为体育信息的全球化而日益缩短，人们在家就可以对精彩激烈的 NBA 篮球比赛进行观赏；一些体育用品的品牌因为体育资源的全球化而在世界上享有盛誉（如耐克、锐步、阿迪达斯等），且教练员、运动员、裁判员等相关体育人员的跨国流动也离不开体育资源的全球化影响。

体育产业机构的变动离不开体育用品和体育服务在世界范围内不断流动的影响。在进出口结构中，体育产业的供给结构能够从体育用品及服务的进口中体现出来，国际市场对体育产业的需求结构能够通过体育用品及体育服务的出口情况得以反映。因此，体育用品及体育服务的进出口结构会随着国家之间体育用品和服务生产的相对优势变化而变动，而体育产业供需结构又会随体育用品和体育服务的变动而变动，在此基础上，体育产业结构也会因此而发生一定的变动。体育产业国际贸易的发展极大地推动了体育产业的发展，如美国 NBA 赛事、意大利足球产业、日本和中国的体育用品业之所以有今天的成就，主要就是得益于此。

4. 社会结构因素

社会经济结构会受到社会其他结构的影响，作为社会经济结构的一个重要组成部分，体育产业结构的变动同样也会受到影响。社会结构中的人口结构、文化结构、阶层结构以及城乡结构等都会对社会供需结构产生直接或间接的影响，从而对体育产业结构变动产生影响，具体分析如下。

第一，人口结构。社会劳动力结构是以人口结构为基础而形成的，而人力资源供给结构的形成又离不开社会劳动力结构这一基本条件。因此说，人口结构一定会对产业结构的变动造成影响。另外，人口年龄结构、文化结构等都属于人口结构的范畴，不同年龄段、不同文化层次的人其消费需求也各有差异，所以，人口结构也会对社会需求结构造成影响，进而对产业结构产生影响。在年轻型的社会中，人们对体育的竞技需求不断增加，竞技体育的发展能够促进竞赛表演业的发展；在老年型的社会中，老年人对体育的健身需求日益增长，健身体育的发展对健身娱乐业、体育用品业的发展具有积极的促进作用。

第二，文化结构。民族文化特征、文化教育水平、科学发展水平等都属于文化结构的范畴。文化结构会对产业结构的变动产生影响，具体是通过影响就业结构、技术结构等来实现。“提高科学文化水平和居民素质服务”是体育本体产业为社会提供的体育服务，社会文化结构不同，人们的文化素质和对文化的需求自然就会有差异，从而对体育产品和体育服务也会有不同层次的需求，进而引起体育产业结构的变动。

第三，阶层结构和城乡结构。社会的收入分配格局基本上可以在社会阶层结构和城乡结构中得到体现，社会阶层结构和城乡结构会影响社会需求结构，因而也会对体育产业结构的变动造成影响。

一般来说，城市中社会阶层相对较高的人群比较重视体育消费，因此体育消费人群就主要集中在城市中和较高的社会阶层中。社会阶层结构和城乡结构发生变化，必然会对收入分配状况造成影响，进而社会需求结构也会产生相应的变动，体育产业结构因此也会受到影响而产生变动。

（二）体育产业结构的变动规律

下面分别从外部结构和内部结构入手对体育产业结构的变动规律进行具体分析。

1. 体育产业外部结构的变动规律

产业的消长过程一定程度上可以通过产业结构的变动体现出来。随着各产业间经济资源的不断流动，各产业的生产总值也在相应发生变化。农业、工业及服务业三大产业的变动具有一定的规律性，即资源配置和产出结构随着经济的不断发展相继在农业、工业、服务业中集中。体育产业之所以存在，主要是为了使人们的体育消费需求得到满足，虽然其开始主要以提供实物产品为主，但体育本体产业是以提供服务产品为主的。从这一方面来看，体育产业属于"提高科学文化水平和居民素质服务"的部门，也就是属于第三产业的第三层次。

从国民经济各部门地位的变化情况及趋势中，可以对体育产业外部结构变动的规律做如下一个基本推断，即在国民经济与第三产业中，体育产业的地位与作用将随着经济的不断发展和人们生活水平的逐步提高而日益突出。

经济基础、人民收入、社会需求结构等因素都会影响体育产业的发展。因此我们可以这样总结体育产业外部结构的变动规律：经济发展速度的加快、人民收入水平的提高及社会需求结构的变动能够促进体育产业的发展。从这一规律中我们可以得出，随着我国经济社会的转变和居民消费水平的不断提高，体育产业将会实现更大的发展，从而更好地满足人们的精神消费需要和享受需要。

2. 体育产业内部结构的变动规律

体育产业结构的变动规律除了包括外部结构的变动规律外，还包括内部结构的演化变动规律，即在体育产业的发展过程中，产业内部各分支行业的涨落规律。

作为一种典型的社会文化活动，体育源于日常生活，最初只是一种娱乐和游戏的方式，主要出现在宗教或节日仪式上，是人们在闲暇时间参与的娱乐活动。随着社会的不断进步，在近代工业文明产生之后，社会上开始推崇法律规范、自由竞争，竞技体育在此背景下得到了快速的发展，这同时也促进了现代体育的发展。人们在规则允许的范围内自由平等地进行竞争，这是竞技体育推崇的理念，同时也反映了一定的时代精神。在这一理念与精神不断强化与升华的条件下，体育活动开始向商业化的趋势发展，现代体育产业由此出现。早期的体育产业以提供体育用品为主，对体育服务产品的提供很少。而在经济日益发展和人民生活水平不断提高后，体育服务产品在市场上大量出现，其主要用来满足人们对更高生活质量的追求，满足人们更高层次的消费需求。

通过上述的分析，我们可以这样总结体育产业内部结构的变动规律，即在体育产业的发展历史中，产业领域的范围越来越广，产业内部的结构经过不断的调整而日趋合理，整个体育产业中体育用品业的地位在日益下降，体育服务业的地位相对上升。

第二节　体育产业组织理论分析

“结构—行为—绩效”是产业组织理论的传统范式，下面以其为指导，建立体育产业的“市场结构—市场行为—市场绩效”分析框架，进而对体育产业组织理论进行具体的分析。

一、体育市场的结构分析

体育市场结构是指体育产业内部企业市场关系的特征和形式。体育市场的各个市场主体在市场交易中的地位、作用、比例关系以及它们在市场上所交易的商品特点，形成了体育产业的市场结构。

(一)体育市场结构类型

从国内外体育产业发展情况来看，体育产业的市场结构主要有垄断竞争的市场结构、完全垄断的市场结构以及寡头垄断的市场结构三种类型。

1.垄断竞争型市场结构

垄断竞争型市场结构在体育产业中是比较普遍存在的，它是一种垄断程度较低但竞争性比较充分的市场结构。垄断竞争型市场结构中包括各种类型的商业俱乐部和会员制的社区体育组织，其企业主体是大量规模较小的企业。

商业俱乐部是私人投资和建设的体育企业，包括保龄球馆、跆拳道馆、马术俱乐部、攀岩俱乐部等，其经营的目的是通过消费者对体育活动的参与性消费来获得最大化的利润。他们所提供的体育消费产品分为有差别和无差别产品，为了争取更大的体育消费群体而展开激烈的竞争。

会员制的社区体育组织是一个非营利性的社会组织，它是由具有共同爱好和兴趣的人自愿结合在一起以缴纳会费和接受赞助的方式而组建起来的。其管理者一般是职业管理者或者志愿者，并且他们的会员数量有着严格的控制。

2.完全垄断型市场结构

完全垄断型市场结构是一种非常现实的市场结构，具体表现是在现代体育产业发展过程中，由一家体育组织完全支配着某个特定范围内的体育消费资源的生产和销售情况。完全垄断市场最典型的特征是体育垄断组织通过各种形式和手段构建自己的市场贸易壁垒，排除一切可能的竞争者，保证高额的垄断利润。

在完全垄断的体育市场中，其体育组织成为唯一的垄断体育组织，来进行管理和运营，任何组织和个人都不能介入有关事务，具体到与其有关的体育赛事也都有严格的规则和程序，否则将受到严厉的惩处和制裁。

3.寡头垄断型市场结构

寡头垄断市场是指由少数几个实力雄厚的大企业垄断的市场。从经营主体的主营业务来分，体育产业可以分为竞技体育经营业、体育广告业、体育娱乐业、体育建筑业。其中竞技体育经营业最具有寡头垄断的特征，具体表现为以下几点。

第一，尽管完全垄断性体育组织控制着单个体育项目的赛事市场，但是同类项目以及不同项目在同一地区的举办仍旧会存在着激烈的竞争。在某个区域，不同垄断组织为了获得最大化的经济利益，必将以各种手段来获取更多的现场观众、电视观众、最佳的电视转播时段和最多的电视转播场次、更多的有实力的赛事赞助商以及更多的赛场广告收入。有时，为了避免竞争激烈过头，他们会采取各种策略就比赛时间、转播时段、赛场广告等问题进行谈判，从而达成默契和相关的协议。

第二，每一个垄断组织都对自己所掌控的体育赛事有着高度的垄断权。他们可以制定比赛的规则、规定参赛队伍的数量、确定赞助者的条件及赞助费等，另外还设立专门的仲裁机构对比赛过程中发生的一切争议和争端进行仲裁和判定。总之，其垄断组织都已经建立起一个非常完善的运行机制，形成了具有高度独立性的体育王国。

第三，寡头垄断市场具有很高程度的进入和退出壁垒。寡头垄断市场格局基本形成后，任何组织和个人试图进入和退出都是非常困难的。新的体育企业要想进入到市场中去，就要看其垄断组织的力量是否足够强大，是否具有足够的实力。

(二)体育市场结构的决定因素

决定体育市场结构的因素主要有市场集中度、产品差别化和进入与退出壁垒。

1. 市场集中度

特定产业的生产经营程度,即市场集中度。市场集中度可分为两种,分别为卖方集中度和买方集中度。卖方集中度反映了产业内生产集中情况;买方集中度反映了特定市场中购买集中情况。

(1)市场集中度的影响因素

影响市场集中度的因素有很多,其关键因素为企业的规模和市场容量的大小。

首先,如果特定产业的市场容量不变,少数企业的规模越大,市场集中度就越高。由于企业规模的扩大往往被社会公众作为企业家能力的标志,因此企业存在着规模扩张的内在冲动,企业规模扩大也成为企业家的主动追求。企业规模的扩大就需要技术革新与进步,一定时间范围内的独占式技术进步,使企业规模扩张具有持续性,从而加速了企业成长的进程。另外,政府的政策和法律也成为企业规模扩大的重要因素。要提高本国企业的国际竞争力,政府必须放宽企业兼并和联合的有关限制,采取必要的措施打造具有强大实力的巨型跨国公司。

其次,市场容量的变化将会在相反的方向上影响市场集中度。市场容量变化的因素主要有经济发展的速度、居民收入水平及其消费结构的变化。在市场容量缩小或不变的情况下,大企业往往会试图加强企业的兼并来争取更大的垄断市场,以获取更多的利润。反之,市场容量扩大就会降低市场集中度,不利于扩张自己的垄断市场。

除此之外,行业进入壁垒的高度以及横向兼并的自由度等也对市场集中度有着重要的影响。

(2)体育市场集中度的特点

体育市场集中度的特点主要有两个:一是竞技体育经营业、体育用品业、体育广告业市场集中程度最高,高于大多数产业部门的市场集中度;二是体育休闲健身市场集中度低。这主要是由体育产业部门的自身特点决定的。竞技体育经营业、体育用品业、体育广告业等都基本形成了完全垄断的市场结构和寡头垄断的市场结构,这有利于形成巨大的垄断市场;而体育休闲健身市场的特点是消费者的需求具有高度的多样性、复杂性,少数企业很难满足数量巨大、需求偏好各异的体育消费者的需求。在这样的情况下,企业只能进行市场细分并结合体育人口的空间分布，选择有利于自己企业发展的经营方向，确定企业规模和企业区位，否则就难以生存和发展。

2. 产品差别化

市场集中度并不能完全反映产业组织的垄断和竞争的程度，在产品差别程度显著的情况下，即使市场集中度很高，也会存在着激烈的市场竞争。产品差别化是指企业在向消费者提供产品时，通过各种方法引起消费者对产品的认同和共鸣，使消费者能够将其同其他竞争性企业提供的同类产品有效的区分开来，以达到在激烈的市场竞争中占据有利地位的目的。

产品差异化对市场结构的影响主要表现在两个方面：一是企业通过扩大产品差异化程度，保持或提高企业的市场占有率和市场集中度；二是现有企业实施产品差异化战略可以使消费者对该企业的产品形成偏好和一定的忠诚度。对规模较小或者新兴企业来说，实际上构成了一定程度的进入壁垒。

对体育消费者来说，企业通过实施产品差异化战略，让消费者在感知企业所提供产品独特的差异性的同时，影响他们的购买行为，产生对这些产品的偏好和忠诚，甚至不惜为此支付更高的价格。

体育产业作为一个重要的产业门类，体育产业的特殊性使其产品的差别性表现出自己的特点。从竞技体育经营来说，不同赛事组织者所提供的体育服务产品具有一定的差别。这种产品的差别性使得赛事的组织部门往往采取多种多样的产品差异化策略。从体育休闲健身市场来说，其产品差别性程度要比竞技体育的经营业市场高得多。这是因为，体育休闲健身产业所面对的消费者数量巨大但偏好各异，而且消费者居住分散，又有就近消费的特点。

3. 进入和退出壁垒

(1)进入壁垒

进入壁垒是指潜在企业或新企业在同原有企业展开竞争时所遇到的不利性障碍因素。主要由五个因素构成：绝对成本优势、规模经济、产品差异化、政策法律制度和阻止进入策略行为。绝对成本优势是在特定的产量水平上，现有企业能够比新企业以更低的成本生产出同样的产品；规模经济壁垒在于新企业进入某一产业初期，很难成规模经济，相对于原有企业生产成本要高得多，从而在竞争中处于劣势的地位；企业通过自身长期的努力，形成了自己产品较高的美誉度和知名度，产品的差异性得以体现，新企业要想突破其产品差别化壁垒，参与到市场竞争中来，就要同原有企业展开竞争，因此要付出很高的销售成本,这也是构成进入壁垒的一个重要因素;政府对原有企业给予的进出口许可证,差别性的税收壁垒和专利制度等也会成为新企业进入的壁垒;另外,在寡头垄断行业中,寡头们所实施的利润率控制措施、针对新企业制定的歧视性价格等策略和行为,也会阻止新企业的进入。

(2)退出壁垒

退出壁垒是指企业要主动或被动退出某一产业部门时,却难以退出的情况。退出壁垒的构成要素主要有:专用性和沉没成本、解雇费用和政府政策法规限制等。通常资产的专用性越强,沉没成本越大,企业就越难以退出,企业若想要退出某一产业部门,就必须通过解雇工人来完成,这就需要支付数额庞大的退职金和解雇工资。另外,政府也会对一些公用事业部门给予一定的政策限制,对其制定一定的特殊政策法规,以阻止其退出。

体育市场的进入和退出壁垒存在着两种极端的情况。体育赛事市场是进入和退出壁垒都很高的市场,而体育休闲市场则完全相反,其进入和退出壁垒往往很低。体育赛事市场很高的进入和退出壁垒是由其完全垄断的市场结构特征以及寡头垄断的市场结构特征所决定的。所有的企业组织机构都要制定严格的规章、制度和规则等,而所有的成员组织都必须严格遵守这些规章和制度,否则将会受到严厉的惩罚,而如果退出也会面临极高的风险。体育休闲健身市场类似于其他大众服务业,企业规模小、数量少,政府又给以一定的政策支持,因此这类市场的进入和退出壁垒一般都比较低。

二、体育企业的市场行为

体育企业的市场行为是指体育企业根据市场结构的实际情况,为实现更大的利润和更高的市场占有率所采取的各种决策行为。产业组织理论认为,市场结构是企业市场行为的主要制约因素,但是企业的市场行为也会反作用于市场结构,对市场结构的形成和变化产生影响。市场行为主要包括企业的价格策略、产品策略和压制竞争对手的策略。

(一)价格策略

价格策略是指企业在市场中由于产品定价的问题在企业自身或者企业之间所产生的一系列策略性行为。企业的价格策略是以控制和影响价格为直接目的,而不是简单地仅考虑定价决策对自己有多大利益,在确定价格策略时,既要考虑本企业的价格决策对市场能产生多大的影响,又要考虑竞争对手可能做出的反应及对市场产生的影响。在不同的市场结构中,企业所面对的市场供求条件和与其他企业的关系是不一样的，因而会采取不同的价格策略，主要有成本加利润策略、非统一定价策略、共同价格策略。

（二）产品策略

企业为了扩大销量，提高市场占有率，除了采取价格策略之外，还会采取产品策略，即在产品的质量、性能、款式、广告、销售服务等方面实行差别化策略，展开非价格竞争。企业的产品策略包括以下两方面的内容：一是产品的物理性能差别化策略；二是产品的非物理性能差别化策略。

（三）压制竞争对手策略

在激烈的市场竞争中，企业总是想方设法排挤、压制、威胁竞争对手，以期达到对市场更大的控制权。为达到这一目的，企业可能通过正当的公平竞争来排挤竞争对手，或者进行企业兼并；同时企业也可能通过限制竞争和不公平手段来排挤、打压竞争对手。典型的企业排挤竞争对手策略有以下三种，即企业兼并行为、掠夺性定价行为、排他性交易和相互购入。

三、体育产业的市场绩效

体育市场绩效反映的是体育市场运行的效率和资源配置的优劣。它是指在一定的体育市场结构下，通过一定的市场行为使体育产业在价格、产量、成本、利润、产品质量、品种及其技术进步等方面取得的最终经济成果。体育市场绩效反映的是体育市场结构和市场行为。而影响体育市场结构和市场行为的因素又是多种多样的，因此对体育市场绩效的评价必须充分考虑各种因素，并且密切结合市场的实际情况来进行综合评定。对体育产业市场绩效的评价主要从三个方面来进行，即资源配置效率、规模结构效率和技术进步程度。

（一）资源配置效率

根据经济学的基本原理，我们知道资源配置效率的主要体现为社会总效用或社会总剩余的最大化，换句话说就是社会福利的最大化。体育组织和企业作为市场经济条件下的一种特殊的企业类型，也把追求利润的最大化作为企业经营的目标。所以，同样地，衡量体育市场的资源配置效率，也必须要以社会福利的最大化作为根本的尺度。考察体育资源的配置效率要从四个方面来进行：一是考察体育产业的利润率。它能够清楚地判断出体育市场对完全竞争市场的偏离程度，从而得出体育消费者所获得福利与最大化的福利之间的差距;二是要考察市场集中度和进入壁垒的程度。从而来判断出市场竞争是否充分;三是考察政府对市场的干预程度。判断出市场是否失灵,市场机制是否被扭曲;四是考察消费者对体育产品的需求情况。以判断出体育产业给体育消费者带来的社会福利及效用。

(二)规模结构效率

产业规模结构效率也称为产业组织的技术效率。由于不同的体育资源在体育产业内部分配状况的不同,从而影响着体育资源的利用效率。因此,就要从体育产业内部规模经济的实现程度来考察体育资源的利用状况。主要包括以下三个方面。

1.经济规模的实现程度

通常用达到或接近经济规模的产量占总产量的比例来表示。实际上,在现实经济生活中,是没有任何一家企业完全符合规模经济要求的。即使像美国这种体育产业发达的国家也是如此。那些非规模经济的企业,其企业利润率比较低下,有的长期亏损但又不退出市场。有一些大公司企业经营成本明显高于规模较小的企业,存在着超经济规模过度集中的问题。体育健身业中由于企业规模较小,运营成本过高,影响了体育资源配置的效率。而体育场馆经营业当中存在着经营能力过剩的问题。

2.经济的合理垂直结合及实现程度

在体育产业中,我们通常用实现垂直结合企业的产量占各流程阶段产量的比例来体现经济规模的纵向实现程度。就是说体育产业内部结构的合理化或者规模结构效率也同时要表现为这些产业部门之间必须有一个恰当的比例。

3.企业规模能力的利用程度

企业规模能力的利用程度主要包括两种情况。一是许多较大的已经达到一定规模经济水平的体育产业公司,其设施利用不足,产能过剩;二是诸如体育场馆经营业或者体育休闲健身产业中的一些企业,由于市场集中度低,不能达到规模经济,也存在着设施不同程度的闲置,企业利润率低的情况。

(三)技术进步程度

产业技术的进步具有广义和狭义之分。从广义上来说,产业技术进步是指包括除资本投入和劳动投入以外的所有促进经济增长的因素;从狭义上来说,产业技术进步主要是指产业内的发明、革新和技术转移。技术进步程度主要反映的是动态的经济效率,它是衡量市场绩效的重要标准,因此,它是最终通过经济增长的市场效果而表现出来。

衡量技术进步和创新活动的基本标准是企业为此所投入的资源应该达到使其预期的边际收益等于边际成本。这是因为产业的技术进步和创新需要耗费一定的经济资源,也就是所谓的 R&D 支出。同时技术进步和创新具有不确定性,技术进步和创新活动的后果究竟如何,人们在事先根本无法预测。体育产业中体育企业为体育消费者所提供的诸多服务都与技术进步和创新密切的联系在一起。竞技体育的训练水平、比赛场地以及比赛成绩等都体现着技术进步和创新。

第三节 我国体育产业结构的优化

一、体育产业结构优化的内涵

所谓体育产业结构优化,是指在保证资源配置最优化和实现体育经济效益最大化的前提下,通过对体育产业结构进行调整,使各构成部分协调发展,并满足社会不断增长需求的过程。一般而言,产业结构优化包括产业结构合理化与产业结构高度化两个方面。体育产业结构优化实质是推动体育产业结构合理化和高级化的过程。

(一)产业结构合理化

目前,中国学术界对产业结构合理化有着不同的定义,总体而言,大致包括有以下几类。

1. 结构协调论

将产业间协调置于产业结构合理化的中心位置,把产业结构合理化理解为通过产业结构调整,使各产业协调发展,并满足社会不断增长需求的过程。

2. 结构功能论

强调产业结构的功能作用,并以结构功能的强弱为依据对产业结构合理化进行考察,把产业结构合理化定义为各产业间存在着较高的聚合质量,将产业结构合理化的过程视为不断改善结构效益的产业结构优化过程。

3. 结构动态均衡论

重视产业素质与结构的均衡性,并从动态的角度考察产业结构合理化,就是要促进产业结构的动态均衡和产业素质的提高。

4. 资源配置论

把产业结构视为某种资源转换器,并从资源在产业间的配置结构及利用的角度考察产业结构合理化,把产业结构合理化解释为在一定的经济发展的阶段上,根据消费需求和资源条件,理顺结构,实现资源在产业间的合理配置和有效利用。

体育产业结构合理化是体育产业结构由不合理走向合理的过程,具体是指在一定社会经济发展战略目标要求下,在资源既定的情况下,体育产业内各部门能够实现资源的最优配置,并能协调发展,从而取得良好的结构效益和产业结构优化过程。

(二)产业结构高度化

所谓产业结构的高度化是指产业结构从低水平向高水平发展的过程。实质是随着科技发展和分工的深化,使产业结构不断向高附加值化、高技术化、高集约化演进,从而更充分更有效地利用资源,更好地满足经济发展需要的一种趋势。产业结构高度化也是一个相对的概念,它是相对于一定的社会经济发展水平和阶段而言,因而高度化是一个永不停息的过程。在这个过程中,体育产业结构成了资源转换器,在一定的资源和技术条件下,通过体育产业结构的不断高度化,使体育资源得到最有效的利用,更好地满足市场与社会体育的需求。

从高度化的基本含义看,体育产业结构高度化主要包括四方面的内容,即产业高附加值化和产业高技术化、产业高集约化、产业高加工化。体育产业结构高度化的基本内容表明,一个国家体育产业结构的高度化,只有当其科学技术水平较高,经济发展达到较高阶段,基础设施较完善,原材料工业较发达时,才可能实现。体育产业结构高度化既是经济发展的结果,又是体育经济进一步发展的条件。其实质就是随体育科技发展和社会分工深化,体育产业结构不断向深加工和高附加值化、高集约化和高加工化发展,从而更有效地利用资源。

二、体育产业结构优化的目标

体育产业结构调整既是经济增长过程中各行业间结构变动的内在需要，也是保持经济持续增长的客观要求。具体而言，体育产业结构优化的目标主要可以概括为以下几点。

（一）促进体育产业可持续发展

体育产业要实现可持续发展，各组织结构之间就要保持一个比较合理的比例。任何组织过度超前的"单兵突进"都不利于体育经济的健康发展，某些重要组织的严重滞后也会构成体育经济整体发展的"瓶颈"，从而制约体育经济的发展。要想充分发挥体育经济发展的潜力，就必须使产业内部的各组织结构保持合理化，形成协调发展的格局。

（二）结构合理化和高度化

产业结构的优化是一个动态的过程，在不同的发展阶段和时点上优化的内容不同，但主要包括产业结构的合理化和高度化两个方面的内容。目前，我国体育产业结构的现状如果得不到改善，体育经济的变化将只能体现在经济的增量上，绝不可能出现结构性增长及经济质量的提高，更不会出现大规模高效增长。

（三）具备核心竞争力

当今世界各国综合国力的竞争是高科技的竞争，更是围绕知识创新、技术创新和科技转化开展的。只有掌握一些尖端技术，在国际上形成科研优势，经济发展才会领先。因此，我们要抓住机遇，大力发展科学研究，并建立起科技成果向生产力快速转化的有效机制，争取在体育产业资源以及体育产业体系、战略、政策、制度和创新机制等关键领域建立起自己持久的竞争优势，不断提高产业结构的素质，不断向深加工和高附加值化发展，带动整个体育产业结构升级和优化。

（四）实现供需动态平衡

体育产品的供给结构未能响应居民体育消费意愿的变化并及时进行调整，未能把居民潜在的体育消费欲望转化为现实消费需求是体育消费有效需求不足的一个重要原因。应该针对新的体育消费热点，促进体育产业供需结构趋向协调，形成动态互动效应。

（五）实现区域协调发展

全国产业结构的调整和优化要落实到一定区域空间，与地区产业结构的调整和优化协调起来。要充分发挥不同区域的比较优势和竞争优势，根据各自的特点和资源聚集优势，在合理化的基础上推进体育产业结构高度化，充分发掘民族体育特点和中西部资源禀赋优势及其他资源优势，适度规模地推进体育产业的发展，扶持中西部地区体育产业基地建设，实现不同区域体育产业的协调化发展。

三、体育产业结构优化的原则

优化体育产业结构必须以体育产业结构演进规律为基准，具体需要遵循以下几点原则。

（一）整体性

体育产业各种要素之间是相互依存、相互关联、相互制约和相互影响的。体育产业的发展不是孤立的，促进关联强度大的产业的发展，可以带动相关产业的发展。体育产业结构优化的整体性原则要求体现体育产业系统的整体功能大于部分功能的简单相加，必须有效配置各类资源，促进体育产业各内部构成之间的协调发展，产生系统聚合效应。

（二）层次性

体育产业结构是多种因素共同作用的结果，其形成受到诸多因素的制约。因此，在不同的发展阶段，会出现不同的层次。体育产业结构层级体系的划分，可以从不同侧面揭示体育产业结构系统特征，有利于深入了解和研究体育产业结构的现状和发展变化的趋势。在对体育产业结构进行调整优化的过程中，不仅要把握好处于系统较高层的要素构成，更要利用好较高层要素对较低层要素组合的决定功能。

（三）动态性

体育产业结构优化是一个动态过程。它是一个相对的概念，不是指体育产业结构水平的绝对高低，而是在实现体育经济效益最优的目标下，根据某地区的地理环境、资源条件、经济发展阶段、科学技术水平和人口规模等特点，通过体育产业结构调整，使之达到与上述条件相适应的各产业协调发展的状况。

(四)开放性

开放是体育产业结构演进的前提条件。所谓系统的开放性特征是指一个远离平衡状态的开放系统，在它同外界进行能量交换的过程中，会引起系统内部要素结构的变化，并导致要素间的关联关系重新组合。系统要素的这种变动程度是不对等的，某要素的变动，可以决定系统行为的某一参变量变化达到一定“阀值”(即临界值)而发生突变，使整个系统由原来的较无序状态(或叫低级状态)走向新的有序状态(或叫高级状态)。

(五)效益性

市场经济的发展对资源配置发挥的基础性作用越来越明显。它不但要求资源获得最佳配置和最优组合的利用，还要求产业结构处于最佳效益的发展状态。因而，体育产业结构的调整要遵循效益性原则，加强政策扶持与引导，坚持经济效益和社会效益并重。

四、体育产业结构优化的路径选择

(一)可选路径

1. 市场行为

市场作为现代社会经济运行的基础调解者，依靠价格机制对资源进行配置，强调市场主体的自由竞争。体育产业结构优化通过市场供求和价格机制来实现。在体育产品市场与生产要素市场上通过竞争和供求关系来配置资源，促进有竞争力产业的发展，不带任何主观随意性却能最好地实现人们的经济意志和愿望，可降低交易成本，提高经济运作效率。在这一优化过程中，体育产业结构变动的信号是市场价格，决策机制是无数的经济主体的分散决策，动力机制是经济主体对增加利润或避免损失的追求，实现机制是自愿的横向转移。

2. 政府行为

作为社会经济运行的宏观调控者，政府通过国家计划来实现体育产品与资源供给和需求的平衡。政府通过经济杠杆和产业政策对经济活动进行干预，对体育产业的发展施加影响，实现资源配置。这一优化过程是政府根据现有产业结构状况和对产业结构变动的预测，从经济发展的总目标出发，通过纵向等级层次向经济主体发出计划指令，以调整部门间的供求格局。

(二)选择依据

在转型经济时期，中国产业结构形成与发展既离不开市场机制的积极作用，也离不开政府的合理干预。作为一种新兴产业，体育产业在发展过程中自然把市场和政府都纳入进来，但实践表明，市场和政府都具有其自身的局限性，体育产业结构的演进中也存在着市场失灵与政府失灵的现象。市场失灵与政府失灵的存在使得政府调控与市场之间的博弈成为可能，如图 4-2 所示。

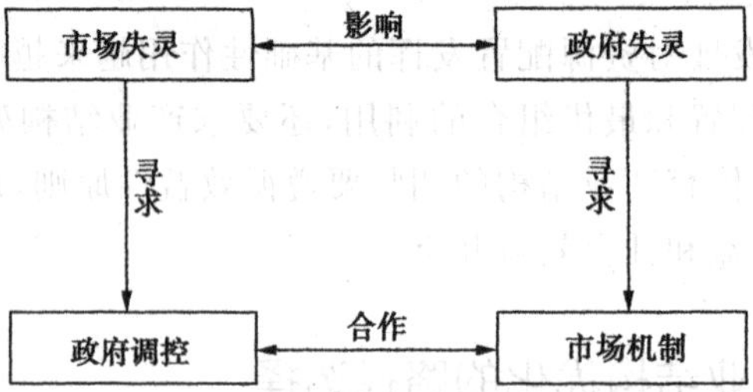

图 4-2

政府与市场的博弈关系在体育产业发展的各个过程中都有显现。以博弈论的视角探求政府与市场的运作机制，对优化体育产业结构具有重要的现实意义。对某一具体的博弈问题，要完整地描述它，需要规定下列三个要素。

1. 博弈的参加者

博弈的参加者是指参加博弈的直接当事人。完整地描述一个博弈问题需要确定参加博弈的局中人在博弈中是理性的，在选择自己所要采取的行动时，主要依据自己所获效用最大化或收益最大化。在体育产业结构调整中，博弈的参加者分别是政府和企业。

2. 博弈方的行动策略

所谓博弈方可采取的行动是指局中人在博弈中所有可能选择行为的集合。在体育产业结构优化中，政府与市场之间的博弈，取决于双方力量的强弱对比。

3. 博弈方的得益

对应于各个局中人每一组可能的决策选择，博弈都有一个结果来表示各个局中人在该策略组合下的所得和所失。得益是参与博弈的各个局中人真正关心的东西。

五、体育产业结构优化的对策

(一)明确体育事业与体育产业之间的关系

《国民经济和社会发展第十二个五年规划纲要》第十篇第四十四章首次以“繁荣发展文化事业和文化产业”为题,提出:“坚持一手抓公益性文化事业、一手抓经营性文化产业,始终把社会效益放在首位,实现经济效益和社会效益有机统一。”①这明确了文化事业、文化产业的内涵及外延,为促进文化事业的繁荣和推动文化产业的协调发展指明了科学的路径与方向。

当前,理论界的一些学者没有明确体育事业与体育产业的概念及区别,将二者混为一谈,一些体育部门的领导更是如此。针对这一情况,要优化升级体育产业结构,首先必须对体育产业及体育事业的概念与关系进行明确,并了解二者在生产目的、资本来源、服务对象、运营机制和调控方法等方面的不同之处,既不能因为发展体育事业而使体育产业的市场化发展受到制约,也不能因为发展体育产业而使体育事业的发展走向庸俗。从体育产业的发展实践中可以发现,体育的发展不仅能够为国家带来荣誉,为人民提供服务,还可以给国家带来经济价值与利益。所以,应该对体育事业和体育产业的关系及区别加以明确,并对体育产业发展带来的效益进行充分的认识,如刺激消费、促进经济结构的优化和推动国民经济的发展等。

(二)科学选择体育产业的主导产业

主导产业是指在经济发展增长过程中起主要先导作用的产业部门,在一定的经济发展阶段,对产业结构和经济发展起着导向性和带动性作用,能够迅速和有效地吸收创新成果,对其他产业的发展有着广泛的影响,并具有广阔的市场前景,能满足不断增长的市场需求,并由此获得较高和持续发展的产业。

体育产业结构系统是一个动态不断演变的系统,体育产业的主导产业是体育产业系统内各组成部门之间协同作用的结果,体育产业的主导产业与非主导产业交互作用和发展形成了有序的体育产业系统结构。产业结构的优化与升级主要是由支柱产业和主导产业的更替推动的,少数主导经济

① 刘远祥.体育产业结构优化研究[M].济南:山东大学出版社,2015:124.

的产业部门是经济发展的主要推动力。具体而言，发展主导产业具有以下几点作用。

第一，能够起到对体育用品制造业、销售业、场馆设计、建设和保洁的拉动作用，进而发挥体育主导产业的回顾效应。

第二，能够起到对体育组织、场馆经营、体育中介、体育传媒、广告和彩票业的推动作用，进而发挥体育主导产业的前瞻效应。

第三，能够影响周边会展、餐饮、通信、旅游和房产等行业的发展，进而发挥体育主导产业的旁侧效应。

总之，人们对于不同运动项目高水平赛事的关注，催生了个体参与该运动的诉求。该项运动项目的技能学习成为参与该项运动的前提，进而推动了体育技能培训业和体育健身娱乐业的发展，如图4-3所示。

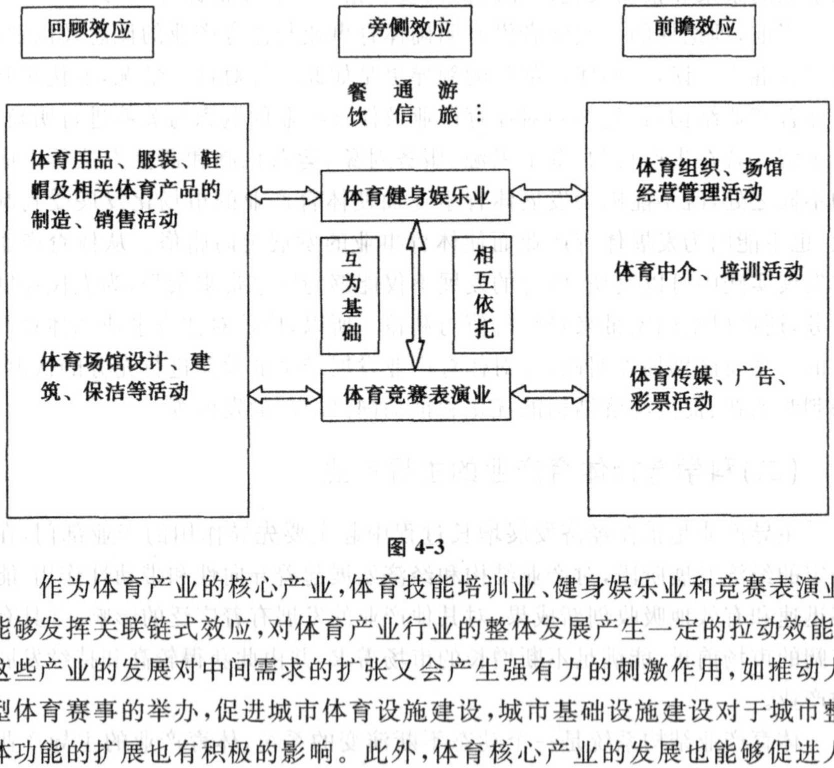

图4-3

作为体育产业的核心产业，体育技能培训业、健身娱乐业和竞赛表演业能够发挥关联链式效应，对体育产业行业的整体发展产生一定的拉动效能。这些产业的发展对中间需求的扩张又会产生强有力的刺激作用，如推动大型体育赛事的举办，促进城市体育设施建设，城市基础设施建设对于城市整体功能的扩展也有积极的影响。此外，体育核心产业的发展也能够促进人们体育价值意识与观念的强化，意识与观念的发展能够有效地促进实践的发展，体育经济增长与体育产业结构的优化也有了很大的希望。

(三)夯实体育主导产业运行的基础

对于体育产业而言，要想实现结构优化，必须夯实体育主导产业的运行基础，真正发挥其“引擎”作用，实现对其他产业的扩散效应，从而达到优化体育产业结构，具体做到以下几点。

第一，要有一定的社会先行资本和投资率。罗斯托认为，为了使主导产业的扩散效应得以充分发挥，就必须要对社会进行大量先行的改变，为此要求产业结构有一定的社会先行资本。投资是主导产业形成的先导和基础，在产业结构调整中投资也起到了导向作用。政府要加大体育产业的发展所要依托的体育公共产品和服务的建设力度，通过提供多元化的体育产品，丰富有效供给来激活有效需求，满足大众消费需求。

第二，要有相对充足的市场需求。充足的市场需求是主导产业顺利成长和发展的基础。因此，体育产业结构的优化，要从扩大体育消费入手，要把扩大体育消费作为拉动体育经济增长的动力。

第三，要有相应的创新策略。技术进步作为推动体育产业结构优化升级的主要推动力，可以为克服产业结构性矛盾提供有力的技术保障，促进体育产业结构向合理化和高度化方向发展。目前，需要进一步增加研究开发投入总量，改善研发支出结构，提高研发资金的使用效率。

第四，要进行配套制度改革。中国体育产业结构的形成，很大程度上是受到了我国经济体制的影响。要真正做到经济增长方式的转变和产业结构的优化，最重要的是要建立一个能够有效支持这种转变的制度基础。这已成为实现产业结构优化升级的关键因素，也是发展中国家能否实现后发优势的先决条件。

作为新兴产业，体育产业在我国市场经济体制还不健全以及国际市场竞争激烈的情况下，发展中面临着很多问题。体育产业的发展及结构优化更加需要政府的保护和扶持，但又需减少对体育产业发展不必要的行政干预。对于体育产业主导产业的发展给予政策和资金的支持，对需要优先发展或重点发展的领域提供一些政策和税收优惠；加大科技投入力度，提高科技成果的适应性。

（四）统筹优化区域体育产业结构

非均衡协调发展理论力图体现“公平的市场竞争，公平的发展机会，公平的享有发展成果”这样一种全新的区域发展观，它可以说是区域经济发展理论的一种创新，将为制定区域体育经济发展政策奠定科学的理论基础。根据非均衡协调发展理论，在优化、调整我国体育产业区域结构时，应该注意以下几点。

第一，充分发挥“两只手”的作用，把市场调节机制和政府调控结合起来。体育产业结构的优化是建立各行为主体的独立的、博弈的行为基础上的经济范畴，区域产业结构的优化同样要求充分发挥“两只手”的作用，把市场调节机制和政府宏观调控有效结合起来。在自觉利用价值规律的基础上，制定和完善相应的产业政策和措施，使我国不同区域体育产业结构朝着协调、优化的方向发展。

第二，建立和健全统一开放竞争有序的区域市场体系。中国现存极不合理的区域差距和城乡差距，很大程度上是由各种分割统一市场、抑制要素自由流动的体制障碍造成的。因此，要继续解放思想，深化体制改革，制定切实有效的区域发展政策，进一步打破区域间的分割状态，消除地区壁垒，通过完善全国大市场的调节机制，使生产要素根据市场信号，并遵循效率最大化原则，在不同区域间的自由流动和有效配置，加快整体布局的战略性调整。只有这样，各地区才能从全国统一市场获得更大的规模收益，以提高区域发展的协调性。

第三，充分利用不同区域各自的特点和优势，最大限度地发挥区域间互补的整体优势和综合比较优势。我国是一个发展中大国，地域辽阔，不仅地理和自然条件差异很大，而且经济基础和体育发展水平也各有不同。这就要求我们要立足实际，制定合理的区域体育产业结构调整规划，既要充分发挥不同区域的比较优势，又要努力创造竞争优势。根据不同区域各自的特点和资源聚集优势，充分发掘民族体育特点和中西部资源禀赋优势及其他资源优势，选择适合的体育优势产业作为首先发展的产业部门，并带动其他体育产业的发展，打造体育产业的特有品牌，形成优势互补、各具特色优势的区域体育经济，增强市场竞争实力。以西部体育旅游业为发展亮点，因地制宜，依托优势，适度规模的推进体育产业的发展。扶持中西部地区体育产业基地建设，并充分利用中西部地区现有的体育资源，合理规划产业布局，形成竞争合力，促进体育产业的健康发展，逐步缩小不同区域间的差异，促进我国体育产业的协调发展。

第四节　我国体育产业组织的发展

对我国体育产业组织发展历程进行分析，参照国际体育产业组织变迁的经验，建构合理的体育产业组织结构和规范组织行为以获得良好的市场绩效，进而产生积极的引导作用。

一、计划经济时期的体育产业组织

从新中国成立到20世纪80年代初，我国实行的是计划经济体制。这一时期的体育事业是国家上层建筑的组成部分，国家是其管理主体。国家制定相关政策保证学校体育、竞技体育和群众体育的广泛开展。作为国家的福利事业，体育事业的一切活动由各级政府体育主管部门负责，各种体育服务被视为公共产品，居民消费体育服务是免费的。公共体育场馆由国家建造，体育图书出版列入计划，体育人才的培养由国家负责。即使是各种体育用品生产企业，也是国营企业，不注重投入产出，也不讲经济效益。这是国家垄断，没有实质性体育产业组织的存在。

二、改革开放后的体育产业组织

改革开放政策的实施极大地激发了各行各业的积极性。与国民经济其他事业部门一样，体育事业获得了大的发展良机，但体育事业发展资金供给不足的矛盾日益突出，严重制约了体育事业改革与发展的步伐。为了解决这一矛盾，体育系统开始打破单纯依靠国家拨款，由国家包办体育的格局，自20世纪70年代末期，以体育系统内部的“经营创收”活动为起点，开始了探索筹措体育资金的新思路。各级体委利用闲置的体育场地开展第三产业，如开办舞厅、台球室、健身中心和溜冰场等。我国的体育产业开始起步，体育市场逐步形成。

1985年全国体育发展战略研讨会，确定了我国体育事业的社会化发展之路。国家对许多运动项目的管理由主要依靠行政手段和指令性计划的直接控制，渐渐转为用经济的、法律的手段和必要的行政手段间接控制。体育主管部门由直接管体育，转向主要负责“规划、协调、监督、服务”，这为各级体委的相关部门留下了较大的自主经营和自我发展的空间。此后，各省市体委相继成立了一些体育经营实体。

体育产业在这一时期处于探索阶段，体育系统开展的多种经营和扩大服务范围等经营活动，只是作为系统内增收节支的一种手段，还没有达到市场运作的层次。其市场结构单一，经营主体依然是国家——体育主管部门。市场行为也很单纯，市场竞争和垄断的成分较少，但市场经营的经济效益却十分显著。

三、社会主义市场经济条件下的体育产业组织

随着我国社会主义市场经济体制的建立，体育事业发展的社会经济环境发生了巨大的变化。体育系统为建立与社会主义市场经济体制相适应的体育体制和运行机制，加大了改革的力度。我国的体育产业还处于初步发展阶段，具有计划经济和市场经济共存的特征，其市场结构是多种产业组织形式并存。目前，根据商业化程度，可以将市场主体区别为三种类型，即企业经营型、事业经营型和公益型。

（一）企业经营型

随着体育产业鼓励政策的出台，由个人、企业和社会团体兴办的以营利为目的，以休闲和娱乐体育项目为经营对象的部门不断兴起。这类经营以市场价值为取向，充分发挥了市场机制的作用，按照供求关系、价值规律和竞争机制运作。经营主体追求利润最大化，以经济效益为中心，实行自负盈亏、自主经营、自我约束和自我发展。

（二）事业经营型

事业经营型体育产业组织是由政府兴办或资助的带有公益性的体育经营活动，包括体育训练基地、体校、社会体育指导中心、体育场馆、体育院校、科研所、青少年活动中心等体育事业单位以及国家承办的重大国际比赛，全国和地区性综合运动会等。这类经营实行计划管理与市场调节相结合，市场机制只是起部分作用。体育行政部门通过有关制度和产业政策对其进行管理和调控。

（三）公益型

公益型体育产业组织是政府、社会团体、企事业单位、学校和部队出资举办的体育培训、体育锻炼和体育竞赛等群众性体育活动，主要是为了增进全体公民或在校学生、企事业单位职工的身心健康，提高精神文化素质，促进社会的文明进步。公益型体育产业组织的经费来源于社会和企业的投入，并不需要通过活动自身的收入来补偿，对于参加者来说是享受一种社会福利。这种组织开展的活动是非经营性的，但它仍然是一种体育生产活动，是一种经济行为，是以满足个体的发展需要来实现社会和企业长远的、整体的经济效益，其效益主要表现为间接效益。这类组织主要通过立法与体育部门的分类指导加以管理。

四、我国体育产业组织的发展方向

随着我国经济改革的不断深入和体育产业组织政策的有效实施，我国体育产业组织不合理的状况将逐步得到改善，将朝着规模经济和公平竞争的方向发展，具体体现在以下几点。

（一）组建体育企业集团

以体育产业主导部门为基础，以名牌产品为龙头，以国有骨干企业为核心，以建立产权关系为重点，努力建立一批大型体育企业集团。充分尊重企业组建集团的自主权，政府不应过多干预，而把工作重点放在引导和协调各类体育企业的关系上，为体育企业集团的发展创建宽松的外部环境。

（二）推进企业间的兼并与联合

随着市场竞争的日益激烈，各类体育企业逐步认识到要在竞争中求生存、求发展，就必须重视生产和管理技术进步，实行多元化经营，提高自身的核心竞争能力。

体育市场体系的完善和体育企业间竞争的增强，促使企业兼并和破产的出现。许多体育产品的乡镇企业和家庭作坊式生产单位，由于缺乏规模效益和市场竞争力，将被大的体育集团兼并或重组。体育产业政策将鼓励集团企业或有市场竞争力的优势企业，兼并那些经营不善或缺乏市场竞争力的小企业。逐步建立企业产权市场，使企业兼并和重组成为正常经济活动的组成部分。

（三）建立公平竞争的市场环境

体育主管部门将逐步建立公平竞争的市场环境，制定体育产品的生产标准，对新增体育企业进行严格的审批，改变过去对新建企业只看资金不问生产规模的审批办法，凡是达不到产品生产标准的体育企业不予批准新建；制定反垄断政策，以打破原有体制下的行政性垄断，以及新体制下可能出现的企业性垄断；进一步改革价格制度和价格体系，形成以市场为基础的价格机制；继续完善税收制度，改革计划、物资、资金和劳动力等方面的制度和政策。

（四）改变宏观政策与调控方式

为促进市场改革的深入发展，政府体育主管部门将逐步转变管理职能，由主要依靠行政手段和指令性计划的直接控制，转为用经济的、法律的手段和必要的行政手段间接控制。政府部门由主要直接管体育类企业或俱乐部的人、财、物，转向主要负责"协调、监督、服务"，逐步缩小指令性计划的范围。

第五章　体育产业政策理论与发展分析

体育产业政策为体育产业的发展提供了保障和诸多便利条件，并且在体育产业发展过程中发挥着非常重要的积极作用。本章将对体育产业政策的概念和内容、体育产业政策的实施手段、体育产业政策体系的创新与发展进行具体的分析和研究。

第一节　体育产业政策的概念与内容

要对体育产业政策理论与发展进行分析，首先要对体育产业政策的概念与内容有一定的了解。本节将对体育产业政策的概念和体育产业政策的内容结构进行详细的阐述。

一、体育产业政策的概念

有的学者认为体育产业政策是干预体育产业发展的一种经济政策。它是以体育产业结构政策为核心，并由其组织政策、区域政策等多种政策相配合，共同组成体育产业发展目标和发展手段的体系。

有的学者认为体育产业政策则是国家为实现一定历史时期的体育产业路线而制定的行动准则，是国家干预体育产业发展的一种经济政策。也是国家宏观领导、调控、优化和监督体育产业发展和运行的重要依据和手段。

有的学者认为体育产业政策是政府运用财政、金融、税收、价格等经济手段支持发展产业的基本措施。

还有的学者认为体育产业政策是一国政府为了体育产业的整体发展和长远利益而实施的以影响体育产业的结构、行为及其成果为直接目的的一种产业政策，主要包括体育产业结构政策、体育产业组织政策、体育产业技术政策、体育产业布局政策及体育产业投入政策和体育产业规制政策等在内的一系列政策体系的总和。

以上各种对于体育产业政策的理解虽然在表述上存在差异，但是归纳起来不难发现其中存在着共同点，即体育产业政策的概念既要符合一般性的产业政策的概念，又要体现出其特殊的政策目标、政策主体、政策依据和政策手段。根据这一基本原则，可以得出体育产业政策是政府和体育主管部门为实现国民经济和社会发展目标，根据体育产业发展的客观要求和自身特点，主动运用各种经济手段和政策工具，规划、干预、引导体育产业的形成和发展的一种经济政策。

二、体育产业政策的内容

(一)体育产业组织政策

1. 体育产业组织政策的含义

产业组织政策又被称为“公共政策”，它是指为了获得理想的市场绩效，由政府制定的干预市场结构和市场行为，调节企业间关系的公共政策。产业组织政策的实质是协调竞争与规模经济之间的矛盾，以维持正常的市场秩序，促进有效竞争态势的形成。体育产业组织政策也就是政府为优化体育产业内资源的合理配置，处理体育产业内企业间的关系，实现体育资源的有效利用，从而推进体育产业发展所采取的政策总和。

2. 体育产业组织政策的目标

体育产业组织政策的总目标是试图通过控制体育市场结构和规范体育企业的市场行为，实现体育产业组织的有效竞争，以此获得较好的市场绩效。具体目标包括以下四个方面。

(1)优化资源配置

通过体育产业组织政策有效控制体育市场竞争，促使资源由生产过剩、资源使用效率较低的经济环节向生产不足、资源使用较高的经济环节流动，由资源使用效率较低的生产者向资源使用效率较高的生产者流动。

(2)实现规模经济

通过体育产业组织政策，鼓励体育产业内部企业间的横向和纵向联合，扩大企业规模，提高规模经济水平和产业的区域、国际竞争力。

(3)促进技术进步

通过体育产业组织政策，优化体育产业组织形态和结构，增强产业组织结构的技术创新能力和企业的技术创新动力。

(4)维护市场秩序

通过体育产业组织政策，规范体育企业行为，防止企业滥用垄断势力和不正当竞争，维护市场秩序。

3. 体育产业组织政策的内容

(1)体育产业市场行为政策

第一，反垄断与“反垄断豁免”政策。反垄断政策是产业政策中典型的政府直接干预政策，通常采取立法的形式，所依据的法律主要有反托拉斯法等。许多市场经济国家，都设有专门的反垄断机关并规定具体反垄断政策的执行程度。

根据各国制定的反垄断政策的实践经验来看，反垄断政策主要包括：预防形成垄断性市场结构的政策，如保护中小企业生存和发展的政策以及对企业兼并、合并的审查制度等；禁止和限制市场中竞争企业的联合定价、规定产量、划分产业等共谋行为；规制巨型企业滥用市场支配地位的行为。在体育产业中，运用反垄断政策的行业主要有体育用品业和健身娱乐业等，但对于职业体育而言，情况却极为特殊。

以美国为例，在美国职业体育领域出现了许多“垄断”与“反垄断”问题。为了保证美国职业体育联盟的权威，加强职业的宏观管理以及保证职业体育的整体利益，美国政府给予了许多运动项目职业联盟“反垄断豁免”的特权。其中最具有代表性的就是美国职业棒球联盟长期拥有“反垄断豁免”的特权。棒球运动在美国经济中占有独特的地位，与所有其他产业不同的是，长期以来它享有一个对所有联邦反托拉斯法的绝对豁免，没有时间限制，没有政府监督，没有对其定价政策的管制。更为奇怪的是，尽管法院和立法机构一直都知道对棒球运动的豁免违反了《谢尔曼法》。然而自 1922 年美国最高法院裁定棒球不适用于反托拉斯法案以来，美国棒球运动一直拥有这项特权。

美国的职业体育中实际存在着两种形式的反垄断豁免，虽然表面上看各职业体育联盟都有权决定职业运动员的转会权，确定职业运动队的分布和数量以及享有电视转播权的反垄断豁免等，但是给予这种权力的反垄断豁免制度却是不一样的。棒球的反垄断豁免来自判例法，对棒球的各个方面都可施行反垄断豁免，是无条件的，而其他三个职业体育项目(冰球、橄榄球和篮球)中的电视转播权的反垄断豁免和劳动豁免源于相关法律的规定，是有条件、有范围的，这种反垄断豁免其实是一种有限豁免。分清这两种形式的“反垄断豁免”有利于正确认识美国体育产业领域特殊的反垄断政策，有利于我国更好地借鉴，以促进我国体育产业组织政策的制定。

第二，反不正当竞争政策。对不正当竞争行为的界定，各国有关法律在表述方式和侧重上并不完全一致.但其实质是基本一致的，即都是与诚实信用和其他公认的商业道德相悖的行为。比如，1909 年，德国《反不正当竞争法》第 1 条规定：不正当竞争是“在营业中为竞争目的采取违反善良风俗的行为。”我国对不正当竞争行为概念的界定，体现于 1993 年通过的《中华人民共和国反不正当竞争法》中，即指“经营者违反《中华人民共和国反不正当竞争法》的规定，损害其他经营者的合法权益，扰乱社会经济秩序的行为。”在体育产业领域，反不正当竞争政策也时有出现。20 世纪 70 年代，加拿大联邦政府针对当时美国职业冰球联盟逐渐控制加拿大青少年冰球选手的问题，制定了《联合调查法》，要求各种职业体育组织在该法律框架内开展活动，防止不公平的商业行为。

(2)体育产业市场结构政策

第一，兼并与合并政策。一般来说，兼并与合并有利于推动资产存量的流动，使生产要素向优势企业集中，优化组合，产生规模效益和专业化效益，从而提高产业组织化程度；有利于促进衰退产业的收缩和新兴产业的壮大，从而达到优化产业结构的目的。在体育产业领域也发生了许多强强联手、“大吃小”甚至“小吃大”的案例，究其原因都是为了优化组合，产生规模效益和专业化效益，从而提高企业在行业内的竞争能力(表 5-1)。在这些兼并重组的案例中，各国政府或多或少都表现出支持或默许的态度，或者说是放松了对兼并的控制。

表 5-1　体育用品业兼并重组案例

时间	交易方	交易事项
2003 年 7 月	耐克、匡威	耐克(Nike)公司以 3.5 亿美元收购运动鞋生产商匡威公司(Converse)，并承担匡威的所有债务
2004 年	上海红双喜冠都体育用品公司、上海轻工控股集团	上海轻工控股集团以 3.33 亿元转让上海红双喜(集团)有限公司 89.37%股权的同时，将红双喜商标无形资产产权以 3 139.69 万元的价格转让给上海红双喜冠都体育用品有限公司
2005 年 4 月	李宁公司、施华洛世奇公司	2005 年 4 月施华洛世奇公司与李宁公司宣布它们在运动品的水晶饰件设计开发的战略合作伙伴关系
2005 年 8 月	阿迪达斯、锐步	阿迪达斯以 40 亿美元代价并购世界第三大体育品牌锐步，从而由原来的“三足鼎立”改为“两强对抗”，这迅速改变的世界格局引起了业内强烈反响

第二，中小企业政策。中小企业的概念，在不同的国家有不同的解释。一般来讲，中小企业是指相对大企业而言，资产规模、人员规模和经营规模都较小的企业。中小企业具有经营方式灵活、组织成本低廉、劳动力容量大等优势，因而更能适应当前瞬息万变的市场和消费者追求个性化、潮流化的要求。世界各国都制定了相应的政策措施来促进中小企业的发展，主要包括金融协助，综合服务，税收优惠三个方面。

在我国，已经出现了中体倍力这样的大型连锁式健身俱乐部，但是健身娱乐市场的主体依旧是数以万计的小型健身娱乐场所。这些小型健身娱乐场所吸收了大量的劳动力，为解决就业问题做出了很大贡献。我国政府已经开始重视对中小型体育企业的扶持，先后出台了一些针对中小型体育企业的优惠政策，其中健身娱乐业成为扶持的重点。按照我国税法规定，文化体育业（台球、高尔夫球、保龄球除外）按3%的优惠税率征收营业税，小型体育场（馆）建设免征固定资产投资税。

（3）体育产业政府规制

政府规制，是指具有法律地位的、相对独立的政府规制者（机构），按照一定的法规对被规制者（主要是企业）所采取的一系列行政管理与监督行为。政府规制的经济学依据有多种理论和说法，市场失效是其中最重要的，也是比较有说服力的一种。政府规制通过对市场失灵的治理来维护正当的市场经济秩序，限制市场垄断势力，提高市场资源配置效率，提升社会福利。

政府规制的手段包括经济性规制和社会性规制。经济性规制通常是指政府在价格、产量、进入与退出等方面对企业决策所实施的各种强制性制约。而社会性规制主要是针对外部不经济和内部不经济问题，以保障劳动者和消费者的安全、健康、卫生、环境保护、防止灾害为目的，对产品和服务的质量和伴随着它们而产生的各种活动制定一定标准，并禁止、限制特定行为的管制。

在20世纪70年代，以美国为主的西方国家发起了一场以放松规制为主要内容的规制改革。放松规制并不意味着所有规制措施的终结，而是保留了价格规制等多种规章制度。并以激励性规制方法对传统规制方法进行改良，将更多的经济自治权赋予行业协会，以维持市场的正常运行。1978年，美国国会通过了《业余体育法》，规定“鼓励公民更广泛地参加业余体育活动，扩大国家业余体育运动的协调结构——美国奥委会的权利，保护业余运动员的权利，建立管理机构，并且按照这一机制，将领导和组织某一运动项目发展工作的权利赋予那些最有代表性的体育组织、单项协会”。

(二)体育产业结构政策

1.体育产业结构政策的含义

体育产业结构就是指体育产业各部门之间的关联与关联方式,不同经济发展水平和体育产业发展阶段应该有其相对应的体育产业结构。随着人均收入水平的提高和人们闲暇时间的增多,人们对体育产品的需求会日益增多,体育产业会迅速发展,体育产业结构也会不断调整。体育产业结构政策是指政府制定的有关干预体育产业内资源配置过程以促进体育产业结构向高度化和合理化方向发展的政策。

2.体育产业结构政策的内容

体育产业结构政策通常包括体育主导行业选择政策、体育战略行业扶植政策和体育幼稚行业保护政策等内容。

(1)体育主导行业选择政策

体育主导行业的选择可以依据主导产业选择标准,综合考虑国家体育产业发展的具体情况。选择产业关联度高、能在体育产业内起到承接作用、能带动整个体育产业增长的行业作为体育主导行业。在体育产业中,竞赛表演业和健身娱乐业往往被作为体育主导行业来发展。

竞赛表演业的需求关联程度和投入关联程度都很大,它既需要体育产业中其他行业的产品作为本行业的投入品,进而带动其他行业的发展,同时也能够为体育产业中相关行业的发展提供产品。比如,竞赛表演业的生产活动需要体育用品业提供体育服装、鞋帽和各种新技术、新器材,需要体育培训业提供竞赛表演人才,需要体育中介业的运作安排,等等。而竞赛表演业的产品必然成为体育培训业、体育信息传播业等行业的投入品。可以说,竞赛表演业是体育产业的龙头,它在体育产业内能起到承接作用,能带动整个体育产业增长。

健身娱乐业是体育产业的基础性行业,它的发展有利于拓展体育消费领域、提高体育消费水平、满足群众健身需求。同时全民健身热潮的出现,也带动了体育用品业乃至所有与健康相关产业的发展。健身娱乐业是美国体育产业中最重要的组成部分,1996 年,美国运动健身场所大约有 48 000 个,商业性俱乐部 13 300 个,每年参加体育健身活动超过 100 天的人数达到 4 390 万,他们逐渐成为各项体育消费的主力军。

(2)体育战略行业扶植政策

体育战略行业是指能够在未来成为体育主导行业或支柱行业的新兴行

业。要成为战略行业必须具备三个条件:一是能够迅速有效地吸收创新成果,并获得与新技术、新市场相适应的运行方式;二是具有巨大的市场潜力,有望获得持续的高速增长;三是同体育产业内其他行业的关联系数较大,能够带动整个体育产业的发展。体育战略行业的扶植政策是着眼于未来的产业发展优势,直接服务于产业结构的高度化。

体育培训业是由体育竞赛表演业和体育健身娱乐业催生而出的产业,它同体育产业内其他行业的关联系数比较大。现阶段我国体育培训业还仅仅以各种体育运动学校、运动项目训练基地的形式存在,还没有形成完善的市场体系。随着我国竞技体育和群众体育的发展,居民参与体育健身和业余体育训练的意识必然不断提高,体育培训业具有巨大的市场潜力,有望获得持续的高速增长并在未来成为体育主导行业,因此它应该被作为体育战略行业来给予扶植。

(3)体育幼稚行业保护政策

体育幼稚行业是指相对于发达国家或地区已发展成熟的相同行业,在本国本地区仍处于“幼小稚嫩”阶段,并尚未形成竞争所必需的市场关系的行业,但从长期来看这个行业符合收入弹性大、技术进步快、劳动生产率提高快的特点,只是在目前没有比较优势,需要通过政府的扶植尽快使比较劣势转为比较优势。对体育幼稚行业的扶植反映了体育产业政策的先行性特征。

体育中介业是竞赛表演业和其他体育产业部门发展的润滑剂和纽带。我国产业结构的调整和居民消费水平的提高,极大地刺激了健身娱乐市场和竞赛表演市场、体育人才市场以及其他相关市场强劲的发展,越来越多的体育企业组织正寻求与专业化的中介机构建立合作关系,委托中介机构承担越来越多的经营代理业务。加入 WTO 之后,我国体育市场将更加活跃。与此同时,国外体育中介组织将会在更多的领域内进入我国体育中介市场,并以资本、信息和管理上的优势加大对我国体育中介市场的垄断经营之势。与国外中介组织相比,我国体育中介组织的发展历史不长,不仅数量少而且整体实力不强,在短时间内难以与国外体育中介组织全面竞争。因此,我们应该将体育中介业作为体育幼稚行业加以保护。

(三)体育产业技术政策

产业技术政策是指政府所制定的用以引导和干预产业技术进步的政策。从纯粹生产的角度来说,技术进步的经济意义直接表现为对资本和劳动的节约,而且促成产业结构的变动。产业技术政策的中心内容,是影响和促进产业的技术进步,因此,产业技术政策也往往被看作是整个国家的技术政策。从政府干预产业技术进步的角度来看，产业技术政策主要包括产业技术进步的指导性政策、产业技术进步的组织政策和产业技术进步的激励性政策等。

1.体育产业技术政策的含义

技术乃是一个由有内在联系的诸要素构成的系统，而且是一个动态系统，是作为过程的技术。体育产业技术政策是指政府为促进体育产业技术而实施指导、选择、促进与控制的政策总和。

2.体育产业技术政策的目标

通过体育产业技术政策引导体育技术标准的制定和施行，推动体育技术水平的持续发展；保障体育技术产品和服务所有者的正当权利，培育体育技术产品生产的运行机制，以技术进步作为引领体育产业持续发展的动力。

3.体育产业技术政策的内容

(1)确定体育产业技术的发展目标和具体计划。包括制定各种具体的体育产业技术标准、体育产业技术发展规划、体育产业的基础理论研究和体育产业的应用研究。

(2)技术进步促进政策。包括体育产业技术引进政策、体育产业技术推广和扩散政策、体育技术开发扶植政策、体育产业技术的教育培训政策及体育产业技术的组织协调政策。

(四)体育产业布局政策

1.体育产业布局政策的含义

产业布局就是将区域优势转化为经济优势或将现存经济优势进一步优化的过程。优势效应即区域优势牵引生产要素的空间流动及配置，是产业布局的基本运行规律。一般来说，区域开发并非在所有地区同时进行，而总是先从某几个开发条件较好的结点开始。随着产业开发的进程，点与点之间的产业联系逐渐构成轴线，轴线经纬交织而成为网络。由此可见，产业布局应该是一个经纬交织、动静结合的复杂系统。从空间层次上分析，它可以分为以下三个部分。

(1)宏观布局

这是产业布局的战略环节，其主要任务是：确定各经济地带或大经济区和区际分工格局及长远发展规划；确定各产业部门在全国的总体布局与轮廓方向。

(2)中观布局

这是产业布局的中间环节，其主要任务是：制定区域性的经济发展战略；确定地区的产业结构及其升级的规划；确定各产业基地与城镇的布局等。

(3)微观布局

这是产业布局的基层环节，其主要任务是：确定产业基地和城镇内部基础设施等的配置；确定土地资源利用方向；具体落实大型企业的选址。

体育产业布局政策是指政府或体育行政部门根据体育产业的经济技术特性、各地区的综合条件，对体育产业的空间分布进行科学引导和合理调整的相关措施。从本质上讲，体育产业布局的过程也就是建立合理的地区间体育产业分工关系的过程。

2.体育产业布局政策的目标

(1)形成区域比较优势，促进体育产业快速发展

体育产业布局就是将区域禀赋优势转化为产业优势或将现存产业优势进一步优化的过程。体育产业布局主要体现在产业的集聚效益，为了取得这种集聚效益，促进体育产业的增长，需要政府制定规划和干预体育产业空间分布的政策。体育产业布局政策与区域发展重点的选择存在密切的关系。区域体育产业发展重点的选择主要通过国家产业布局战略，规划战略期内重点支持的区域，以国家直接投资或间接指导的方式，支持当地相关产业的发展；或通过某些差别性的区域经济政策，使重点发展区域的投资环境显示出一定的比较优势，从而引导更多的资源或生产要素投入到该区域。

(2)优化体育产业布局，带动整体发展

通过产业布局政策强调的产业布局非均衡性，优先发展某些地区，促进这些地区体育产业的超常规增长，然后带动其他地区以及整个国家体育产业的增长。体育产业布局政策同样要与经济发展程度相关联，在我国体育产业处于不发达的阶段，优先发展某些地区的特色和优势体育产业，通过这些地区体育产业的发展带动其他地区体育产业的整体发展，通过优势体育产业部门的快速发展带动一般体育产业部门的发展。

3.体育产业布局政策的内容

体育产业布局政策主要是规划性的，同时也包括一定意义上的政府直接干预。在地区产业发展重点的选择上，体育产业布局的内容主要包括以下三个方面。

(1)制定国家体育产业布局战略。规定战略期内国家重点支持发展体育产业的地区,同时设计重点发展地区的体育发展模式和基本思路。

(2)以国家间接资助方式支持重点发展地区的体育公共设施,乃至直接投资介入当地体育产业的发展。

(3)差别性的地区体育产业政策。使重点发展地区的投资环境显示出一定的优越性,进而引导更多的资金和人才投入该地区体育产业的发展。

(五)体育产业发展政策

1.体育产业投融资政策

体育产业的发展需要投入大量的资金,因此必须有完善的投融资体系。纵观世界各国的投融资体制,大致可包括三种:政府拨款型、社会筹资型和结合型,而且越来越多的国家已经意识到采用单纯的政府拨款型或社会筹资型均无法满足体育发展的要求,而只有将这两种模式有机地结合起来的结合型,才能既有利于国家对体育发展的有效协调和引导,同时又能充分发挥社会资源参与体育发展的积极性,既有利于减轻政府负担又可以提高兴办体育的效率和效益。

从投资角度看,国家可以通过制定鼓励各种社会资金投入体育产业的政策,通过深化改革取消运动项目管理中心和协会对非体育系统、非公有经济成分投入项目产业的限制,降低民间资金准入的壁垒;构建不同投资主体(政府投资、社会投资、个人投资和境外投资)的投资原则和政策,如对政府投资而言,可遵循"凡是个人愿投的,集体不要去投;凡是集体愿投的,国家不要去投"的原则,确保体育产业投资结构的合理化;在有效的宏观调控下,建立各层次投资主体自我发展、自我完善、自我约束的机制,保证各方面、各层次的投资合理搭配,协调增长;对新兴和创新性的体育产业项目实行低息或贴息贷款;综合运用经济、法律、行政等手段管理投资,提高投资管理的有效性;加强经营性体育产业投资者的经济责任和社会责任等。

从融资角度看,体育彩票和体育基金是当前国际上各个国家常见的融资方式。然而,由于起步较晚且经验较少,我国体育彩票还存在很多问题,最典型的莫过于在建立规范体育彩票的法律法规等方面的滞后,至今仍未建立专门的彩票法。现行的法规(文件、通知、地方法规)过于粗糙,缺乏具体的实施细则,这与当前我国体育彩票市场的蓬勃发展形成鲜明的对比。因此,有必要借鉴西方国家体育彩票的管理办法,尽快制定和完善发行体育彩票的法令和法规,通过立法明确体育彩票的合法地位,以促进体育彩票的良性发展,从而增强体育融资的力度。

同体育彩票一样，体育基金也是世界各国常用的体育融资方式之一。我国的体育基金会是伴随着体育产业发展起来的带有行业色彩的准金融机构。针对我国体育基金会的发展现状，参照国外体育基金会的发展轨迹，欲使我国体育基金会成为我国体育资金的主要融资手段，这便需要国家在下列几方面给予政策支持。

(1)建立健全体育基金会组织，在基金会成立之初，需要国家给予一定的资金支持。

(2)国家给予减免税的优惠政策。对国外捐赠的资金、器材装备免征关税，对国内组织和个人的捐赠免征所得税。

(3)在适当时候，建立体育发展基金会征收制度。对公共体育场地举行的职业联赛、各种商业性比赛和健身娱乐活动所售门票，在原有票价上加收10%体育发展基金。

(4)发行体育彩票的收入按一定比例交纳体育发展基金。

(5)国家允许中华全国体育基金会与有关部门合作，发行特种体育邮票和纪念币。

2.体育产业全球化政策

21世纪是一个开放的世界。经济发展中各国相互依存、相互渗透，全球化已成为不可逆转的历史潮流。经济全球化的核心是产业全球化。产业全球化是指产业在全球范围内的扩张和延伸，以及产业结构在全球范围内的演进和拓展。产业全球化是一个内涵极丰、外延极广的经济现象，包括产业组织、产业技术、产业分工、产业联系和产业结构等，而国际贸易和国际投资则是产业全球化中最基本的两个内容。体育产业全球化政策是指国家为在产业全球化的潮流中抢占先机，所出台的一系列政策和规定。对未来中国体育产业全球化的政策取向主要包括国际贸易和国际投资两个方面。

(1)在国际贸易方面

扩大出口，提高体育产业的出口产品。体育产业出口企业的竞争力是我国体育产业积极参与国际贸易的主要任务。特别是加入WTO后，如何让我国体育产业的企业“走出去”是我国贸易政策的重点。从进一步完善出口的鼓励政策方面，可以从以下几方面进行。

第一，以国际惯例为指导，以出口货物零税率为原则，实行统一的出口退税和免税制度。在我国目前的体育产品出口实行的是出口不完全退税，这实际上是限制了体育产品出口企业在国际市场上的公平竞争。因此，我国对体育产品的出口应统一退还各种间接税，包括增值税、消费税和关税等，实行征多少退多少，征退结合。这有利于促使我国的体育产品生产企业全力拓展海外市场，扩展我国体育产品的知名品牌，提高我国体育产业的经济效益。虽然国产体育产品的出口额一直较高，但是大多数属于劳动密集型产品，它们的技术含量和品牌都较低。随着零关税的实施，国内体育产品在价格上将不再具有优势，而产品质量和品牌也更不具有竞争力。因此，在国内市场上将受到较大冲击。一部分粗放型经营的体育产业企业将被淘汰出局，即使是大型企业，如果不及时进行资产重组，更新技术，提高产品质量的话，也将受到冲击和挑战。

第二，结合体育产业的发展，用好允许的补贴政策，扶持国内体育产业这一“幼稚产业”的发展。由于国内体育产业的企业规模、产品质量及技术水平与国外同行相比差距较大。因此，要在世界贸易组织规则下，对国内体育产业的企业实行可操作性的可申诉补贴。特别是要利用世界贸易组织对发展中国家幼稚产业的保护政策，以世界贸易组织的有关协议为准则，调整体育产业贸易保护措施的组合。

第三，转变政府职能，加强政府的系统管理和协调职能。在我国体育产业发展的有关管理体制改革中，要转变政府职能，要由微观管理变为宏观管理；由直接管理变为间接管理，采用法律、经济和必需的行政手段进行管理。各项体育产业政策的有效性取决于管理的同步和协调。首先，制定的各项体育产业政策之间要统一规范，并要与国内有关各方面的相关产业政策相统一；其次，体育产业政策所涉及的各主体之间要协调。体育产业政策在实施过程中仍存在中央与地方及各管理部门之间的条块管理，政府职能部门应协调关系，增强相互之间的联系和配合。最后，管理手段要现代化和信息化，这是政策可操作性的有力保障。

(2)在国际投资方面

第一，“迎进来”——以大型中国公司为投资重点。这几年，国际大财团、大企业投资体育成热门。根据经济学原理，资本流动趋向是由行业的资本报酬率决定的，一个行业的资本报酬率高于社会资本的平均利润率，资本必然流向该行业。由于体育产业是朝阳产业，加上体育产业经营内容的特殊性，其在市场方面可开拓的空间没有止境，在经济发达国家，体育产业的资本报酬率明显高于社会资本平均报酬率。因此，流入体育产业的资本比一般产业高也就不足为奇了。在现实中，我国的体育市场潜力已被国外中介集团或跨国公司看好并进入，我们必须针对大型中国公司对外投资，尤其是对中国投资的特点，采取切实有效的措施，尽快提升对它们的吸引力。

第二，“走出去”——以国际资本市场为投资主渠道。目前，就全球范围而言，通过资本市场开展的证券和国际信贷投资，已经超过了国际直接投资的规模，成为国际投资商对外投资的基本方式。虽然国内体育资本市场还不成熟，但国内体育企业要努力适应这一国际经济发展的潮流。另外，将国内优势运动项目的竞技人才通过正常渠道合理、合法地转会或输出到国际体育市场，也是体育产业人力资源国际投资的一种形式。这也有利于我国体育产业走出国门，拓展海外体育市场，为实现体育产业跨国经营提供机会，借助国外的体育市场，创造支柱产品，培育我国体育产业的龙头，使我国的跨国体育产业得到较快的发展。

第二节　体育产业政策的实施手段

国家通常会采用经济的、法律的和行政的手段，保证体育产业政策的有效实施。一般地说，这些体育产业政策主要通过对产业部门的直接干预和间接干预而产生影响，但也受到其他一些因素的制约。

一、直接干预手段

体育产业政策的直接干预手段主要是指政府依照有关体育产业发展的法律或具有法律效力的各种规章制度，运用行政管制手段对产业活动进行干预。

(一)控制市场

1. 控制市场结构

控制体育产业的市场结构变动，保障其合理性。具体可以从以下两方面入手。

(1)依法分割处于垄断地位的巨型企业，降低市场集中度，降低市场进入壁垒。

(2)建立企业合并审批制度，对中小企业实施必要的扶持政策。

2. 控制市场行为

控制市场行为就是控制企业的市场行为，遏制垄断势力的扩大，保障公平竞争。具体可以从以下两方面入手。

(1)禁止和限制竞争者的共谋和不正当的价值歧视。

(2)对企业的价格和质量实行全面监督，增加市场信息的透明度。

(二)数量管制

实施各种各样的配额制度，比如外汇配额、信贷配额和进口配额等对企业的数量进行管制。

二、间接干预手段

间接干预手段是指政府通过财政、金融等经济杠杆对企业活动的引导作用，对有关经济环节乃至整个经济活动进行干预。

(一)财政手段

第一，税收手段。包括分产业、部门或产品的差别税率和一定时期内税收特别调整(如减免税和增值税)，以及保护性关税等。

第二，政府投资。政府直接兴办国有企业，或者政府与非国有资本兴建企业或工程。

第三，建立特别财务制度，如分产业的不同折旧制度等。

第四，政府财政补贴。

(二)金融手段

金融是指货币的发行、流通和回笼，贷款的发放和收回，存款的存入和提取，汇总的往来等经济活动。简而言之，金融就是价值的流通。金融产品的种类有很多，其中主要包括银行、证券、基金、保险和信托等。金融手段是指中央银行通过金融系统和金融市场调节国民经济中的货币供应量，影响投资等经济活动，进而实现一定的政策目标的手段。金融的调节工具有：存款准备金率、中央银行再贴现率和公开市场业务。与财政手段相比，金融手段对短期政策目标的实现具有较强作用。成立于 1955 年的中国金融体育协会现有会员 200 余万人，是由国家体育总局所领导的全国金融行业的群众性体育组织。在其几十年的发展进程中，中国金融体育协会充分发挥团体会员在金融领域的优势地位，采用多种金融手段，紧密围绕金融业务，认真履行基本职责，在推动体育健身休闲活动、体育竞赛表演活动方面做出了突出成就。

(三)信息诱导手段

政府的经济发展战略和中短期的有关经济发展计划或构想，政府的重大经济活动，如国际间的经贸关系、各种产品或技术的展示活动，以及政府意图的日常传递，对引导企业生产经营决策和行为产生积极的影响。

三、影响产业政策实施的因素

在多种多样的产业政策手段中，间接干预是最常用的手段，直接干预仅作为间接干预的补充手段。实际上，无论是间接干预还是直接干预，在实施过程中又会受到一些因素的干扰。

（一）经济制度

国家的经济制度是一切政府经济政策及其制定的制度基础。产业政策作为政府有关促进并协调本国产业发展的经济政策，在不同时期和经济条件下就有不同的内容。这主要在于不同的经济制度赋予政府不同的干预产业的权力，即规定了政府可以做什么，不可以做什么。

（二）经济发展程度

各国经济发展程度或水平对产业政策的影响，主要在于不同发展程度的国家，或者说在先行的发达国家和发展中的后起国家之间，对于产业政策功效的不同期望，从而由政府赋予产业政策以不同的内容。

（三）经济价值观

各国在经济价值观上的差异，导致不同的发展战略，如日本信奉国家干预市场运行和经济发展的观念，因此，在产业政策的设计和执行上，多强调国家对产业发展的主动、广泛而有效地干预。同样是市场经济国家的美国，由于深厚的自由主义传统，在一般情况下，不主张政府产业政策对行业的干预。

第三节 体育产业政策体系的创新与发展

一个有效的体育产业政策体系应该具有一致性、连贯性和有效性等特点，国家层面要足够重视体育产业政策体系的制定与实施。我国的体育产业发展较晚，体育产业政策的出台相对较晚，体育产业政策体系的形成也较其他国家晚，因此，我国体育产业政策体系的创新与发展是十分必要的。我们必须充分认识到体育产业为国家带来的巨大经济效益，同时看到体育产业的社会效益。但是，我们也必须做好准备，随时准备解决体育产业在发展过程中可能出现的问题，进而不断完善我国体育产业政策体系。

一、优化我国体育产业政策

(一)明确体育产业政策体系的政策目标

政策目标必须明确，在制定目标时，必须规定好完成时限、要达到的程度及预期效果，只有这样，才能更好地做到有的放矢。体育产业应加快转变发展方式，坚持包容性的可持续发展之路是包括中国在内的广大新兴经济体的必然选择，要从过去的速度型向质量效益型转变，在注重经济效益的同时必须兼顾社会效益。以往的政策中虽然都含有政策目标，但是可以看出，政策目标多数不够明确，甚至有的只是一个区间，如果能够量化政策目标，将会有更好的效果。

(二)多方筹集资金，并推行税收优惠政策

国家可以通过积极引导，鼓励民间团体和社会力量办体育，使体育经费的来源结构日趋多元化，并通过税收政策调控体育经济的有序发展。目前，许多发达国家都加大了对于体育产业的税费优惠政策，以促进体育产业的发展，从而进一步促进本国经济的发展。对于符合政策的企业，我国也应进一步推行这种税费优惠政策。同时，对于有实际困难、又对社会发展极为有利的企业，国家应予以减免税收的政策，通过帮扶政策积极予以支持，以促进体育产业相关企业的发展。

(三)体育产业政策体系的政策主、客体须明确

政策主体应坚持"一元化"原则，避免"政出多门"现象，通过调研和考察，增强体育产业政策体系制定的科学性与合理性。目前，我国体育产业政策体系的政策主体应坚持"一元化"原则，应推行政府机构改革，合并人员职能，进一步明确政策主体。我国体育产业政策"政出多门"现象严重，建议政策主体应为国家体育总局政策法规司。我国体育产业政策体系的客体应为体育产业中的市场主体(企业经营者、团体及个人)以及市场环境(竞争秩序、基础设施等)。

我国应改变制定体育产业政策中以官员为主导的方式，这种方式缺少实证依据。在制定体育产业政策时，为了保证政策的科学性及合理性，应通过体育相关部门和社会团体共同调研、考察并进行实证研究。这个环节非常重要。

二、提高政策主体对体育产业政策体系的重视

国家相关部门应提高对我国体育产业政策的重视程度，并在遵循市场机制的基础上，运用宏观调控加以干预。

(一)国家相关部门应对体育产业加强重视

政府应进一步重视体育产业对拉动 GDP 增长的重要作用。我国体育产业政策的制定和实施是十分必要的，体育产业对于 GDP 的增长的作用较大。如果国家缺乏对体育产业的重视，必然不会更多的研讨体育产业相关事宜，当然也不会致力于完善体育产业政策体系，但是，如果一个国家自上而下地重视体育产业的发展，将会极大地促进该国体育产业的发展。

(二)国家应加强宏观调控，合理规划

通过宏观调控，合理规划，优化体育产业政策。在我国现有情况下，国家应注重体育产业布局的平衡性，应优先发展一部分地区的体育产业，以此带动其他地区的发展，与此同时，国家应重视体育产业发展较好的区域，也应支持和鼓励体育产业不发达的区域。通过财政拨款和政策倾斜，适当鼓励不发达地区的体育产业发展。

(三)国家应加大对于体育产业的投融资支持力度

政府应拓宽渠道，加大公共财政投入力度，同时，鼓励和吸引社会资金参与各类体育运动，加大对于体育产业的投融资支持力度，对于重点的龙头企业应给予更大地支持，使其做大做强。同时，一些能够带动区域发展的项目，国家也应予以扶持，尤其是一些有利于全体国民身体素质提高的项目国家应予以大力支持。

三、深化体育产业管理体制、运行机制的改革

(一)深化体制改革、创新发展机制

1. 政府应增强体制的多样性、灵活性

政府应鼓励多元化的体育产业投资政策，降低体育产业的金融信贷政策门槛，同时，需调整运行机制，健全管理体制，增强体制的多样性、灵活性。

国家应重视科教兴体，深化体育科技管理体制改革，完善科技服务保障体系。科技是第一生产力，创新是企业生存和发展的灵魂，我们应通过科教创新，服务体育产业的发展。

2. 创新体育产业发展机制

目前，我国缺少的就是自主研发的产品，因此我们应积极探索和研发本土产品，如大力发展体育用品业，真正实现中国制造到中国创造的转变。近些年来，我国的体育用品业明显遭到了国外品牌的激烈拼杀，当然也受到本国宏观调控政策的影响。我国是耐克和阿迪达斯较大的生产基地，但这些并不是我国的自主研发品牌。我们的本土体育用品企业如李宁、安踏的市场竞争力不如很多国外的企业，这与产品质量、市场营销和产品技术等都有直接关系。我们可以发展或研发国产品牌，并找准定位，如可以首先在大城市进行推广，找准时尚群体进行定位，生产企业选择在劳动力费用较低的城市以降低生产成本，放眼于未来，将企业做强做大，实现跨越式发展。

(二)加强和改进体育产业制度建设

制度的建立和完善才能真正保障相关行业的快速发展，因此，发展体育产业一定要有制度保障。

1. 国家应健全立法、严格执法，加强体育产业的立法进程

国家应通过实地调研，广纳意见和建议，建立健全相关法规。同时，注重“以人为本”，完善体育服务标准，提高体育服务水平，推进体育政务公开。在我国现阶段，我们需要以国家有关体育体制改革的基本方针，结合《中华人民共和国体育法》，制定符合我国社会发展的体育产业相关法律制度，使我国体育产业政策的运行更具科学性。如可以出台《中华人民共和国体育产业法》，把体育产业发展中的相关问题以规范的形式公布，加强行业自律。

2. 国家应通过科学论证，制定规章和规范性文件，以制度保障体育产业的发展

国家可以通过科学论证，完善政策体系，并运用法律来规范体育产业的发展。在落实我国体育产业政策时，选择法律武器，严格遵守立法权限和程序，保障体育产业政策的实施。在落实体育产业政策的过程中，一旦出现问题，可以有据可查，力求体育产业政策体系的科学性和合理性。但是，如果缺乏了制度保障，没有奖惩机制，有的落实机构就会钻空子，当出现问题时，国家没有任何的规范可以对其进行有效制约。因此，对于出现问题时如何

处理，必须要有制度保障。

（三）推动体育产业政策体系的结构调整

1.国家应继续推动我国体育产业政策体系的结构调整和经济转型

目前，我国经济处于合理运行的区间，产业结构调整则将会一如既往地向大力度推进。我国体育产业政策体系调整和升级的重点是通过市场化路径大力发展体育产业，我国政府需进一步优化体育产业结构。体育产业结构对于体育产业政策发展至关重要，结构的合理性与否，将会直接影响政策体系的完善，因此，我们应首先重视体育产业政策结构的调整，找到适合我国国情，能够更好地促进我国体育产业发展的有效结构，增强体育产业政策的可操作性。

2.建立和完善体育市场机构，降低门槛，拓宽渠道，培育体育市场主体

应建立和完善我国体育市场机构，国家应指派专门部门严抓体育产业竞争的环境，确保体育产业竞争的公平性。有了公平的市场环境，才能给体育产业的发展带来更大的保障。社会主义核心价值观中明确提到“公正”，这也是对我国体育产业的要求，我们必须建构一个公正的环境，用以有效促进体育产业的发展。一个有失公正的环境，必然导致企业对于该行业的投资越来越少，甚至撤出，如果形成这样的局面，最后，体育产业将很难继续发展。同时，国家在培育体育企业方面，应降低门槛，倡导“宽口进”，即引导体育产业投资者投资到体育产业中，并利用相关政策进行扶持，使企业能够看到赢利点，如果企业在发展过程中，遇到现实问题，国家应积极给予支持，并且对于部分亏损，给予一定补偿，这样，体育企业就会更有信心做好体育产业，没有后顾之忧。

3.在我国体育产业政策体系的政策内容中，我国应优先发展体育竞赛表演业

我国应积极引导和规范各类体育竞赛的经营活动，结合国外先进经验及我国体育产业发展的实际，优先发展体育竞赛表演业，并使其朝着产业化、社会化方向发展。我国应规范发展体育竞赛用品业。国家应加快实施体育产品品牌战略，进而完善我国体育用品业政策，应继续加大对体育用品制造业的扶持力度，进一步指导体育企业品牌建设，推动体育企业开展自主品牌，努力打造我国体育用品的世界品牌。目前，体育用品市场仍然存在着

不规范，管理不到位，国内体育市场缺少龙头企业的情况，等等，因此必须通过国家政策的引导，提高人们对于体育用品业的认识，增加企业对于体育用品的开发力度，鼓励及提升品牌的开发和宣传力度，尽可能在占领国内体育市场的同时在国际体育市场具有较强的竞争力，从而带来投资回报，促进经济的发展。我国应稳步发展体育彩票业。我国体育彩票业应进一步规范，贯彻《彩票管理条例》，立足于本国实际，建立具有中国特色的体育彩票发行制度，提高体育彩票发行效益，确保体育彩票安全、健康和持续发展。

4. 政策内容中，国家应大力加强政策引导，鼓励多方筹集资金，发展体育产业

在引导和鼓励体育产业发展方面，国家应通过政策的倾斜，带动体育产业的发展。如由国家牵头，仿照国企的成功案例，与几个企业联办，共同协作，促进企业的快速发展，从而带动整个行业的发展。因而，国家的政策引导作用不可或缺。我们应改变重视竞技体育，而忽视群众体育的重要作用的现状，促使两者协调发展。如在政策内容中对于公共体育设施的投入和管理不足方面，国家应加强引导，鼓励多方筹集资金，如使公共体育场馆社会化，除了满足人们正常的需求外，可以允许企业自行管理，自负盈亏。

有了盈利，企业也有了动力，即便在企业盈利不多的情况下，国家也可以用财政进行补贴，促使企业能够更好地为人们服务，不至于因亏损而终止体育场馆的运营，而转向投资其他行业。

四、加强对体育产业政策过程的监管

邓小平说过，世界上的事都是干出来的，不干，半点马克思主义都没有。自 1978 年党的十一届三中全会胜利召开至今，三十多年来，中国发生了翻天覆地的巨变，靠的就是真抓实干，就是在干中发现问题、解决问题及推动发展。因此，对于我国的各项事业的发展，都必须要做到真抓实干，体育产业政策体系的落实过程也是如此。

习近平曾指出，要加强对权力运行的制约和监督，“把权力关进制度的笼子里”。国家的制度保障对于反腐工作很重要，同样，制度对于国家各项事业的保障都具有重要意义，我们应该用制度去规范体育产业的发展，认真落实及保障体育产业政策体系的政策过程，同时，增加反馈、评估及修正环节。因此，政府应完善权利运行和监督机制，笼子怎么建设是关键，不能用关老虎的笼子关苍蝇，也不能用关苍蝇的笼子关老虎，否则将很难实现预期目标。同时，国家应建立监督体系，成立专门机构，对政策过程进行监督、管

理，当执行过程出现偏差时，及时给予纠正和指导，从而保障政策落实。

（一）加强监管和执行

任何一项法律，都需通过有效的监管和执行才能够真正落实，而体育产业市场的信用档案如果可以影响到体育市场客体的经济效益和发展，那么必然会引起大家的足够重视。国家可以仿照国外先进经验，做好信用记录，建立诚信机制，对于有不良信用的企业计入信用档案。

各地应采取切实有效的措施，进行严格监管，保障我国体育产业政策体系的落实。我们必须树立社会主义法治理念，依法治体，提高运用法律手段解决体育实际问题的能力。体育行政部门需转变职能，加强对规划实施的监督和管理。当遇到体育领域相关矛盾及纠纷时，必须改进和创新执法方式，规范纠纷处理程序，依法执行，严格落实行政执法的责任制，并建立多元化的体育纠纷处理与权利救济体系。应建立我国体育产业法人信用档案，对于阻碍体育产业发展的企业加以“立案”，以保障我国体育产业政策的落实。

（二）加大宣传力度

我们应加大体育产业宣传的力度，使人们都了解体育，热爱体育，充分认识到体育和体育产业在我们生活中的重要作用，通过加强体育产业宣传，提升体育社会形象。同时，注重宣传体育产业及其重要的法规、政策和条例。当今时代，已经不再是“酒香不怕巷子深”的时代，我们不能坐等机会，而是应该努力创造机会，扩大自身的宣传，增强国家体育行业的合作。

应通过扩大与国外的体育交流与合作，促进国家的外交，使体育成为国外了解我国的一个窗口，实现宣传我国经济发展的作用，并进一步加强与其他国家的交流，以实现体育产业的共赢。如通过积极参加和举办国内外重大赛事和重大会议，来增强我国的国际影响力和话语权，形成全方位、多领域的体育对外交往的新格局。

（三）创新体育体制

马克思在《关于费尔巴哈的提纲》中阐述了历史发展的动力是社会实践。可见与时俱进与不断实践的重要性。实践是检验真理的唯一标准。我国体育产业政策体系需要用实践去验证，在实践中对体育产业政策过程进行监管，只有实践才能检验政策是否有效、是否适合我国体育产业的发展。

我国体育主管部门也必须重视实践，不能用过去的老政策来指导体育产业的新发展，也不能用不合理的新政策指导现行的体育产业发展，不合理的政策只能错误指导发展方向。我们一定要坚持与时俱进的原则，结合我国的具体实践，制定符合现代社会发展的体育产业政策，并形成相应体系，只有这样，我国体育产业的发展才能更具生机和活力。

五、积极培育体育产业相关人才

(一)加快体育产业人才的培养和引进

体育产业的发展离不开人才的推动作用，科技是由人来创造和完善的，培养体育产业发展需要各类人才。只有不断地培养和加强人才队伍建设，才能更好地为体育产业发展提供科技支持。因此，我国必须大力培育高素质体育人才，在调研和考察的基础上，结合国外先进经验，加速我国体育产业政策体系的完善，加快体育产业的振兴。

人才是推动社会进步的发展动力。任何一个时期，人才的作用都是巨大的。如被誉为“中国航天之父”“中国导弹之父”“中国自动化控制之父”和“火箭之王”的我国著名科学家、空气动力学家、中国载人航天奠基人、中国科学院及中国工程院院士、两弹一星功勋奖章获得者钱学森，就是凭着自己的能力为国家做出了巨大的贡献。在1949年，当中华人民共和国宣告诞生的消息传到美国后，钱学森毅然决定赶回祖国，为自己的国家效力，由于钱学森回国效力，中国导弹和原子弹的发射向前推进了至少20年。这就是人才的力量，目前，我国急需这样的顶尖级优秀人才。

高校是培养我国各类人才的基础阵地，政府应该重视各体育院校对于体育人才的培养，并提供资金的扶持与帮助，培育更多更优秀的体育人才。如在本科教育中，培养更有针对性的体育教育和社会体育专业的学生，在研究生教育中，适当放宽对于人才的选拔难度，扩大体育专业人才人数。同时，在高校课程中，增加体育产业方面的课程。在校期间，选派优秀学生参与到国际国内的研讨、论坛中，了解国内体育产业领域的前沿，以更好地将所学与社会现实接轨，使学习与研究更加具有针对性。

国家应进一步培育市场，并致力于完善政策、创新机制和优化环境，鼓励多方投入，开展各类体育教育培训，大力培养既懂经济又懂体育的复合型体育经营管理人才。国家应该派这批人才到国外调研，深入研究国外体育产业政策体系，结合我国的基本国情，制定有效促进我国体育产业发展的政策，进而完善我国体育产业政策体系，以促进我国体育产业的快速发展。我国体育产业近年来得到快速发展，若加之国家政策的大力扶持，必然有跨越式发展。

(二)加强对体育产业重点领域的研究

国家应看到体育科研方面的扶持力度产业对于国民经济的贡献率，通过更多倾斜政策大力建设以企业投入为主体、财政投入为保障、社会投入为支撑的适应企业需求的多层次、多渠道、全方位的研发经费投入新体系。更科学有效地促进体育产业更快、更好地发展，才能进一步推动GDP的稳步增长。

国家应成立专门的体育产业研究机构，并鼓励体育相关企业成立专门的研发机构，提升自主研发能力。有关数据表明，目前我国的大部分企业都没有独立的研发机构，在体育相关企业中则更少，但是，在西方发达国家，有百分之六十以上的企业成立了研发机构，这就使得企业的发展更具科学性和前瞻性。如我国现有的优秀运动员，除了配备优秀的教练员和医疗团队外，还大多配备了专门的科研团队，这里的科研团队会对国内外同类优秀运动员进行系统分析，同时运用电脑技术对国内外运动员的技术动作做十分精确的技术动作分析，从而总结经验，查找差距，改进技术动作和方法，这样就能通过调整训练方法，达到更有效地提高运动成绩的目的。我国的体育产业亦是如此，目前，体育产业尚未引起国家有关部门的足够重视，国家必须加大对体育产业的重视程度，成立专门的体育产业研究机构，配备专业的研发人员，加大对于体育产业研究的资金支持，集中精英力量对体育产业重点领域进行深入研究，将研究成果应用于我国体育产业的发展之中，与此同时，也要重视体育产业的基础性研究，在实践中逐步探索，以科技力量带动体育产业又好又快发展。

六、引导居民体育消费的政策

我国国民经济多年持续高速增长，社会物质财富日益丰富，人们的生活水平显著提高。随着人民温饱问题的解决，居民的消费目标和需求逐渐转移，开始注重精神产品的消费。体育消费作为非必需性生活消费，正迎合了大众精神追求初级层次的消费需求，因此要积极引导居民增加文化、娱乐、体育健身和旅游等消费，拓宽服务性消费领域，而这也为体育产业发展提供了巨大的舞台和机会。

实际上，体育消费属于收入价格弹性较高的消费类型。随着居民收入的增长，其对体育消费的支出也逐步增加。当体育消费产品价格变化时，反映的产品市场需求量也发生明显变化。要使体育消费成为居民新的消费热点，就要充分考虑居民的可支配收入水平和体育产品(尤其是体育服务产品)

的价格定位。目前,我国居民的消费结构中,体育消费仅占很小部分,远远落后于发达国家。可以预料,随着全面小康社会的建成,我国居民对体育物质产品和体育服务的需求会加速增长。但是,居民体育消费水平的增长,是随着收入水平的提高而逐步自然增加的,这是一个缓慢的过程。要实现我国体育产业的超常规发展,国家也需要制定鼓励居民体育消费的政策措施,引导大众参加健康的、丰富多彩的体育消费活动,以增加体育消费支出。

(一)要积极引导和推动社区体育工作的开展

要把体育健身设施建在居民居住的小区,方便大众开展体育健身活动。以前,许多体育健身设施,都建立在远离居住区的地方,主要是供各类体育运动队和体育比赛使用,企事业单位的体育设施也是建在办公地内部,人们居住的小区很少规划体育设施,在闲暇之余很难找到健身和锻炼的体育设施,大大抑制了人们参加体育健身活动的热情。在城市化的进程中,政府要以人为本,有意识地在建设小区和基础设施过程中规划体育场地设施。也可采取导向性政策,面向社会招标,鼓励社会资金投资和经营公益性体育健身场地设施。

要构建全民健身服务体系,在大中型城市建设市民体育健身中心,在街道、乡镇增建体育指导中心或体育指导站,指导大众科学健身。并利用体育彩票公积金增加公益性体育健身设施建设,为大众健身提供场地服务,让居民参加就在身边举行的各种体育活动,感受体育健身的乐趣和价值,树立健康投资和体育消费意识。

(二)加快社会体育指导员队伍建设

不断完善社会体育指导员技术等级制度,推进社会体育指导员国家职业标准,对社区体育指导员要进行严格的培训、审批和管理,逐步提高社会体育指导员队伍的数量和质量。正是通过千千万万个社区体育指导员的悉心指导和无私奉献,去影响和改变大众体育健身观念,确立“花钱买健康”的体育消费观。

(三)鼓励建立多种类型的体育协会

充分发挥工会、共青团、妇联和社会各界的积极性,鼓励建立多种类型的体育协会,并在人力、物力、财力上给予一定的支持。各种类型的公共体育场馆要为体育组织开展体育活动提供便利,在全社会范围内形成全民健身的热潮,从而带动广大居民体育消费水平的提高。当然,公益性体育服务的价格定位要合理,要符合和贴近大众的需求,使绝大多数体育健身活动参加者能够愉快地享受和轻松地消费。

第六章　体育市场运行机制与发展研究

在市场经济条件下，经济资源的流动主要通过市场来进行。体育作为一种具有巨大投资效益的战略，是一种高度社会化的活动，在市场经济条件下，市场运行机制使体育资源得到合理配置，也帮助体育供求达到平衡，对体育市场进行着基础调节。本章将在体育市场基本理论的研究基础上，对体育市场运行机制进行分析，并探讨我国体育市场的发展现状与策略。

第一节　体育市场基本理论

一、市场结构理论

（一）市场结构概述

1. 市场的含义

市场属于商品经济的范畴，哪里有社会分工和商品生产，哪里就有市场。人们对市场有着不同的理解，大致可以分为以下三种。

(1)市场是商品交换的场所

这是对市场的一种狭义理解，认为市场就是买卖双方自由地进行商品交换的场所。

(2)市场是商品交换关系的总和

这个概念不仅包含了商品交换的地点，同时也包括了商品交换的形式、条件及人与人之间的各种交换关系。

(3)市场是具有一定购买力水平的消费者群体

市场是企业生产经营活动的出发点和归宿。企业的一切活动都是围绕着如何了解市场需求和满足市场需求而开展的。因此企业的全部经营活动，就是站在生产企业的角度，研究消费者需求以及如何满足这些需求的过程，市场上买卖双方的活动主体是买方。因此对一个企业来说，所谓市场，就是在一定的时间、地点和条件下，具有一定购买力水平的消费者群体。

2. 市场结构的含义

市场结构是现代产业组织理论中最基本的概念，它一般是指产业内企业间市场关系的表现形式及其特征。主要包括卖方之间、买方之间、买卖双方之间、市场内已有的买卖方与正在进入或可能进入市场的买卖方之间在数量、规模、份额、利益分配等方面的关系与特征，以及由此决定的竞争的形式。也就是说，市场结构是由特定市场中的诸市场主体，在市场交易中的地位、作用、比例关系，以及它们在市场上交换的商品特点共同形成的。

（二）市场结构的划分

市场结构的划分依标准的不同而不同。但无论哪种标准，都大致包含以下三种划分依据。

1. 市场集中度

市场集中度是通过市场参与者的数量和参与程度来反映市场的竞争或垄断程度的一个基本指标。分为买方集中度和卖方集中度。用集中度来划分市场结构时，一般是指卖方集中度。

（1）影响市场集中度的因素

影响市场集中度的因素有两点。

第一，企业规模。在产业市场容量既定的情况下，少数大企业的规模越大，市场集中度就越高。在企业利润最大化动机和技术进步的推动下，企业的规模有扩大的趋势，从而使得市场集中度呈现升高的趋势。

第二，市场容量。通常市场容量与市场集中度呈负相关关系，市场容量扩大，市场集中度就会降低，反之，市场集中度就会提高。而导致市场容量变化的因素有经济发展水平、居民收入水平和消费结构、国家的财政货币政策和产业政策等。

（2）仅用市场集中度作为划分标准的局限性

仅用市场集中度作为划分市场结构的标准也有一定的局限性。

第一，集中度难以准确无误。因为同一产品以及替代产品之间都存在着竞争，如果把替代产品排除在市场之外，这样所计算的集中度则会高估。但是随着科技的发展，产品的替代可能性越来越大，也难以区别，因此相关产品市场就难以确定。

第二，集中度没有考虑地区因素。由于地区障碍的存在，使同一产品的竞争受到限制，市场带有地区性，而一般集中度指标是全国性的。

第三，集中度没有考虑外贸因素。外贸对一国经济的影响越来越大，进口会对本国生产者产生直接或潜在的竞争。

2. 产品差别化

产品差别化是指企业向市场提供的产品或销售产品过程中的条件。与同行业的其他企业相比较，在产品质量、款式、性能、销售服务、信息提供及消费者偏好等方面存在着明显的差异，从而具有可区别性和不可替代性。这种可区别性和不可替代性的高低即意味着产品差别化程度的高低。

(1)产生产品差别的原因

很多原因可以产生产品差别。

第一，产品的物理差异。产品的用途在本质上会相同，但在性能、质量、外形上会有差异。

第二，买方的主观差异。这主要由卖方的广告宣传和买方的偏好产生。

第三，对顾客的服务差异。生产者及经营者对顾客提供的信息服务、维修或信用服务等产生的产品的差异。

第四，顾客的知识差异。由于知识的原因买方对产品的了解程度存在差异。

第五，销售的地理差异。由于销售地点或厂家与消费者购买的地理位置不同而带来销售服务时间和运输等方面的差异。

(2)扩大产品差别的主要途径

产品差别对市场结构影响很大，企业可以通过扩大产品差别来增加市场占有率，主要途径有以下几种。

第一，增强研究和开发力度，及时改变和优化产品的设计、结构、功能、质量、外观及包装等。

第二，通过提供有关产品信息、改善售后服务和提供信用消费等方式使消费者形成偏好。

第三，有针对性地制定并实施广告宣传和其他促销手段，使消费者对特定商标品牌的产品形成偏好。

第四，充分利用地理区位和营销网络优势，在供货时间、运输成本、销售价格、售后服务等方面“制造”差别，使消费者在选择产品时产生偏好。

3. 进入壁垒

进入壁垒是指准备进入或正在进入的新企业在与产业内已有企业竞争过程中，遇到的障碍或不利因素。进入壁垒的高低，既反映了市场内已有企业优势的大小，也反映了新进入企业所遇障碍的大小。可以说，进入壁垒的高低是影响该行业市场垄断和竞争关系的一个重要因素，同时也是对市场结构的直观反映。构成进入壁垒的要素主要有以下几点。

(1)由规模经济造成的进入壁垒

新企业进入某一产业初期，一般难以形成规模经济，相对产业内已有的企业，它们的生产经营成本必然较高，从而获利能力低(甚至亏损)，并在与老企业的价格竞争和市场份额竞争等方面处于劣势，这就是规模经济壁垒。

(2)资本需要量造成的进入壁垒

在某些产业，新企业的进入需要大量的资本投入。初始资本需要量越大，进入障碍越大。在某些产业还有失败投资不能回收的风险。

(3)资源占用造成的进入壁垒

老企业因其先发优势一般已经排斥性地占有一些稀缺资源，如必需的生产要素、专利技术、技术人员、管理人员、熟练员工、销售渠道和消费者的认知及偏好等。

(4)产品差异造成的进入壁垒

在产品差别化明显的产业，老企业的商标已为消费者和广大的潜在顾客所熟悉并有了良好的信誉，它们的广告宣传和促销只需要维护这种信誉即可，新企业则需要从头开始，而且通常面对的是一个已经被瓜分一空的市场，如果新企业没有独特的新技术、新产品，没有比较完善的促销手段和售后服务系统，则其进入必然会遇到产品差别障碍。

(5)政策法规制度造成的进入壁垒

在一些国家和某些行业中，新企业开业需要经过复杂的审批程序，进口设备和原材料、购买国外技术都需要管理部门批准发证，而且还有进口配额限制；一部分行业实行生产经营许可证制度以及关税、非关税壁垒等，资金的筹集也会受到政策制度的制约。这些壁垒是难以通过降低成本、广告宣传等途径来克服的。

(三)市场结构的类型

在现实市场中，市场主体之间的关系集中体现为市场的竞争和垄断关系。根据市场竞争和垄断的不同程度，人们一般粗略地把市场结构划分为：完全竞争市场、完全垄断市场、垄断竞争市场和寡头垄断市场四种类型。

1.完全竞争市场

完全竞争又称纯粹竞争，是指一种竞争不受任何障碍和干扰的市场结构。

(1)完全竞争市场的特征

完全竞争市场的特征表现在以下几点。

第一,买(卖)者众多。市场上有许多生产者和消费者。这些生产者和消费者的规模很小,任何一个人的销售量和购买量在整个市场上都只占很小的比例,从而无法通过自己的买卖行为影响市场价格。市场价格由整个市场的供求影响,每一个生产者和消费者都是价格的被动接受者。

第二,产品同质。这里的产品同质不仅指商品之间的质量、性能等无差别,还包括在销售条件、装潢等方面是相同的。因为产品是相同的,对于购买商品的消费者来说哪一个厂商生产的产品并不重要,他们没有理由偏爱某一厂商的产品,也不会为得到某一厂商的产品而必须支付更高的价格。同样,对于厂商来说,没有任何一家厂商拥有市场优势,它们将以可能的市场价格出售自己的产品。

第三,进出自由。厂商可以无成本地进入或退出一个行业,即劳动可以随时从一个岗位转移到另一个岗位,或从一个地区转移到另一个地区;资本可以自由地进入或撤出某一行业。

第四,信息完全。市场信息是充分畅通的。生产者和消费者都可以获得完全的市场信息。所有市场参与者都平等地、充分地占有市场信息。

(2)完全竞争市场的效率

完全竞争市场在四种市场类型中是竞争程度最高的,所以其经济效率也是最高的。在完全竞争市场结构下,追求利润最大化是企业的根本目标,生产同类同质产品的厂商,为了获得更多的利润,不仅会扩大生产规模,以降低成本,还会通过技术进步和提高管理水平,从而提高劳动生产率,降低平均成本;长期内,市场竞争不仅能使厂商生产效率达到最高,而且也能促进资源的配置达到最优,这正是市场这只“看不见的手”发挥作用的结果。

当然,完全竞争市场也有缺点:首先,产品无差别致使消费者的多样化需求无法得到满足;其次,完全竞争市场上生产者的规模都很小,他们没有能力去实现重大的科学技术突破,从而不利于技术进步。

2. 完全垄断市场

完全垄断又称垄断,是指整个行业的市场完全处于一个生产者所控制的状态。是与完全竞争市场相对立的一种市场。完全垄断市场是经济中的一种极端情况。

(1)完全垄断市场的特征

完全垄断市场的特征主要表现在以下几点。

第一,厂商唯一,即一家厂商控制了某种产品的全部供给。完全垄断市场，垄断企业排斥其他竞争对手，独自控制了一个行业的产品供给。由于整个行业仅存在唯一的供给者，所以这家企业就是行业。

第二，产品唯一，即完全垄断企业的产品不存在任何相近的替代品，完全垄断企业是市场上唯一的供给者。

第三，进出极其困难。由于市场存在极高的进入和退出壁垒，其他企业不可能进入市场并与垄断企业竞争。

第四，完全垄断企业是市场价格的制定者。由于垄断企业控制了整个行业的产品供给，也就控制了整个行业的价格，成为价格的制定者。

(2)导致垄断的原因

完全垄断市场之所以会产生，主要是由于以下几点原因。

第一，企业的单位生产成本随生产规模扩大而降低，从而有可能以最低价格出售产品，使其他企业无法进入，如铁路、电力等行业。对体育产业来说，有的职业竞技体育就具有一定的自然垄断特性。

第二，先进入某些行业的企业对生产所必需的某种资源进行了独家控制。如果一家厂商控制了用于生产某种产品的全部资源或基本资源的供给，其他厂商就不能生产这种产品，从而该厂商就可能成为一个垄断者。

第三，政府法律政策规定而导致的垄断，如专利制度，专利权是政府和法律允许的一种垄断形式。专利权是为促进发明创造，开发新产品和新技术，而以法律的形式赋予发明人的一种权利。专利权禁止其他人生产某种产品或使用某项技术，除非得到发明人的许可。

第四，政府借助行政权力对某一行业进行完全垄断。政府依法律形式赋予某些企业独有的供给权，也形成垄断。如公共福利、军事生产及专控商品的经营等。

(3)完全垄断市场的效率

垄断的存在具有一定的客观必然性，因此也有有利的一面。如果垄断是产生于规模经济基础之上，那么它对资源配置效率的提高是有利的。大规模的生产有利于使用高效、先进的设备和技术，有利于综合利用资源，有利于新技术的研究。

然而，完全垄断对经济的不利也是显而易见的，垄断会造成生产资源的浪费，与完全竞争相比，价格、成本高而产量少。垄断还导致消费者利益的减少，从而社会福利会损失。此外，垄断者凭借垄断地位而获得的超额利润加剧了社会收入分配的不平等，也阻碍了技术进步。

3. 垄断竞争市场

垄断竞争是指一种既有垄断又有竞争，既是不完全竞争又是不完全垄断的市场结构。

(1)垄断竞争市场的特征

垄断竞争市场具有如下基本特征。

第一,买(卖)者众多。市场上有众多企业,它们对市场都有一定的影响力,但影响都比较有限,不能左右市场价格。

第二,产品差别。这是垄断竞争与完全竞争市场结构的主要差别。市场内各企业的产品在用途、性能、商标、外观、售后服务和信息提供等方面存在差别,但是产品之间还是有一定的替代性。

第三,进出容易。企业能够自由地进入或退出市场。由于行业中的厂商规模较小,其所需的资金和技术不足以构成新企业进入的障碍,因而,新厂商为了追逐利润可以较容易进入该行业。反之,当行业内原有厂商受损失时,也容易退出行业。

第四,企业之间存在强有力的非价格竞争。完全竞争条件下,企业之间的竞争完全是价格竞争。而垄断竞争中由于产品差别的存在,企业竞争部分基于价格,部分基于产品质量、服务等其他方面。垄断竞争市场运行的特点表明,它不一定能实现最佳的资源配置,但却可以满足不同偏好的消费者的需要,并借助于非价格竞争推进效率提高。

(2)垄断竞争市场的效率

垄断竞争市场的运作效率要比完全竞争市场低,但仍具有较高的效率。在垄断竞争市场中,由于竞争的存在和短期超额利润的存在,使企业创新的动力经久不衰。另外,垄断竞争市场产品的多样性使消费者有更大的选择空间。

当然,垄断竞争市场也会产生一些不良的市场效果,如企业规模偏小,不利于获得规模经济效益;过度的非价格竞争,尤其是广告促销密度过大,以及人为过度扩大产品的外包装差别等,会增加产品的销售成本,造成资源的浪费。

4.寡头垄断市场

寡头垄断市场是指由少数几个实力雄厚的大企业垄断的市场。这是一种介于完全竞争和完全垄断之间,以垄断因素为主,同时又具有竞争因素的市场结构。

(1)寡头垄断市场的特征

寡头垄断市场的特征主要表现在以下几方面。

第一,厂商间的行为相互不独立。只有少数几家厂商,即生产者,每个生产者的生产都占有较大市场份额,他们的任何决策都会影响市场价格。

第二，寡头垄断市场上的价格具有刚性。任何生产者试图降价以扩大市场份额，其他生产者也会效仿，结果导致两败俱伤，任何生产者试图提价以增加利润，最终会失去已有的市场需求。因此，寡头垄断市场上的价格一旦确定，就具有相对稳定性，生产者的竞争集中在产品质量、数量、推销和创新等方面。

第三，进入和退出壁垒较高。少数厂商在资金、技术、规模、产品信誉和销售渠道等方面占有绝对优势，使得其潜在竞争对手难以进入市场，而且即使是进入了市场也难以与之抗衡。

(2)寡头垄断市场的效率

寡头垄断市场在经济中占有十分重要的地位。在市场经济发达的国家，如美国其钢铁、汽车、石油、飞机制造等重要行业都是寡头垄断的市场。在日本、欧洲等国家和地区也有同样现象。在钢铁、汽车、石油等重工业行业中寡头垄断是普遍的。寡头垄断具有明显的优点：第一，可以实现规模经济，降低成本，提高经济效益；第二，有利于促进科学技术进步。由于竞争仍然存在，各寡头要努力创新产品，提高劳动生产率。

寡头垄断市场的负面效果也是显而易见的。在寡头垄断市场中，少数大厂商势均力敌，相互牵制，为避免在竞争中两败俱伤，它们会相互协调，建立价格统一战线，如卡特尔、价格领导制，以减少竞争，保障利润和限制新的厂商进入。寡头厂商可能统一抬高价格，损害消费者利益；长期的协调行为会遏制竞争，保护落后，阻碍技术进步和资源合理流动。

二、市场失灵理论

(一)市场失灵的概念

在完全竞争条件下，整个市场经济能实现资源的最优配置，在这种状态之下，资源配置的任何变化已不可能在不损害任何一人利益的情况下去改进某一个人的处境，这时社会经济福利已经达到了极大值。

但是，这种原理并不真正适用于现实的市场经济，也就是说，就某些领域的配置问题而言，现实的市场机制并不能实现资源的有效配置。对于市场机制在某些领域不能起作用或不能起有效作用的情况，我们称之为市场失灵。

(二)市场失灵出现的原因

市场经济是以价格为核心、依靠市场机制来引导资源配置的社会经济组织形式。经济学家们认为，只有具备一些严格的条件，市场机制才能够使资源达到合理配置，或者说才能够实现帕累托最优状态。这些条件包括：市场上信息是完备的、通畅的，不存在市场信息的不对称性；市场上存在无数的生产者和消费者，每个生产者和消费者都是既定价格的接受者，而非决定者，任何人都不能操纵市场价格；规模报酬是不变或递减的；经济活动不存在外部性，任何人的经济行为都不会对其他人造成有利或不利的影响。如果一个经济体系确实能够满足这些条件，使市场经济达到帕累托最优，政府就没有干预经济活动的必要。

问题恰恰在于这些前提条件在现实的经济生活中是根本无法具备的。在市场交易的过程中，交易双方信息是不对称的，特别是消费者很难具备完全的市场信息和产品的知识；许多行业中厂商数目有限而且存在规模上的较大差异，造成行业中存在着程度不同的垄断势力，大厂商有可能对市场价格进行操纵并凭借竞争优势实现规模收益递增；大部分经济活动都具有程度不同的外部性，如公共产品的生产就具有明显的正外部性。正是由于上述情况的出现，市场机制在现实中无法完全起到引导资源达到最优配置的作用，从而导致所谓的市场失灵问题。

（三）市场失灵的情况

市场失灵主要包括四种情况：垄断、外部性、公共产品和信息不对称。

1. 垄断

（1）垄断造成的低效率

垄断是对市场竞争的排斥，它会给社会经济带来一系列负面影响，主要表现在以下几点。

第一，降低经济效率。垄断使完全竞争市场转化为不完全竞争市场，垄断企业可以利用其垄断势力将产品价格定在均衡价格之上，而其产量却远远低于完全竞争市场的产量，从而降低了资源配置的经济效率。

第二，形成“X 非效率”。“在垄断企业的大组织内部，存在着资源分配的非效率性，即‘X 非效率’。”①一般来讲，能获得垄断利润的企业组织庞大，面临的市场竞争威胁很小，企业内部各利益集团追求各自集团利益的行为与企业整体目标可能并不一致，从而导致企业的组织内部效率降低。具体而言，“X 非效率”主要体现在以下三个方面：一是在企业经理层中存在过高的委托—代理成本；二是由于企业经济效益与每个职工工作努力程度的

---

① 董晓庆，赵坚，袁朋伟. 垄断损失研究综述[J]. 经济问题探索，2012(11).

关系模糊，导致激励机制弱化；三是由于管理层次增加，导致组织、管理费用增加。

第三，垄断可能限制技术创新。一旦垄断形成，垄断企业的竞争压力大大减小，从而也削弱了其进行技术创新的动力，因此，垄断很有可能限制企业技术创新活动的开展。

(2)垄断的政府规制

由于垄断会导致低效率的出现，政府必须出面进行干预。政府对垄断的规制措施主要有以下两种。

第一种，价格管制。对于政府来说，解决垄断条件下的价格高于竞争价格这一问题的方法之一是对垄断厂商可能索取的价格进行管制。如果一个垄断厂商在正常情况下索取15美元的价格，那么，政府可以实施12美元的最高限价，以便降低消费者使用该产品的成本。实施最高限价意味着限制产量不能得到较高的价格，所以，最高限价将消除垄断厂商限制产量的理由。

第二种，出台反垄断法。无论是美国还是英国等西方国家都出台了各种反垄断法。对于违法者，各国往往采取由法院提出警告、罚款、改组公司乃至判刑等制裁措施；或者强行进行行业重组，以削弱垄断带来的负面影响。

2.外部性

(1)外部性的概念

外部性也称为外部影响，是指一个经济主体的行为对另一个经济主体的福利所产生的影响，而这种影响并没有通过货币或市场交易反映出来。例如，在很多场合下，某个人的一项经济活动给社会上其他成员带来了好处，但他自己却不能由此而得到相应的补偿，此时这个人从其活动中得到的私人利益就小于该活动所带来的社会利益，这种性质的外部影响被称为“外部经济”；而在另外一些场合下，某个人的一项经济活动给社会上其他成员带来损害，但他自己却并不为此而承担足够抵偿这种损害的成本，此时这个人为其活动所付出的私人成本就小于该项活动所造成的社会成本，这种性质的外部影响被称为“外部不经济”。

(2)外部性的政府规制

政府对外部性的规制主要有以下两种。

第一种，外部性的资源配置失当。通常在存在外部经济的情况下，私人活动的水平常常要低于社会所要求的最优水平；而在存在外部不经济的情况下，私人活动的水平常常要高于社会所要求的最优水平。各种形式的外部影响的存在造成了一个严重后果，即使整个经济是完全竞争的，但由于存在着外部影响，整个经济的资源配置也不可能达到帕累托最优状态，“看不见的手”在外部影响面前失去了作用。

第二种，有关外部性的政策。外部影响是不能通过市场机制解决的，必须由政府出面干预。政府可采取的措施主要有：使用税收和津贴、采用企业合并的方法、采用规定财产权的办法、制定排污标准并允许排污权拍卖等。

3. 公共产品

(1)公共产品的概念

在现实经济中，存在的许多既无竞争性又无排他性的产品通常被称为公共产品。公共产品可分为纯公共产品和准公共产品。具有非排他性和非竞争性的产品称为纯公共产品，如国防、外交、法律、公安、交通安全以及基础科学研究等。如果某些产品在一定范围内无竞争性或可以有效地做到排他，通常称之为准公共产品，如公园、电影院或俱乐部等。不具有竞争性并不是绝对的，只是在一定范围内，即在未达到饱和状态之前是非竞争性的，比如电影院在所有位置坐满之前，增加若干观众并不影响其他观众的观赏，也无须增加电影院的成本。但消费量达到一定程度后，消费则具有竞争性了。另外也有一些产品，如电视信号，原来具有非竞争性和非排他性，后来随着技术的发展和其他条件的改变，在技术上能够通过加密变成排他的，由此成了可以收费的准公共产品。

(2)公共产品的特征

公共产品在消费上具有三个特点。

第一，效用的不可分割性。即公共产品或劳务是向整个社会共同提供的，具有共同受益和联合消费的特点，其效用为整个社会的成员所共享，而不能将其分割为若干可以计价的单位供市场销售。

第二，消费的非竞争性。公共产品或劳务在消费时，不排斥、不妨碍其他人同时享用，也不会因此而减少其他人享用该种公共产品或劳务的数量与质量，且受益对象或消费者之间不存在利益冲突，增加一个消费者的边际成本等于零。

第三，受益的非排他性。公共产品或劳务在消费过程中所产生的利益为大家所共享，而非私人专用。

(3)公共产品的政府规制

公共产品在政府规制下表现为以下两点。

第一，公共产品的市场失灵。公共产品的特殊性质给由市场机制调节其最优生产量带来了麻烦：一是无法避免“搭便车”的情况，即不用购买也可消费的行为，因而造成市场失灵。二是追求个人利益最大化的成员具有强烈的逃避交费而占集体其他成员便宜的动机，这最终会造成非他性的公共产品的无效率提供。三是集体成员之间难以达成共识，大家都只想享受权利而不承担义务。四是不能利用集体自身内部机制自动解决公共产品的供求均衡问题。

第二，公共产品市场失灵的矫治。市场经济不能自动解决公共产品的供求均衡问题，许多由社会消费的公共产品难以通过正常的市场价格机制加以分配，因此，公共部门和公共产品的生产和经营需要政府按照社会的需要适当进行直接的调节和管理。

4.信息不对称

(1)信息不对称的概念

在现实经济中，信息常常是不完全的，甚至是很不完全的。这里信息不完全不仅是指信息在绝对意义上的不完全，即由于知识能力的限制，人们不可能知道在任何时候、任何地方发生和将要发生的任何情况，而且还指信息在相对意义上的不完全，即市场经济本身不能生产出足够的信息并有效地配置它们。

信息对人们的预期和选择有着很大的影响，由于市场的价格机制不能解决或至少不能有效地解决不完全信息的问题，因而在信息不完全或信息不对称的情况下，市场体系就不会有效率地运作，由此产生了一种与信息相关的市场失灵。

(2)信息不对称引起的问题

信息不对称引起的问题大致有以下两点。

第一，信息不对称导致市场的“逆向选择”。在市场运行中，人们经常看到存在一些与通常规律不相一致的现象。人们所了解的在市场经济中一般商品的需求规律是，如果某种商品价格降低，对该商品的需求量就会增加，即需求曲线向右下方倾斜；而一般商品的供给规律是，如果某种商品价格上升，对该商品的供给量就会增加，即供给曲线向右上方倾斜。然而，当消费者掌握的市场信息不完全时，对商品的需求量相反地随着价格的下降而减少；生产者掌握的信息不完全时，对商品的供给量也相反地随着价格的上升而减少。

第二，信息不对称导致市场的“道德风险”。在现实的经济活动中，不仅在交易合同签订之前，会出现由于信息不对称导致的劣质产品驱逐优质产品的逆向选择问题，在交易合同签订之后，还会存在另一类信息不对称。产生这种信息不对称的原因在于，交易的一方具有另一方难以监督的行为或难以获得的信息。在这种情况下,具有私人行为或私人信息的一方,在签订合同后,有可能采取有悖于合同规定的行为,以最大化自己的利益,同时损害另一交易方的利益,这就是所谓的"道德风险"。

(3)信息不对称问题的政府规制

针对上述问题,政府对信息不对称问题的规制可以从以下两方面入手。

第一,"逆向选择"问题的矫治。政府也可以通过相关的规定与措施尽可能保证消费者和生产者能够得到充分和正确的市场信息,即增加市场的"透明度",以解决逆向选择问题。

第二,"道德风险"问题的矫治。道德风险是事后隐蔽行动引起的。为了解决道德风险问题,缺乏信息的一方需要在事前设计一些有效的制度,激励掌握私人信息的一方克服道德风险倾向。例如,为防止参加车辆保险的用车人不用心保管和使用车子的问题,保险公司可设计和实行一种由保险公司和车主共同承担事故损失的保险合同。

第二节 体育市场运行机制分析

在市场经济条件下,体育市场的运行是通过体育市场的价格机制、供求机制和竞争机制的作用来实现的。这些机制彼此不是孤立的,而是互相制约、互相作用的。尽管它们各自有自己的运行轨道,呈现出复杂交织的状态,但却统一在体育市场运行机制这个机体内。

一、体育市场运行的价格机制

(一)体育市场价格机制的含义

价格机制是指商品价格同供给与需求之间相互联系、相互影响的作用过程。供求不一致会引起价格变动,价格变动又会引起供求变化。正是通过这一作用过程,使价格与商品价值趋于一致。

体育市场的价格机制是指在体育市场的竞争过程中,与体育市场的供求相互联系、相互制约的市场价格的形成和运行的机能。在这个相互联系、相互制约的过程中,每个个体供给者与需求者都是根据体育产品市场价格的变动来调节自己的供给或需求,以实现自己经济利益的最大化。体育市场的价格机制是体育市场运行的核心机制。

(二)体育市场价格机制的功能

体育市场的价格机制对体育市场经济运行的作用是多方面的。在不同的作用层次上,价格机制具有不同的功能。

1.调整信号

价格机制对生产不同体育产品者来说,是调整生产方向和生产规模的信号。价格机制决定的价格比是制约平均利润高低的因素,也是社会劳动在部门间分配的选择条件。价格比例的变动会驱使生产者通过资金流动来改变生产方向和调整生产规模,从而使体育产业各部门按比例发展。同时,价格由价值,即由社会必要劳动时间决定,促进体育产业先进设备的使用,促进产品优质优价、劣质劣价,创新产品会有超额利润。也使体育产业经营管理不断改进。

2.竞争手段

价格机制对生产不同体育产品的生产者来说,是竞争手段。生产同种体育产品的生产者为在体育市场上占据较大的地盘,必须在价格上以低廉取胜,从而带动了成本消耗的节约。

3.导向信息

价格机制对消费者来说,是改变体育需求方向和需求规模的信息。价格水平的上升和下跌,影响体育消费者的购买力,从而调节消费者的需求结构和规模。价格比例变化,消费者会考虑使用替代品。放弃购买价格高的商品而购买价格低的商品,从而调节体育市场的需求方向和需求结构。

4.平衡参数

价格机制对宏观调控来说,它通过价格水平的变动,一方面给国家反馈宏观调控的信息参数,另一方面自动调节企业总体活动,从而推动总供给和总需求的平衡。

5.调节供求

价格机制可调节供求,实现二者平衡。价格的波动,影响生产者和消费者的利益,即影响供给与需求。价格上升,生产扩大,供给增加,需求缩小;价格下降,生产缩减,供给减少,需求扩大。当供大于求时,价格下降会促使供求平衡;而当供不应求时,价格上升会促使供求平衡。

(三)价格机制与国家宏观调控

在市场经济条件下,价格一般不由政府直接规定,但这并不等于国家在价格这一杠杆上无所作为。为了克服和弥补市场机制的弱点和不足,引导和发挥价格机制的作用,政府有必要依据宏观管理的综合目标对市场的价格运行进行调控。政府的价格调控分为三个层次。

1. 实行对市场供求的调控

这种调控通过调控宏观经济来实施,从而在经济总量平衡上对价格总水平进行调控。在经济过热时期,价格总水平往往持续上升,形成通货膨胀,会影响经济的正常运行和稳定发展。国家可以运用经济政策和经济手段,调控物价总水平的上涨幅度。主要的措施是平衡市场供求,消除经济失衡状态。一旦市场供求恢复正常,供求影响价格的机制就会使价格水平回落至正常幅度。

2. 对价格的直接调控

由于自然灾害和社会经济发展中的特殊因素,某些商品的市场价格会产生剧烈波动,从而影响各方面的利益关系,这就需要政府采取直接的价格调控措施来稳定商品的价格。在市场竞争中,为了使如农业、基础产业等发展较慢的产业正常运行和发展,政府也要对这些产业采取价格保护措施。价格调控和价格保护措施有:直接限价、规定价格浮动幅度、规定某些服务部门的利润率、规定最低保护价、价格管制等。

3. 价格管理

由于市场价格机制的正常作用要以形成公平竞争的市场环境为条件,因此,还需要政府加强对价格的管理。这主要表现在建立完备的市场价格的法规体系,维护和完善正常的市场价格秩序。

二、体育市场运行的供求机制

(一)体育市场供求机制的含义

供求机制是指调节市场供求矛盾,使之趋向平衡的运行机制。供求相互作用的形式一般表现为供大于求或供不应求。供求平衡是指供求机制的运行处于相对稳定状态。供求机制与价格机制相互作用,使价格趋于合理和稳定,供求趋于平衡。

体育市场的供求机制是体育市场的价格机制贯穿其中的体育市场的供求,在动态中结成的内在联系和趋于一致的矛盾运动。体育市场的供求机制是体育市场的供求状态的变化,从而影响体育产品价格涨跌,并进一步依据价格的升降以达到平衡为方向的自动调节方式。体育市场的供求机制和价格机制密不可分,两者在同一过程中发挥作用。市场价格由供求关系决定,供过于求,形成买方市场,价格下跌;供不应求,形成卖方市场,价格上涨。供求机制的不断完善则有利于规避市场供求的极端态势。

(二)体育市场供求机制的功能

1.调节总量平衡

市场的理想状态是供给与需求总量上的平衡。供求机制的调节就是使供给与需求的总量接近平衡点。一方面,当出现供不应求情况时,供求机制会扩大供给、控制需求。另一方面,当出现供过于求情况时,供求机制会压缩生产规模。这样便于体育厂商调整规模、实现资源有效配置。

2.调节地区间的平衡和时间上的平衡

供求机制通过商品流通来促使地区间的平衡和季节上的平衡。体育厂商的生产经营活动必然引起体育资源和商品在不同部门间的流动,在市场引导下,体育资源会流向具有潜在优势的地区,在一定程度上促进地区间的经济平衡。体育厂商通过商品流通,充当生产与消费之间商品交换的媒介,不仅能够调剂地区余缺,而且还能够在时间序列上接受市场的引导,如调节生产与消费季节上的矛盾、缩小商品价格的季节差别等,做到时间上的平衡。

三、体育市场的竞争机制

(一)体育市场竞争机制的含义

竞争机制是指市场经济条件下,竞争作为客观必然性表现出来的运行机制。竞争机制是市场经济条件下社会生产和流通正常进行资源有效配置的必要前提,也是价值规律和供求规律,价格机制和供求机制发挥作用的基本条件。

体育市场的竞争机制是指体育市场主体之间的竞争对价格、供求等市场要素的影响和发生联系的机能。它反映着竞争同供求变动、价格波动、资本和劳动力流动等在市场经济运行中的有机联系。体育市场的竞争机制是体育市场运行的关键机制。

(二)体育市场竞争机制的作用

1.动力作用

竞争机制可以提高企业的积极性、主动性和创造性，推广改进技术和提高经营管理水平，推动生产力的发展。因为竞争机制可以激励优胜者淘汰失败者，使体育企业和劳动者具有危机感，从而推动体育市场的发展壮大。

2.调节作用

竞争机制可以合理配置资源，使资源流向效益好的企业。竞争机制可以平衡供求关系，通过卖者的竞争使价格下降，通过买者的竞争使价格回升，从而使供求趋向平衡。竞争机制可以调整市场价格，市场竞争的手段尽管是多种多样的，但最终都表现为商品价格的波动，价格变动又会引起竞争者改变竞争策略，使生产资源的流向发生变化，实现资源的优化配置。

3.优化作用

竞争机制可以优化产品质量，优化服务质量，提高消费者的福利水平。质量竞争是市场竞争的重要手段之一，竞争机制通过改进企业的经营管理，优化劳动者素质，向体育市场提供更具竞争力的产品和服务，实现其对经济利益的追求。

4.创新作用

竞争机制促使企业和劳动力素质优化的过程也是企业创新的过程。创新既包括技术创新，也包括组织和管理创新，创新使企业具有更高的劳动生产率，具有更强的竞争能力，使企业在体育市场经济活动中居于更有利的地位，具有更大的发展空间。

第三节 我国体育市场的发展现状与策略

一、我国体育市场的发展现状

(一)我国体育市场取得的成就

随着改革开放和社会主义市场经济体制的逐步确立，在我国体育产业化的过程中，一个以公有制为基础，以体育健身、休闲、娱乐和运动竞赛为主体，以各种体育实物消费品市场和体育要素市场为依托，多层次、多形式的体育市场正在兴起。其取得的主要成就表现为以下几点。

1. 体育市场体系初步形成

体育市场是一个由体育物质产品市场和体育服务产品市场共同组成的复合型市场。体育物质产品市场主要是指体育服装、器材、鞋帽、食品、饮料、专用营养品等构成的大概念的体育用品市场；体育服务产品市场主要是指健身娱乐、竞赛表演、体育中介、体育培训、体育保险、体育旅游等构成的专业化体育市场。

体育物质产品市场和体育服务产品市场二者共同构成支撑一国体育产业的体育市场体系。改革开放以来，特别是 1992 年小平同志南巡讲话之后，我国专业化体育市场建设快速起步，经过十多年的培育和发展，目前体育用品市场正在不断细化，越来越多的产品在利用体育的形象和概念，形成新的时尚产品，整个体育用品业的产品链在不断扩展，市场规模在不断扩大。体育服务市场专业化进程起步较快，健身娱乐市场、竞赛表演市场、体育彩票市场和体育中介市场基本形成了自己的市场边界，体育旅游、体育保险、体育媒体等专业化市场也在形成过程中，一个与国际接轨的体育市场体系已初步形成。

2. 兴建了一批高、中档次的体育健身、休闲、娱乐场所

高尔夫球俱乐部、网球俱乐部、游艇俱乐部、保龄球馆等体育健身、休闲、娱乐场所在全国遍地开花。仅以健身房为例，从 2008 年的近 2 000 所到 2015 年的近 4 500 所，增长了一倍有余(图 6-1)。

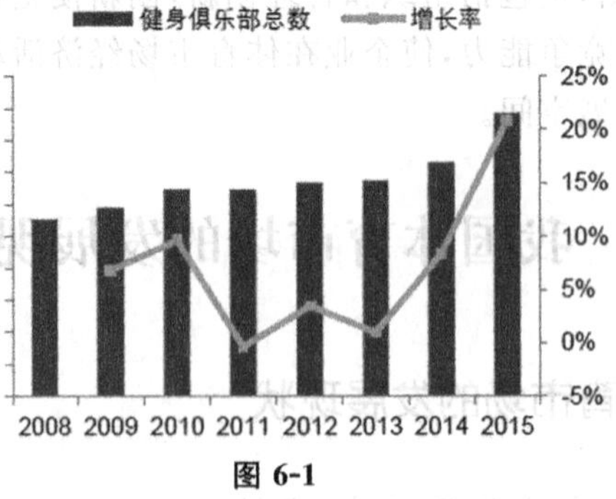

图 6-1

3. 体育竞赛市场逐步建立

随着运动项目(如足球)俱乐部体制的建立和运动技战术水平的提高以及商业性比赛在我国的出现,各种各样的球迷队伍在不断扩大,从而带来体育竞赛市场的日益兴旺,如中国足球协会超级联赛,几乎每年观众都在平稳增长(图 6-2)。

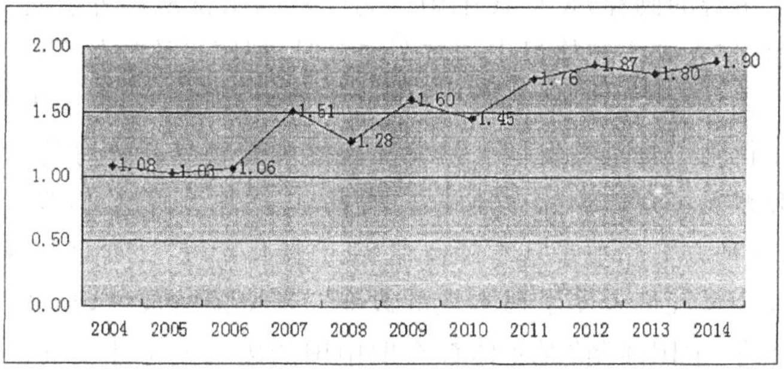

图 6-2

4. 体育培训市场兴盛

有偿收费的各种体育培训班、武术、健美、散打、体育舞蹈以及各种群众性的体育辅导活动空前活跃。同时,在体育系统中初级和中级训练开始出现收费训练和有偿代训的形式,有些运动项目的初级训练,如少年游泳训练,出现了人满为患的局面,从而显示了体育有偿训练的巨大市场潜力。

5. 各种体育用品市场急剧扩大

随着全民健身活动的展开和体育人口的不断增加,对体育实物消费品的需求也在不断增长,其市场规模也在不断扩大,特别是健身器材市场行情日益看好。

6. 体育要素市场日益火红

随着我国体育产业化的不断发展,各种体育要素市场也开始形成,如体育广告、体育彩票市场已经建成,运动员有偿流动已经出现,体育人才市场已经启动,中国体育用品博览会作为全国性的体育商品的固定市场也已经建立。

(二)我国体育市场存在的问题

当前我国体育市场发展的基本现状是健康的,但其中也存在着不少问题。

1.体育市场力量薄弱

我国体育市场力量薄弱主要是由两方面原因造成的。

(1)我国存在缺乏体育市场力量的历史基础

中国自古以来就重文轻武,古代强大的中央集权体制以及与此相应的社会经济环境也阻碍了体育市场观念的形成。我国对现代体育的理解和"体育"概念本身的阐释,是近代中国人为了求强求富从国外引进的。到了近代,一代代仁人志士在检讨中国贫弱之源时,把国民体质的羸弱视为重要原因之一。正是在这一前提下,以改善国民体魄为己任的中国现代体育在学校教育中得到了长足的发展。尽管体育界和教育界就体育的发展方向、发展道路和普及民众体育的途径展开了内容广泛的大讨论,但终因政治、经济等因素,各种方案和主张基本停留在"纸上谈兵阶段"。而且忽视体育、轻视体育的社会风气仍未发生根本性的改变。新中国的成立,高度计划经济体制下的体育"举国体制"促使体育在旧中国的废墟上迅速发展,并在一定程度上振奋了民族精神,并一度成为世人了解中国的展示舞台,然而与此同时,市场力量的培育也在计划体制的举国体制形成之时,基本上失去了立足的根基。

(2)市场力量的阻抗力

原有的计划经济体制是以市场、市场力量为根本对立面,认为计划经济体制与市场经济体制是两个相互独立的对立面。从我国建立计划经济体制的过程看,就是市场经济关系逐渐走向消亡的过程。可见,原有体制对市场及市场力量具有强大的抵抗力,即便是仍然存在市场力量,也只是允许共以附属的形式存在。原有的计划经济体制赋予政府部门以强大的权力,与此相应形成了强大的利益,政府部门要维护既得利益和既得权力,就必须坚决维护原有的计划经济体制。一旦原有计划经济体制受到市场及市场力量的有力冲击时,政府部门由于对预期利益的不确定性及维护既得利益和既得权力,就必然会对现有的市场及市场力量进行强有力的抵抗。

2.有效需求不均衡

体育市场有效需求不足,体育产品要价太高(特别是新兴体育健身娱乐消费项目),一般体育消费者难以承受,对绝大部分体育消费者来说,只能望而却步或偶然光顾。总体来看,其原因主要包括以下两个方面。

(1)社会基尼系数不断攀升

中国社会传统的二元结构(城乡和东西部之间的发展不平衡)与经济结构调整时期新的二元结构(城市之间、乡村之间、区域之间的发展不平衡)交织、碰撞在一起，使得全社会的基尼系数(用来表示收入不平等程度的指数越大，收入不平等程度越大；反之则越小。一般情况下，收入较平等的国家基尼系数在0.2～0.3之间，收入不平等的国家基尼系数在0.5～0.7之间。

(2)体育有效需求不足

目前，支撑我国经济增长的动力主要集中在汽车、住房、计算机和通信产品等万元级以上的商品，而提高人们生活质量的日常体育消费目前还难以在消费结构中占据重要的位置。另外，我国的城市化水平虽然有了较大的提高，但仍然还低于工业化水平，体育消费大体上来看基本上是属于城市居民生活方式的一个部分，农村人口很少参与，这使得体育市场发展的活力不足、动力不够。因此，体育的有效需求不足是当前我国体育市场发展过程中面临的最大问题。要想培育和发展我国的体育市场就必须激发、创造和调动我国全体居民的体育消费需求，建立和形成一个庞大的体育消费体系。

3.体育市场管理不规范

(1)政府对体育市场宏观调控不力，造成新兴体育健身娱乐消费项目(如保龄球、高尔夫球等)一哄而起，发展较快，但市场需求严重不足。

(2)尚未建立起一个统一、高效的行业监察、预警、统计、评价、考核体系和行业投资、发展、经营的信息系统。

(3)缺少体育产业发展的相关政策，突出表现在用地、税收、融资、赞助和建立新产业发展基金等方面的扶持政策。

(4)一些准行政单位滥用行政手段分割和垄断体育项目市场，导致这些项目市场的壁垒过高，进入成本过大，阻碍了市场的发展。

4.体育市场主体不成熟

体育市场主体主要是指体育产品的生产者、消费者和经营者。目前来看，我国的体育市场主体还很不成熟。这主要表现在以下两个方面。

(1)市场营销手段落后，体育市场经营者(特别是体总系统)市场开发创新意识比较薄弱，体育产品科技含量低，相关配套服务缺乏，营销手段比较落后。

(2)体育市场缺少较固定的消费群体，体育市场缺乏一种会员制的组织建制，参与体育市场消费的体育消费者大部分是“散兵游勇”，没有形成较固定的体育消费者群体。

5.缺乏高素质的体育人才

缺乏体育经营管理的专门人才，由于对体育市场的培育和管理没有经验，体育市场经营意识淡薄，体育经营管理的专门人材缺乏，因此，只能拱手把已形成的体育市场让外国财团来经营和管理。如足球和男篮这两个最热门项目的甲级联赛赞助权，均被全球最大的体育推广公司——国际管理集团买断。

6. 面临着庞大且迅速发展的文化产业及其他娱乐产业的激烈竞争

我国的文化产业及其他娱乐产业伴随着改革开放及国家大力推进第三产业发展而迅速壮大，体育市场的发展在余暇时间、余暇消费的项目及客源上面临着庞大且迅速发展的文化产业及其他娱乐产业的激烈竞争。

二、我国现代体育市场发展的策略

目前，总体上来看我国体育市场的发展还很不完善，同国外发达国家相比还处于低级发展水平阶段，但从另一方面来说，我国体育市场的发展潜力巨大。当前我国体育市场发展的优势和劣势都非常明显。优势集中表现在有利的宏观经济发展环境、丰富的体育资源、迅速增长的体育需求以及廉价和丰富的劳动力等方面；劣势主要表现为体育市场实践主体观念滞后，现行体育管理体制不合理，体育人才匮乏，缺乏有较强实力的企业等。因此，要想更好地促进我国体育市场的发展，就必须在遵从市场经济发展规律的基础上，采取各种各样的策略，吸取和借鉴国外优秀体育企业的发展经验，并结合自身的具体实际，走出一条适合自己发展的道路来。

从发展的角度来看，进入 21 世纪后我国体育市场具有良好的发展前景，但要想把这种前景转变为现实，就需要我国政府和体育企业相互协调，采取各种手段和措施来共同发展。

（一）加强政府的调控

转变政府职能，建立现代市场经济的宏观管理主体，即要将直接管理权给体育经营者、把实行资源配置的职能交给市场，按照市场经济的要求，承担起调控、管理和弥补市场失灵的职能。主要可以采用以下三种方式。

1. 意识形态创新

意识形态是一种节约机制，当个人深信一个制度是非正义的时候，为试图改变这种制度结构，他们有可能忽略这种对个人物质利益的斤斤计较。当个人深信习俗、规则和法律是正当的时候，他们会服从它。因此，政府决策中心应充分利用各种舆论工具，加强引导和宣传，使人们充分认识到制度创新的必要性，从而通过人们意识形态的改变来减少改革的阻力，以更好地推动我国职业制度的创新。

2. 适当的利益补偿

比如职业足球制度改革的性质，决定了改革必然要对现存的管理职能进行重新定位，从而势必削弱中国足协的控制权。由于控制权的失去具有不可补偿性，因而权力资本的重新分配和转移必将加大改革的阻力。为了减少改革的阻力，可以采取赎买和利益补偿等措施，减少既得利益集团因改革所造成的损失。从而使我国职业足球制度的改革顺利进行。

3. 必要的强制手段

"最高决策中心"应当从运动项目的长远利益出发，果断地采取强制性手段，不失时机地推进我国职业制度改革，以打破制度僵持局面。

(二)明确市场定位

市场定位是指一个运动项目或产品如何通过市场的运作和管理，在目标消费者心中树立起来的具有一定市场竞争优势的正面形象。从消费者的角度来分析，一个好的市场定位通常包括以下几个特点。

第一，该运动项目和产品具有重要性。

第二，该运动项目和产品具有差异性。

第三，该运动项目和产品具有特殊性。

第四，该运动项目和产品具有经济和效益性。

第五，该运动项目和产品具有可交流性。

第六，该运动项目和产品具有可复制性。

市场定位是一个运动项目或产品在人们心中的图腾形象，其操作需要与消费者之间进行大量的信息交流，并将社区和社会的公共关系提高到一个理想的境界。

(三)加快体育经营管理人才队伍的培养

发展体育经济，培养和造就体育经营管理人才已是刻不容缓的课题，高校系统内体育院系要加强体育经营管理专业的学科建设，除本科生外，还要培养一大批体育经济硕士生、博士生，以适应当今体育市场激烈竞争之要求。同时也要有计划地通过有关部门组织人员到国外进修，使相关人员掌握当代体育产业的发展规律和体育市场的开发技术。此外，也可适当引进一些外面的专门人才，弥补国内的不足。总之，要积极加快培养体育经营管理人才的步伐，确保体育市场持续、蓬勃发展的人才需求得到满足。

（四）加强体育市场法规建设和规范

体育市场的正常运行，需要有一整套科学而规范的市场规则和市场秩序，需要建立必要的法律制度和监督体系来规范和约束俱乐部与政府的行为。所有参与市场经营活动的体育俱乐部，都须严格遵循国家规定的法律法规，政府和经济管理部门也要依照相关的经济法规来管理、控制、协调市场上的各类经济活动，防止市场发生无规则波动，保护合法经营，打击违法行为，促进市场的有序运转。管理人员若有违法行为，也要追究其法律责任。整个市场经济运转应在公开、公正、公平的法制基础上进行。

（五）提供体育市场场所及相关的中介服务

要重视体育中介市场的培育，充分发挥中介力量在体育市场的桥梁和催化作用。各地要积极培养本地的中介机构，各级体育行政管理部门要处理好“管竞赛”与“办竞赛”的关系，逐步转变为由社会体育中介机构来承办与推广各类体育竞赛。要借助奥运商机，积极扶植和培养我国的体育中介机构，使体育中介机构发挥更大的积极作用。

（六）加大经济的扶持力度

体育市场要发展，就需要投资，就要广开财路，走经费筹措多元化的路子。在资金投入方面，要鼓励社会力量的广泛投资和参与，形成政府、社会和个人全方位投资体育市场的局面。

（七）加强体育市场调查，制定具体营销策略，培育消费主体

我国体育市场在发展过程中，有很多体育产品与居民需求不一致，导致了体育产品的结构性矛盾。这需要在制定体育市场发展战略时，加强对我国居民尤其是城市居民体育消费特征与变动趋势的调查与分析。首先需要运用多种方法来加强对体育消费的调查，研究消费者的需求变化，预测体育消费的未来走势；其次要利用各种手段去影响居民的消费欲望，让居民潜在的需求变成现实的消费；再次是着力培养和开发有较大市场需求与广阔发展前景的体育消费市场，最后应逐步压缩那些市场需求不旺或发展潜力有限的体育消费市场，使我国各类体育市场能在强劲的需求中实现可持续发展。

（八）基于战略性视角积极开拓各类体育市场

目前我们的经济整体水平还不高，不可能在短时间内对所有的体育产业构成市场实施全方位开发，而要选择个别突破口，也就是体育市场发展的领先领域，由点及面，通过培育若干个有影响的体育市场构成类别，刺激社会对体育的需求，进而逐步扩大到其他市场，形成体育市场良性可持续发展的合理格局。联系本国国情和实际，我国应优先发展极具潜力和前景的体育健身娱乐市场，以健身娱乐市场为基础重点开发体育竞技表演市场，不忽视具有瓶颈制约作用的体育中介市场的协调发展，充分发掘体育用品制造市场的比较优势，同时稳妥发展体育彩票市场，以带动体育市场其他领域的全面发展。

第七章 体育市场营销理论与操作研究

体育产业是世界经济的一个重要组成部分，在世界各国都受到了高度重视，我国也不例外。自 2000 年起，国家体育总局逐步将具备一定市场开发条件的体育竞赛项目的举办经营权实行社会招投标制。特别是 2008 年我国成功举办第 29 届(北京)奥林匹克运动会以来，掀起了我国体育文化发展的热潮，促进了体育社会化、产业化的进程，强化了民众的体育商品意识，树立了体育商品观念。而作为实现体育商品价值的重要手段之一的体育市场营销活动，正日益受到业内人士的普遍的关注。体育市场的健康发展需要体育市场营销观念的指导，本章即对体育市场营销进行深入的研究，以为体育企业在现代体育市场中的发展提供一定的理论指导。

第一节 体育市场营销基本理论

在经济全球化的今天，现代体育市场的发展已经成为一个全世界关注的领域，体育企业也因此获得了前所未有的发展契机，而体育企业的发展与其体育市场营销工作的好坏有着密切的关系。

一、体育市场营销的含义

(一)市场营销的含义

在对体育市场营销的含义进行了解之前，有必要先对市场营销的概念进行了解。关于市场营销的概念，国内外许多学者及组织都从不同的视角对市场营销做了不同的阐释。

作为世界营销领域权威的美国市场营销协会于 2004 年再次更新了市场营销的定义，认为“市场营销既是一种组织职能，也是为了组织自身及利益相关者的利益而创造、传播、传递客户价值，管理客户关系的一系列过程”。

菲利浦·科特勒是对营销学科影响最大的学者之一，他从两个角度表述了营销的含义，具体如下。

第一，从社会角度看，市场营销就是以满足人类各种需要和欲求为目的，通过市场变潜在交换为现实交换的活动；也是个人和集体通过创造、提供出售、并同别人自由交换产品和价值，以获取其所需所欲之物的社会过程。

第二，从管理学的角度看，营销就是发生在当一桩潜在交易中至少有一方正考虑着如何从另一方获得所渴求的反应时而形成的那些目的和手段的过程；它需要选择目标市场，通过创造、传递和传播优质的顾客价值，来获得、保持和发展顾客。

(二)体育市场营销的含义

关于体育市场营销的含义，当前并没有形成一致的观点，这里介绍几种影响较大的观点。

美国学者马修·D. 尚克指出："体育营销是把体育营销原理和过程专门运用到体育产品和那些借助于体育来营销的非体育产品上。"

美国体育市场营销学者布伦达·G. 皮兹则认为："体育营销是指为一种体育或体育公司产品生产、定价、促销、渠道等设计和实施的活动过程，其目的在于满足消费者的需求或欲望，并达成公司目标。"

国内学者陈林祥在其《体育市场营销》一书中指出："体育市场营销是指为了满足消费者的需求，实现体育组织的目标，对产品、价格、分销和促销所进行的一系列活动的计划、实施和控制。"

对国内外学者关于体育市场营销的表述进行概括，可以得出较为全面的体育市场营销概念，即体育组织或与体育有密切依附关系的组织、机构为满足消费者的需求，实现自身及利益相关者的目标，而将体育营销原理应用到任何涉及体育产业的一系列商业活动过程。这一概念的核心是通过满足消费者的需求来达成体育组织或利益相关者的目标。

二、体育市场营销的特点

随着我国社会主义市场经济的确立，体育市场体系日渐成熟，体育市场营销也越来越受到重视。体育市场营销是市场营销的一部分，因而具有普通市场营销的一般特点。然而，体育市场作为特色市场，它的营销活动还应充分考虑其特殊性。由于体育产品具有有形和无形的两种形态，又具有实物和服务两种属性，因此体育市场营销的自身特点十分突出。具体来说，体育市场营销的特点主要有以下几个。

(一)依赖性

体育是一种文化现象,是社会存在和发展的反映。在不同的社会文化背景下,人们对体育的认识程度不同,对体育的消费需求差异也较大。受其影响,体育市场的营销活动的差别也非常大。即使在一个国家,体育的发展程度也是千差万别的。

我国是个多民族的人口大国,各地区、各民族的文化差异会直接导致体育市场的变化。因此,没有一个适合的社会环境,体育市场营销活动就很难找到自己的立足点。

体育的消费需求属于高层次的需求,经济发展程度是大众体育消费的基础。与一般生活消费不同,体育消费只有在恩格尔低于40%时才能活跃起来。或者说,体育消费的发展要依赖于经济的发展,达到小康生活水平的人们才会更关注体育消费。因此,在经济发达地区体育市场营销活动比较容易开展,而在经济环境差或经济发展欠发达地区,体育市场营销活动开展比较难,并主要以某些体育实物营销为主。

(二)无形性

体育市场营销的产品包括两类,即体育有形产品和无形产品。与体育有形产品不同,体育服务在购买之前是看不见、摸不着、听不见、闻不到的。体育消费者购买一场精彩体育比赛的门票时,他们并非购买一个座位,而是购买观赏比赛的权利。当比赛结束时,消费者可能两手空空,但他们却拥有一段美好的能与他人一同分享的记忆。所以,NBA、世界杯以及奥运会的体育营销人员千方百计努力创造让消费者难以忘怀的体验过程。

为了减少由于体育服务的无形性所造成的不确定性,消费者会搜求能够提供有关体育服务的信息和能对服务信赖的各种有形证据。所以,无形服务的战略是要使它们“有形化”。例如,一支成绩下滑的中超职业足球队可能希望把焦点放在球迷看球的新设施的有形的舒适性或其他附加利益上,而不是促销体育比赛本身。体育经营场所的风景维度、舒适性和美学因素应当受到高度关注,因为各种有形的因素是展示无形服务的质量信号。

(三)多元性

社会的发展,会对体育市场的发展产生重要的影响。在我国当前的市场经济条件下,市场的主体和客体发生了较大变化。根据所有制形式,市场由单一的国有经济市场主体不断扩展,增加了集体经济市场主体、混合经济市场主体、股份经济市场主体、私人经济市场主体、中外合资及外商独资经济市场主体等，大大提高了市场营销的竞争力。

以体育市场发展为契机，品种繁多的营销产品纷纷涌进体育市场，如经纪业、保险业、旅游业、饮食业等，并逐渐形成了具有自身行业特点的新的体育市场。体育市场营销的多元化增长促使体育产品的数量、种类等大幅增加，跨行业地生产经营体育产品和服务，扩大了体育市场的范围，提高了市场内涵。

近年来，健身与娱乐的结合已经成为总的趋势，针对不同目标市场的体育营销活动进一步分化，以健身为主的娱乐活动和以娱乐为主的健身活动朝多样化发展。由于体育市场的前景为商家看好，激烈的竞争为体育市场的发育和发展创造了难得的机遇和条件。

（四）变动性

为产品制定质量标准能保证产品生产过程的监控，保证产品生产完成后的质量验收，主要目的是为消费者提供满意的产品。通常的产品质量有一定的检测指标，以指标的检测结果衡量产品的等级或确定是否达到规定标准。制定服务产品的质量标准很难，制定体育的主体产品的质量更难。体育的主体产品是满足人们观赏和身体运动的需要，对不同人群来说，无法确定统一的质量标准，即不能用一种标准评价它的好坏。由于这些服务产品的生产过程可变因素多，消费者的个体差异大，消费欲望的满足程度不可能用一种标准衡量，所以体育市场营销的主体产品缺乏客观评价标准。将消费者的满足程度作为质量评价标准，难以使经营者和消费者在法律的层面上解决纠纷。

此外，体育产品中的体育服务并非一成不变的，其质量与提供服务的人员、时间、环境乃至季节气候密切相关。另外，体育服务的生产与消费是同时进行的，这使质量控制变得很难操作。

引起体育服务变动的因素很多，如需求的波动使体育服务高峰时间里的产品质量难以保持一致；不同体育服务者的服务技巧，也会导致消费者主观感受出现差异；运动员在主客场不同环境气氛条件下，其专业水准表现也会大相径庭。正是由于许多体育服务企业缺乏相应的行业标准，消费者购买体育服务往往有一定的风险性。消费者从体育服务企业购买服务产品中所获得的满意度，常常低于体育有形产品的满意度。这就大大增加了体育服务企业营销人员对服务产品营销的难度，因而体育服务企业更应采取相应的策略，如保证体育服务企业必须要有对应的组织和资源，实行标准化服务，降低体育服务表现不稳定的风险，并对体育服务人员的执业资格进行认证，这才有利于增加营销机会。

(五)广泛性

随着人们生活水平的提高，健康意识和生活质量意识得到加强，从事体育消费活动的人群不断增大，体育产品和服务的消费需求不断增长，体育市场营销的范围和规模不断扩大。

我国加入 WTO 后，体育市场的国际化趋势越来越突出，体育的国际市场营销活动日趋频繁，经营活动在向国外拓展，以寻求和占领国际市场。体育实物产品的直接作用在于保证体育活动的开展，为体育服务提供基本条件。体育健身娱乐市场的销售量增加，必然导致体育用品市场销售量的增加。由于体育消费方式的差异，参与体育健身活动的人未必通过交费方式达到健身目的，但是他们也仍有对体育用品的需求。受体育市场多元化影响，体育市场的营销活动渗透到更多领域，遍及任何地方。由于体育的大多数产品具有替代性较强的特点，在很多情况下，人们都会找到替代产品或活动方式满足个人体育消费需求。因此，体育的广泛性和持久性为体育市场的发展提供了更广阔的空间。

(六)不可分割性

体育市场营销的不可分割性主要是针对体育服务而言的，即体育服务与销售不可分离，生产过程与交换过程、消费过程同时发生。

在一场体育比赛的情况下，运动员、娱乐者和球迷之间没有分离情况，比赛在生产的同时也在消费。这意味着体育服务提供者和消费者在交易发生时必须同时在场，两者的直接接触构成了产品的一部分。同时，体育消费者和服务提供者都必须了解整个服务运作系统，因为他们需要共同参与体育服务的生产。此外，体育消费者参与生产过程意味着体育服务组织也必须选择、雇用和培训顾客。这意味着可以为消费者带来诸如降低价格、增加价值、节省等候时间等一系列好处。因此，体育服务企业的管理人员既要善于管理雇员又要善于管理顾客。

(七)易消失性

体育市场营销的易消失性特点也是针对体育服务而言的。体育服务是不能被储存起来的。一个有 20 000 个座位的体育场，如果在某一场比赛时只销售出 15 000 张门票，那么没有销售出去的 5 000 张门票是不可能储存起来留待下一场比赛销售的。在成本固定的情况下，没有销售掉的 5 000 张门票所造成的损失永远无法弥补。这种对服务提供者有用却没有需求或需求不足的“无效期”，被称作“无价值的产品容量”。

为了对“无价值产品容量”这一问题进行有效解决，体育营销者可以尝试通过控制其他营销组合变量来刺激需求。比如，对预定体育场馆的消费者进行收费，降低价格或其他促销方式来刺激消费者的兴趣。

第二节　体育市场营销的战略与策略

体育企业的生存与发展，是在一个动态的市场环境中进行的。在体育市场营销过程中，体育企业不但要善于创造顾客价值，满足他们的需求，还必须善于适应不断变化的市场，制定战略计划，实施战略管理，选择有效的市场营销策略，以实现企业目标。

一、体育市场营销的战略

(一)体育市场营销战略的含义

所谓体育市场营销战略，就是体育企业在现代市场营销观念的指导下，为实现其经营目标，对于企业在一定时期内市场营销发展的总体设计与规划。通过规划总体战略，决定营销组合、分析营销环境、选择营销策略，为具体的体育市场营销活动建立一个基本框架。

(二)体育市场营销战略的内容

体育市场营销的战略，具体包括三方面的内容，即进行体育市场营销组合、分析体育市场营销环境和选择体育市场营销策略。在这一部分，将着重对前两项内容进行详细阐述。

1.进行体育市场营销组合

(1)市场营销组合

所谓市场营销组合，就是企业在选定的目标市场上，综合考虑环境、能力、竞争状况对企业自身可以控制的因素，加以最佳组合和运用，以完成企业的目的与任务。它表现为特定时期向特定市场销售特定的商品，这个特定指某一具体的范畴。

市场营销组合的实质，是综合发挥企业的相对优势，从多方面做到适销对路，以满足消费者的整体需求，从而提高企业效益和社会效益。另外，市场营销组合的出现，有着十分重要的理论意义，具体表现在以下几方面。

第一，市场营销组合的出现意味着市场经营观念完成了新旧观念的转变，即发展到了新观念——市场营销观念。市场营销观念的核心是以目标顾客的需要为中心，实行市场营销组合，着眼于总体市场，从而取得利润，实现企业营销目标。在这里，市场营销组合作为营销手段至关重要。

第二，市场营销组合体现了现代市场营销学一个重要特点，那就是具有鲜明的管理导向，即着重从市场营销管理决策的角度，着眼于买方行为，重点研究企业市场营销管理工作中的各项战略和策略，从而使决策研究法在诸多研究方法中显示出其概括性强，适应面广的优点，并成为研究市场营销问题普遍采用的重要方法。

第三，市场营销组合的理论基础是系统理论，它以系统理论为指导，向企业决策者提供了为达到企业营销整体效果而科学地分析和应用各种营销手段的思路和方法。

(2)体育市场营销组合

体育市场营销组合是系统观念在市场营销活动中的具体体现和运用。它涉及企业对市场营销活动的手段和方法的基本认识，在激烈竞争的市场条件下，体育企业要满足顾客需要，完成经营目标，赢得市场竞争的胜利，不能依靠某种单一的营销手段和策略，必须从目标市场的需要和市场环境的特点出发，根据企业资源条件和优势，综合运用各种营销手段，形成统一的、配套的营销策略，通过企业上下各部门的协调努力、密切配合才能实现。

体育市场营销组合可借鉴布姆斯和彼特纳的服务营销组合要素构成，即所谓“7P”理论。按照“7P”理论，在制定体育产品的市场营销组合时，决策者应注意以下几个问题。

第一，产品。产品体育的产品是由运动表现所带来的市场效益和交换关系。体育市场中的这种市场效益和交换关系的特点是“兵无常势，水无常形。因此，体育企业要不断根据自身状况、市场变化和消费者需求，优化产品要素组合。

第二，定价。体育服务产品的定价较困难和复杂，因为它不以成本为基础来确定价格，更多考虑的是消费者对此项服务的认识，即根据消费者的认可程度和承受力来决定。因此，体育服务经营者(卖方)必须影响买方对该体育产品的认识，使之形成对卖方有利的价值观念，同时要充分考虑到消费者的经济承受能力。

第三，渠道。体育服务产品的生产和销售过程往往是同时进行的，具有不可分离性和不可贮存性。因此，体育服务产品的分销渠道环节相对较少。不过，随着社会分工和流通领域的不断发展，体育服务产品的分销渠道中，间接销售的比例将逐渐增大。因此，体育服务的经营者应尽快掌握在市场上如何与中间商打交道、如何建立产品分销渠道更为合理。

第四，促销。体育服务产品通常是体育产品中最难以评价的产品，主要是因为它具有无形性和不易感知性等特征，消费者从评价选择—认购的购买心理过程，受外界影响较大，所以对体育服务产品展开促销活动，效果较好。

第五，人。体育服务中的人涉及三类，即经营者、生产者（运动员、教练员、辅助人员）和顾客（现场观众、通过媒体的观众和赞助商），他们构成体育营销的一部分。经营者的一切活动和行为最终都落实到提高顾客的满意和忠诚，因此体育服务人员必须通过其良好的服务态度、专业的服务技能以及优异的服务质量服务于消费者，以获得消费者良好的认知和评价，继而影响消费者的购买行为。

第六，有形展示。体育服务产品通常不能以有形的实物形式静态地展示出来，但消费者可以从一些相对固定的体育服务信息环境中去初步认识服务的水平、档次、规模。这些可传达体育服务特色及优点的有形组成部分，便是有形展示。对于体育服务来说，其有形展示部分主要包含场馆的设计、企业的形象标志、附加产品等要素。

第七，过程。体育服务产品的生产和销售过程是统一的，具有不可分离性和不可贮存性，在产品生产和销售之间不存在质量检验，因此生产者的生产过程必须确保质量，做到万无一失。这对体育服务人员提出了较高要求，他们必须兢兢业业对待比赛，指导、咨询，一次性生产出合格产品，让消费者满意。因此，体育服务产品市场应对体育产品生产与消费的过程予以高度重视。

2. 分析体育市场营销环境

体育市场的营销环境是由一些影响着企业能否成功开展并维持与目标顾客进行交易的各种内外部的因素与势力所构成，具体包括宏观环境和微观环境两部分。

（1）体育市场营销的宏观环境

面对全球经济的一体化和体育竞争的日趋激烈，体育经营管理者所面临的环境也在不断地发生变化，并需要随着环境的变化而不断调整自身的营销战略。宏观环境是管理组织无法控制的环境，任何一个体育组织对于宏观环境的变化都无法改变。具体来说，体育市场营销的宏观环境主要包括以下几方面的内容。

第一，政治环境。在我国，政治在体育运动中一直扮演着一个重要的角色，竞技体育在一定程度上就是政治的集中体现。由于中国竞技体育实行的是举国体制，体育宏观管理的权限主要集中于政府部门，中央和地方政府都设有相应的部门来管理体育。这种管理体制有利于发挥整个国家的人力、物力和财力来快速提高竞技运动水平，其竞技训练、竞赛和人才培养体系较为完善，有利于竞技运动成绩的取得。而美国、英国、日本、法国等国家的体育管理实行的是分权型管理模式，体育的组织管理大都依托于行业协会或教育系统来进行。体育市场营销的政治环境，主要包括政治局势，国家的方针、政策和国际关系等。政治环境越是稳定、公开和透明，体育组织的战略计划相对明确，具有长期性和稳定性。如果政治环境不确定性较大，相应的，体育组织的计划、组织、控制等职能也就表现出更大的不确定性，不利于体育组织的长期发展。

第二，法律环境。市场经济是法制经济，法制建设是市场体系建设的重要组成部分，没有法制保障，市场经济体制就不可能确立和完善。体育市场运行主体需要法制的保障，交换和经营往来需要法律保障的契约来实现，体育消费者的利益需要法制的保护。一个国家的法制建设，与其所具有的法律环境具有密切的关系。随着中国法治化进程的不断推进，依法治体已成为体育管理的重要手段，因而法律环境对体育管理影响越来越大。

第三，社会文化环境。社会文化环境由一些影响社会的基本价值观、信仰、语言、行为和社会成员的生活方式等要素所构成。人类的消费方式，需求或欲望以及满足需求或实现消费的途径都属于社会文化范畴。社会文化环境对体育营销有着重大的影响，只有深入地考察一定的社会文化环境，我们才能理解为什么收入完全相同的人，其体育消费动机和消费行为往往不同？为什么国民收入水平相似的国家或地区，其对奥运会、全民健身的理解存在较大的差异？尽管导致这些结果的原因是多种多样的，但关键一点不容忽视，即社会文化环境可以直接改变人们的消费动机和消费行为。因此，成功的体育营销者必须学习好“文化”和市场。营销者每时每刻都要处理文化和人（市场）的问题。在体育促销宣传时，必须使用意义明确的符号。在体育产品设计时，产品的风格和用途及相关的其他市场活动必须与现有的社会文化相适应，产品才能被接受，也才会有意义。事实上，文化渗透到体育营销的各项活动之中，包括定价、促销、分销渠道、产品、包装及产品风格。

第四，经济环境。经济环境是体育经营者必须要考虑的一个不可控因素，它直接决定了消费者的购买能力。影响体育市场营销的经济因素，具体有国民生产总值、国内生产总值、就业率、出口、投资、收入水平和消费水平等。近年来，消费者在收入增长放缓的情况下，消费的支出模式发生了较大的变化，消费支出中一般生活用品所占的比重逐渐下降，而服务性消费所占的比例不断提高。

第五，人口环境。人口是构成市场最基本的因素，人口环境直接决定了市场潜在规模的大小。一个国家或地区的人口越多，意味着其体育市场的需求量就会越大。人口的各项特征，如人口规模、人口分布、人口增长率、家庭状况等对体育市场营销都会产生多方面的影响。人口规模决定了潜在的购买者规模，我国是世界上人口最多的国家，决定了我国的体育市场发展的潜力是最大的，但这种潜在的市场要转化为现实的市场还需要具有一定的经济购买力和购买欲望。人口分布对体育经营也会产生较大的影响，如体育场馆地址的选择、体育电脑彩票销售点的布局等都与人口分布有一定的关系；人口结构往往决定了体育产品结构和产品需求类别。比如，随着我国人口老龄化趋势的出现，体育健身、保健类产品和体育服务类产品的需求正在不断上升。

第六，技术环境。新的技术每天都在影响着体育营销领域，而且其对体育市场营销的影响是多方面的。新的技术被广泛运用到体育广告、体育场标志和体育产品的分销，其中现代网络技术是影响体育营销最深远、增长最快的新技术之一。此外，先进的技术也在不断地改变球迷们的消费方式。技术便利使球迷的消费变得互动性越来越强，提高了消费者的参与性。体育电脑游戏就是一个例子，体育游戏因它们与真正的比赛非常逼真，而被称为“模拟”。实际上，有时球迷们对这些游戏和模拟的关注超过了对真正比赛的关注，如今每四个电脑游戏中就有一个与体育的主题有关。

第七，自然环境。自然环境由一些为体育市场营销所必需的或受到营销活动影响的自然资源所构成。人们观看和从事不同种类的体育活动，在很大程度上往往取决于这个地区的自然环境特征。例如，冰雪运动在我国北方十分流行，而游泳、冲浪和沙滩排球则非常受沿海地区居民的喜欢等。为了观众和参与者，体育经营者试图控制自然环境。比如，为减少高温和恶劣雨雪天气对体育比赛的影响，体育经营者修建了可移动穹顶的体育场馆，以消除这些自然因素对比赛选手和观众的困扰。

(2)体育市场营销的微观环境

体育市场营销微观环境主要指的是那些与企业密切相关并能影响企业顾客服务能力的因素和势力，具体包括以下几方面的内容。

第一，企业内部环境。企业内部环境由企业内部的各种组织机构组成。在一家体育经营单位中，营销部门并不是孤立的，实施营销计划所需要的资金由财务部筹措和使用；会计核算部通过测算收益和成本来帮助营销人员了解是否达到营销目标；产品开发部负责产品创新，以便满足不断变化的市场需要；企业高层管理者制定企业的使命、目标、战略和政策。所有这些部门和人员都与营销部门的计划和活动密切相关并对企业经营的成败产生影响。

第二,销售市场环境。体育销售市场环境,从狭义的角度来看指的是体育商品交易的硬件环境及其价格和各种管理水平。近几年,我国体育市场的硬件环境已有较大改善,无论是体育用品的交易场所,还是体育场馆、健身会所等都呈现快速发展的态势。体育商品的价格,因交易内容的质量、水平、时间、硬件环境而有差异,但总体上能反映消费者的一般购买水平。体育市场服务质量逐步提高,“以人为本”“顾客就是上帝”的服务思想成为大多数企业的经营理念。一些反映现代科技水准的产品和技术,也为体育市场服务赋予了高科技含量。

第三,营销中介环境。营销中介是指那些帮助企业向最终消费者推广、销售和分销产品的机构,包括中间商(包括代理商和经销商)、营销服务代理机构(包括公关代理机构、广告代理机构、营销咨询机构、营销调研机构以及直营企业)等、金融中介机构(包括银行、信托公司、保险公司等)。目前,体育营销人员已意识到这些中介机构在体育有形产品和无形产品的营销中的重要性,而不仅仅将它们视为产品的销售渠道。

第四,消费者购买环境。在体育市场营销中,企业需要对自己产品的购买者及由这些购买者构成的销售市场环境熟悉和了解。在当前,体育用品种类和数量越来越多;体育无形产品的消费需求显著增长且市场潜力广阔;一些具有极高观赏价值、惊险刺激的竞技比赛项目,经过演变成为具有参与性、娱乐性的产品市场被广泛看好,如射箭、滑翔伞、蹦极、潜水、漂流、沙滩排球等,参与者十分踊跃。因此,越是接近社会,接近生活,符合消费者需要的体育赛事和产品越有魅力,越有市场。

第五,市场竞争环境。在体育市场中,竞争是不可避免的。每一个体育市场都存在来自国内外为数众多的竞争者,某一企业独占体育市场的现象已不复存在。因此,企业不仅要对竞争对手进行识别和跟踪,做到知己知彼,而且要采用适当的市场谋略,使竞争对手的干扰和影响降到最低,从而巩固和扩大本企业的市场份额。

二、体育市场营销的策略

体育市场营销策略的制定,是为了帮助体育企业选择和组织公司的业务,使企业能够健康地发展,哪怕营销业务中出现预想不到的麻烦也能未雨绸缪。就当前来说,体育市场营销的策略主要有以下几个。

(一)市场定位策略

所谓市场定位,就是体育企业根据市场竞争状况和自身资源条件,设计出自己的产品和形象,从而在目标消费者心中确定与众不同的有价值的地位。不同体育企业经营的产品不同、面对的顾客不同、所处的竞争环境不同,因而可选择的市场定位策略也不同。具体而言,体育企业的市场定位策略主要有以下几个。

1. 产品特色定位策略

构成体育产品内在特色的因素很多,如材料、性能、外观、质量、价格等。这些因素都可以作为市场定位可选择的策略。

2. 顾客利益定位策略

产品提供给顾客的利益是顾客最能切实体验到的,因而其也可以作为定位的依据。比如,中国大学生篮球协会 1998 年创办了 CUBA 全国大学生篮球联赛,主办者将大学生自己的联赛和培养高素质篮球人才作为自己的市场定位,在远不及篮球甲 A,甚至甲 B 的竞技水平情况下,由于充分满足了大学生的需要,出现了持续多年的火爆场面。

3. 用途定位策略

不同的体育产品具有不同的特定用途,而不同的用途决定了体育产品的市场定位。另外,为老产品找到一种新用途,也是为该产品创造新的市场定位的好方法。

(二)市场竞争策略

迈克尔·波特认为,一个企业通常要面对来自五个方面的竞争压力,即同行业中竞争对手的压力、潜在新加入的竞争者、替代产品、购买者和供应商(图 7-1)。同时,在不同的时间、地点和条件下,企业所面临的竞争压力是不同的,分析竞争压力的目的是要了解每一种竞争力量的态势,从而制定有效的竞争战略。通常情况下,体育企业的竞争策略主要有以下几个。

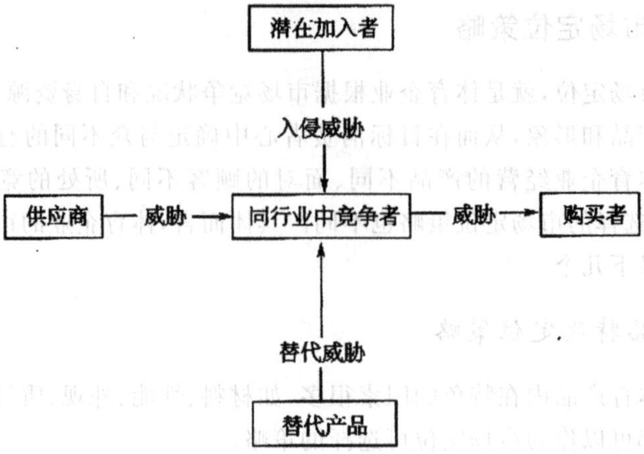

图 7-1

1. 低成本策略

在保证产品和服务质量的前提下，努力降低产品和销售成本，从而使本企业的产品价格低于竞争者的价格，以迅速扩大销售量，提高市场占有率。这便是低成本策略。实现规模经济、做好供应商营销、塑造企业成本文化、生产技术创新和打好“价格战”等是低成本策略的实现途径。

2. 目标集中策略

企业集中力量于某几个细分市场，为顾客提供最有效的服务，更好地满足一定顾客的特殊需要，从而争取局部的竞争优势。这便是目标集中策略。这一策略能否有效实施，与能否选好目标领域有着密切的关系。

3. 产品差异化策略

创建本企业产品的独特性，大力发展别具一格的产品和营销项目，以争取在产品或服务等方面比竞争对手有独到之处，从而取得差异优势和独特的市场地位。这便是产品差异化策略。有形差异化和无形差异化是这一策略实现的主要途径。

(三)差异化营销策略

随着世界经济的发展和营销环境的变化，差异化营销策略已越来越受到企业的关注，并已经成为现代市场营销战略的一个重要组成部分。它对于企业寻求新市场、开发新产品、抵御竞争压力和进行营销策划具有重要的作用。对于体育企业来说，要运用差异化营销策略，以下几个方面要特别予以注意。

1.要对市场进行有效细分

体育企业要实施差异化营销策略，必须要把科学、缜密的市场调查、细分、定位作为基础，准确把握顾客的需求。在此基础上，分析满足顾客差异需要的条件，要根据现实和未来的内外状况，明确自己能否对顾客的需要进行满足。

由于顾客的需求差异很大，任何一个企业都无法为一个广阔市场上的所有顾客服务，因此企业不能盲目竞争，而应以自己的优势与别人的劣势竞争，也就是说要确定基于本企业优势的最有吸引力的细分市场作为进攻和占领的目标市场，细分市场是实施差异化的最根本的前提。

2.要对主要竞争对手进行深入分析

知己知彼，方能百战不殆。面对日趋激烈的市场竞争，为了能保持自身的竞争优势，最好的办法就是尽最大可能地利用自己优于竞争对手的能力和资源，同时对竞争对手进行分析，明确竞争对手的长处和短处，竞争对手可能会采取的战略以及竞争对手的能力，以保证本企业的差异化战略能够得到顺利实施。

3.要不断对企业的体育产品进行创新

随着社会经济和科技的发展，顾客的需要也会随之发生变化，昨天的差异化会变成今天的一般化。也就是说，任何差异都不会永久保持。因此，要想使本企业的差异化营销策略持续有效，出路只有不断创新，用创新去适应顾客需求的变化，用创新去战胜对手的“跟进”。

4.要注重完善形象差异化

形象差异化即企业实施通常所说的品牌战略和CI战略而产生的差异。所谓CI战略，就是企业有意识有计划地将自己企业的各种特征向社会公关主动地展示与传播，使公众在市场环境中对某一特定的企业有一个标准化、差别化的印象和认识，以便更好地识别并留下良好的印象。企业通过强烈的品牌意识，成功的CI战略，借助媒体的宣传，使企业在消费者心目中树立起优异的形象，从而对该企业的产品产生偏好，一旦需要就会毫不犹豫地选择这一企业的产品。

5. 要对营销组合差异化进行有效完善

所谓营销组合差异化，就是由产品的销售条件和环境等具体的市场操作因素而生成的差异，包括销售价格差异、分销差异和售后服务差异。企业如何定价，最主要的还是要根据产品的市场定位、本企业的实力、和产品的生命周期来确定；销售渠道根据生产者和消费者之间经销商的多少，又有窄渠道和宽渠道之分，在同类产品中根据自己的特点和优势采用合适的销售渠道可以取得事半功倍的效果；随着买方市场的形成，相同功能和相同质量的产品越来越多，消费者的选择越来越受到售后服务差异化的影响，即售后服务差异化成了与竞争对手争夺市场的营销利器。

(四)服务产品有形化策略

服务产品有形化策略是指企业借助服务过程中的各种有形要素，把看不见摸不着的服务产品尽可能地实体化和有形化，让消费者感知到服务产品的存在以及提高享用服务产品的利益过程。一般而言，服务产品有形化要包括以下几方面的内容。

1. 服务产品的有形化

所谓服务产品有形化，就是通过服务设施等硬件技术，如运动咨询自动应答和体育彩票自动售票等技术来实现服务自动化和规范化，保证服务行业的前后一致和服务质量的始终如一；通过能显示服务的某种证据，如各种高尔夫会员卡、健身会所会员证等代表消费者可能得到的服务利益，区分服务质量，变无形服务为有形服务，增强消费者对服务的感知能力。

2. 服务环境的有形化

企业提供服务和消费者享受服务的具体场所和气氛，便是服务环境。服务产品的核心内容中虽然不包括服务环境，但它能给企业带来“先入为主”的效应，是服务产品存在的不可缺少的条件。

3. 服务提供者的“有形化”

直接与消费者接触的企业员工，便是服务提供者。一般而言，服务提供者所具备的服务素质、性格、言行以及与消费者接触的方式、方法、态度等会直接影响到服务营销的实现。因此，为了保证服务营销的有效性，企业应对员工进行服务标准化的培训，让他们了解企业所提供的服务内容和要求，掌握进行服务的必备技术和技巧，以保证他们所提供的服务与企业的服务目标相一致。

(五)品牌策略

在现代体育市场营销过程中,品牌营销是一个十分重要并应引起各经营实体和广大体育市场经营实践工作者重视的经营策略问题。对于体育企业来说,要有效运用品牌策略,以下几个方面要特别予以注意。

1.要对个性鲜明的品牌核心价值进行提炼与维护

品牌核心价值是品牌的灵魂和精髓,是企业一切营销传播活动围绕的中心。品牌核心价值应该个性鲜明独特,且能打动消费者的内心。在当今需求多元化的社会,没有一个品牌能成为通吃的“万金油”,只有高度差异化,个性鲜明的品牌核心价值才能以低成本吸引消费者眼球。

对于企业来说,一旦确定了品牌核心价值,就需要对其进行有效维护。品牌维护包括横向坚持,即同一时期内,产品的包装、广告、公关、市场生动化等都应围绕同一主题和形象;纵向坚持,即多年坚持在品牌不同时期的不同表达主题都应围绕同一品牌核心价值。

2.要以品牌核心价值为中心制定品牌法则

以品牌核心价值为中心的品牌法则是统帅企业一切营销传播活动的根本大法,它使企业一切营销传播活动有法可依,有章可循。

一般而言,品牌法则主要由两部分构成,即品牌战略架构和品牌识别系统。其中,品牌战略架构主要确认企业是采取单一品牌战略,还是多品牌战略,担保品牌战略等;企业品牌与产品品牌的关系如何处理;企业发展新产品时,是用新品牌,还是用老品牌来延伸,或是采用副品牌来彰显新产品个性;新品牌、副品牌的数量多少合适;如何发挥副品牌反作用于主品牌的作用等问题。品牌识别系统包括品牌的产品识别、理念识别、视觉识别、气质识别、行为识别、责任识别等,在这些识别系统中,具体界定规范了一个品牌的创业理念文化,价值观和使命,品牌的产品品质、特色、用途、档次、品牌的产品包装、IT 系统、影视广告、海报、品牌的气质特点、品牌在同行业中的地位、品牌的企业社会责任感、品牌的企业行为制度等。

这些品牌识别系统具体界定了企业营销传播活动的标准和方向,使品牌核心价值这个抽象的概念能和企业日常活动有效对接具有可操作性。

3.要以品牌法则领导企业的营销活动

企业一旦制定了品牌法则,就要以其为核心开展一切营销活动。从产品研发、原料采购、包装设计、到广告宣传、公关活动、新闻炒作、店面布置、促销活动、售后服务以及与客户消费者沟通等，都应演绎出品牌的核心价值。这样就会使消费者在每一次接触品牌时都能感受到品牌核心价值的信息，这样意味着企业的每一分营销传播费用都在加强消费者对品牌核心价值的认知和记忆，都在为品牌做加法。

4.要不断提升品牌的美誉度和忠诚度

一个品牌要想成为强势品牌，必须提升品牌的美誉度和忠诚度，用心打动消费者。其实，品牌的巨大无形资产是在消费者心中的，消费者只有发自肺腑地认同某个品牌，它才会成为强势品牌。

第三节 体育市场营销的组织、执行与控制

体育市场营销必须依托于一定的体育组织来完成，而且科学、高效、创新的体育市场营销组织能够充分调动体育营销人员的积极性与主动性，继而促进体育营销组织目标的执行与控制。

一、体育市场营销的组织

(一)体育市场营销组织的含义

体育市场营销组织是体育企业为了实现经营目标、发挥市场营销职能，由有关人员协作配合的有机、协调的科学系统。它是企业组织的一部分，是为了实现体育企业营销目标，通过职能的分配和人员的分工，并授予不同的权力和职责而进行的合理协调营销活动的有机体。

(二)体育市场营销组织的演变

体育市场营销组织与一般企业营销组织的演变基本相似，只不过更为关注体育营销。具体而言，体育市场营销组织的演变主要经历了以下几个阶段。

1.简单推销部门

20世纪30年代以前，西方企业的指导思想还停留在生产观念的阶段，财务、生产、推销和会计是企业发展的四个基本职能部门。其中，财务部门

主要负责资金的筹措，生产部门主要负责产品的生产，推销部门主要负责产品的销售，会计部门主要负责产品成本的计算。在推销部门通常是由一名副总裁来对下面的推销人员进行管理。在这个阶段，推销部门的主要职能仅限于生产部门产品的推销上(图 7-2)。

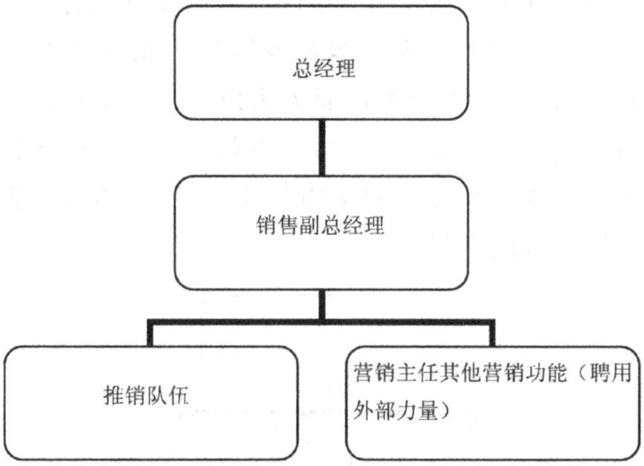

图 7-2

通常而言，这一体育营销组织是在企业规模较小且产品供不应求的市场条件下实行的。

2. 兼有附属职能的推销部门

在 20 世界 30 年代的“大萧条”后，市场展现出了新的活力，而市场竞争也变得日趋激烈，大多数企业开始将推销观念作为其发展的指导思想，需要进行经常性的市场营销调研、广告宣传以及其他促销活动，这些工作逐渐演变成专门的职能，当工作量达到一定程度时，便会设立一名市场营销主任负责这方面的工作，于是兼有附属职能的推销部门产生了(图 7-3)。

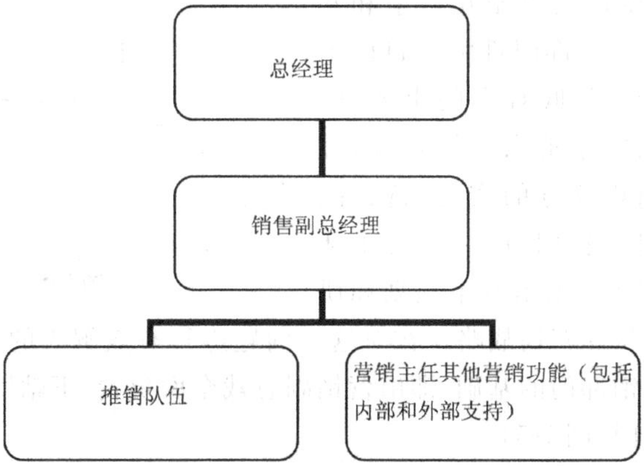

图 7-3

通常而言，这一体育营销组织的设立往往在产品由供求平衡向供过于求的买方市场转变过程之中，且会随着企业规模的扩大而变得日益重要。

3. 独立的营销部门

随着市场竞争的加剧及营销业务的拓展，以前作为附属性工作的营销调研、新产品开发、广告促销和为顾客服务等营销职能的重要性日益增强。同时，推销经理由于精力集中于推销而无力顾及其他，于是，营销部门成为一个相对独立的职能部门出现(图 7-4)。也就是说，在公司组织机构中，销售部门和营销部门成为密切配合但又相互独立、平等的两个职能部门，两部门的负责人均隶属总裁的领导。

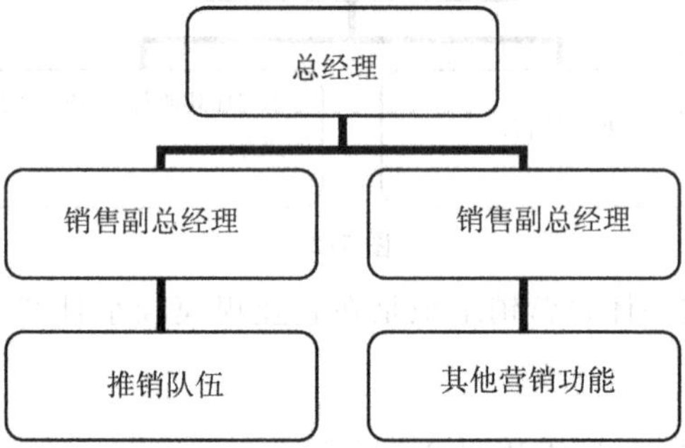

图 7-4

4. 现代市场营销部门

在复杂的市场营销活动中，推销副总裁和营销副总裁往往需要进行相互协调和密切配合，以保障市场营销工作能够取得良好的成效。但事实上，他们之间经常处于相互竞争和互不信任的状态。各部门都强调自己工作的重要性，而贬低对方的重要性。销售副总裁倾向于追求短期目标，并关注当前的销售任务的实现；营销副总裁常常倾向于长期目标，致力于从满足消费者长远需求出发来规划和研制最需要的产品和营销战略。在对这一问题进行有效解决的过程中，形成了现代市场营销部门的基础，即由营销副总裁全面负责，下辖所有营销职能部门和销售部门(图 7-5)。

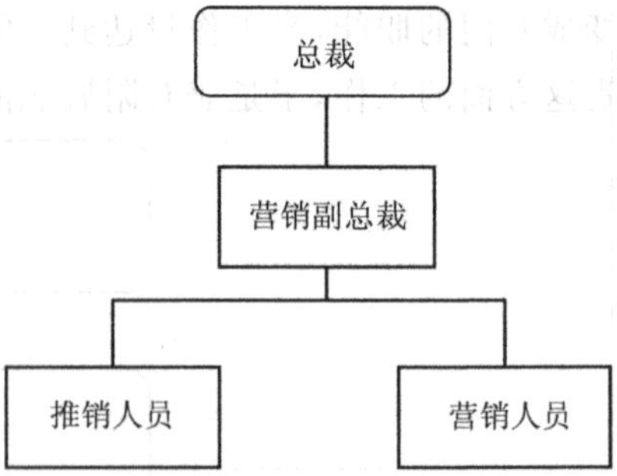

图 7-5

5. 现代营销型企业

一旦企业成立了营销部门，其优越性就会显现得非常明显，将会使企业的市场营销活动成为一个整体。但是，一个企业有了一个现代营销部门并不等于它已是现代营销企业。一个企业是否是现代营销企业取决于企业的其他高级职员对企业的营销功能抱什么态度。如果他们认为营销只不过是一种推销功能，那么他们还没有了解营销的功能，只有当他们认为各部门的工作都是为顾客服务，营销不仅是一个部门的名称而是整个公司的指导思想时，这样的公司才能算是现代营销企业。

(三)体育市场营销组织的类型

在当前，体育市场营销组织的类型主要有以下几种。

1. 职能型组织

这是最常见、最传统的市场营销组织形式，是在营销副总裁统一管理和协调下设立多种营销功能部门(图 7-6)。它强调市场营销活动的各种职能。如销售、广告和研究等的重要性，并把销售职能看成市场营销的重点，而广告、产品管理和研究职能则处于次要地位。

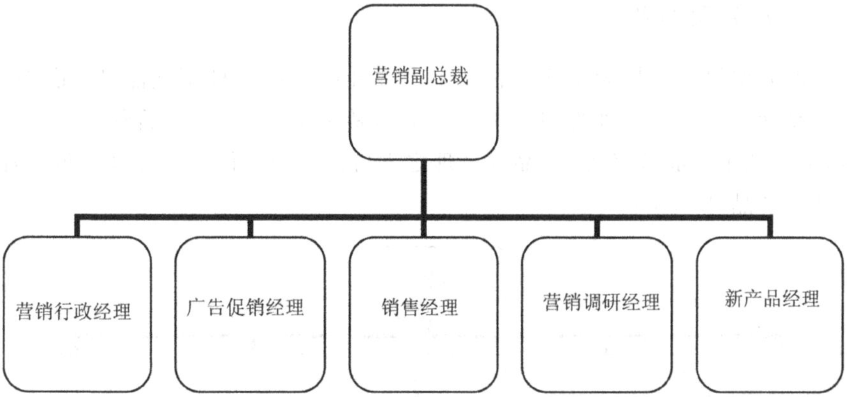

图 7-6

这种体育市场营销组织类型的主要优点是管理层次少、分工明确、便于协调组织。不过，当企业只有一种或很少几种产品，或者企业产品的市场营销方式大体相同时，按照市场营销职能设置的组织机构比较有效。但是随着产品品种的增多和市场的扩大，这种组织形式就会暴露出越来越多的弊端，如发展不协调以及之间难以协调等。既然没有一个部门能对某产品的整个市场营销活动负责，那么各部门就强调各自的重要性，以便争取更多的预算和决策权力，致使市场营销总经理无法进行协调。

2. 地理型组织

如果一个企业的市场营销活动是面向全国或全世界，就会按照地理区域设置其市场营销机构(图 7-7)。这种企业除了设置职能部门经理外，还按照地区的范围大小和重要程度分层次地设置地区性经理。有些企业还进一步在某地设置本地市场营销专家，负责研究本地市场情况，便于市场渗透。

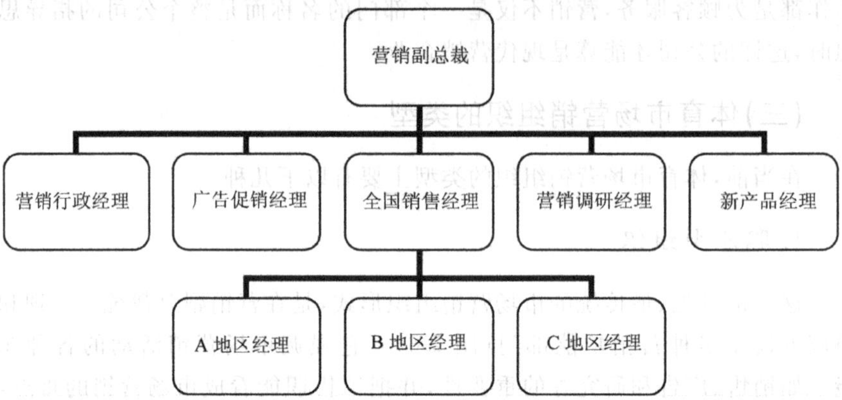

图 7-7

3. 产品型组织

产品型组织是指为了适应企业生产多种产品或多种不同品牌，而按产品或品牌所建立的一种管理组织。其基本做法是，由一名产品营销经理负责，下设几个产品线经理，产品线经理之下再设几个具体产品经理去负责各具体的产品(图 7-8)。

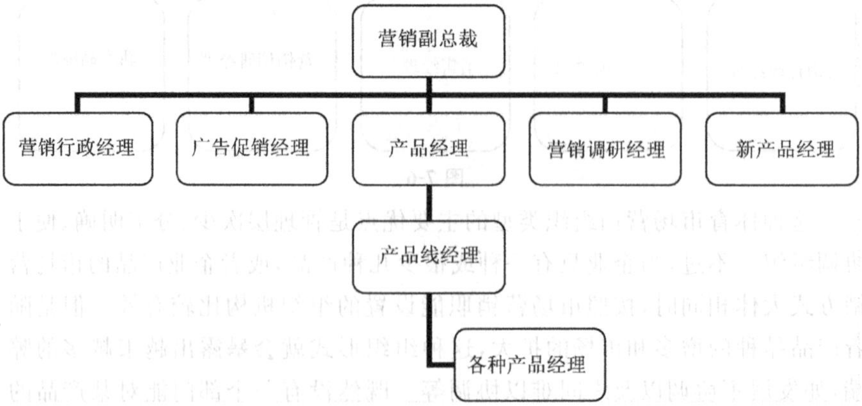

图 7-8

在企业所生产的各产品差异很大、产品品种过多，以至于按职能设置的市场营销组织无法处理的情况下，就可采用这种市场营销组织。产品市场营销经理的职责是制定产品开发计划，确保计划的实施，监测其结果并采取改进措施。

产品型组织形式的优点在于产品市场营销经理能够有效地协调各种市场营销职能，并对市场变化做出积极的反应。同时，由于有专门的产品经理，知名度较小的品牌不会被忽视。不过，该组织形式也存在不少缺陷：产品管理经理为得到广告、销售、生产部门的合作与支持，往往陷入日常的协调工作而不能分身，从而忽略了产品规划工作；产品经理往往是某一项产品的技术专家，但却不熟悉其他市场营销业务；当产品品种不能增多时，可能引起管理人员相应增多，从而导致营销费用的增多。

4. 市场型组织

当企业拥有单一的产品线，市场存在不同的偏好和消费群体、不同的分销渠道，企业就可建立市场型组织，使市场成为企业各部门服务的中心（图7-9）。市场型组织由一名市场主管经理和几名市场经理组成，市场经理的职责是负责制定所辖市场的长期计划和年度计划，分析市场动向及企业应该为市场提供什么样的新产品等。

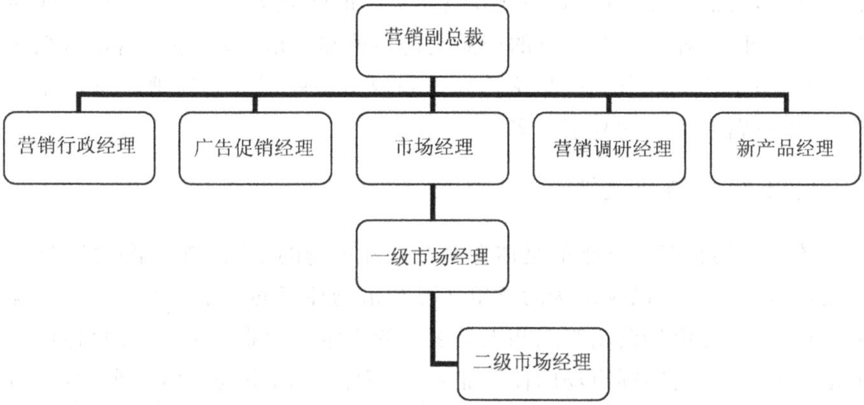

图 7-9

市场型组织的优点在于，企业营销活动的重点不再完全集中在营销功能、销售地区或产品上，而是按照满足各类不同顾客的需求来组织和安排的，这有利于加强销售和市场开拓。不过，这样的组织形式存在权责不分和多头领导的矛盾，不利于工作的顺利开展。

(四)体育市场营销组织建立的影响因素

在现实的体育市场营销活动中,体育市场营销组织的建立会受到多方面因素的影响,其中较为重要的有以下几个。

1.体育企业的规模

实现营销目标是体育企业设置市场营销组织的主要目的。虽然不同体育企业的营销目标都有一定的共性,但是企业的不同规模很大程度上决定了其物质基础的不同,也就容易导致不同规模企业的营销目标存在较大差异。因此,体育企业的市场营销组织首先需要与企业的规模相适应。一般说来,规模较大的企业,拥有雄厚的人力、物力和财力用于市场调研,以保持现有的市场和开拓新市场,这样企业的市场营销组织就会比较复杂;而规模较小的企业,受到人力、物力和财力资源不足的约束,对市场不能进行周密的调查,市场营销组织也就比较简单,不用像大公司一样须要设置各类市场营销专职人员、专职部门以及较多的管理层次。

2.体育产品的特点

在市场上,各个体育企业的生产和经营的产品性质都有所不同,有的是有形产品,有的是无形产品,因此在营销组织的建立上必然会体现出不同的特色。另外,企业生产和经营的产品花色品种和规格少,其市场营销组织就比较简单;生产和经营的产品花色品种和规格多就需要相应地设置产品经理,其市场营销组织就复杂得多。

3.体育市场的状况

体育市场状况通常指的是体育企业目标市场的范围、销售渠道的多少、市场占有率的大小以及市场的竞争状况和市场环境的复杂程度等。一般说来,市场状况是市场营销组织和人员多寡的决定性因素。例如,在目标市场的范围上,有面向国际市场的体育企业,有面向国内市场的体育企业,有面向某一地区的体育企业,甚至还有只面向某一地区中的某个地方的体育企业。而体育企业这种范围上的差别,就会产生企业市场营销组织机构和人员在设置上的差异。目标市场范围大的,企业就要设立区域性的营销机构,以分管不同区域的营销活动。此外,销售量较大的市场,或者市场占有率较高的市场以及竞争较激烈的市场,一般都要求设置较大的市场营销组织。

4. 营销人员的素质

在体育企业中，营销人员的素质主要包括了营销管理者的理论知识、思想觉悟、业务水平、工作能力、营销经验等。而营销人员的素质越高，营销组织的层次和人员可能越少反之越多。

二、体育市场营销的执行

体育市场营销战略和营销计划做得再好，如果没有执行或执行不当，也不会取得相应的成效。因此，在进行体育市场营销时，要高度重视体育市场营销的执行。

(一)体育市场营销执行的含义

所谓体育市场营销的执行，就是体育企业为实现其战略目标而致力于将营销战略和计划转变成具体的营销方案的过程。

(二)体育市场营销执行的内容

体育市场营销的执行，通常包括以下几方面的内容。

1. 制定体育市场营销方案

合理的营销方案可以促进营销战略的有效制定，因此，制定合理的体育市场营销方式是体育市场营销执行的首要环节。

在制定体育市场营销方案时，应明确体育市场营销战略执行的关键决策和任务，并将执行这些决策和任务的责任落实到个人或小组。此外，在体育市场营销方案中，对于执行的时间点予以明确。

2. 建立体育市场营销的组织机构

在企业营销战略的执行过程中，组织机构往往起着极为重要的作用。组织机构能够使企业内分工更加明确，即可以将全部工作分解成便于管理的几个部分，再将它们分配给各有关部门和人员。同时，组织机构可以发挥一定的协调作用，通过正式的组织联系和信息沟通网络，对部门和人员行动进行协调。

需要特别指出的一点是，企业的组织结构必须要与企业的战略相符合。也就是说，具有不同战略的企业须建立不同的组织机构。

3. 制定合理的决策和报酬制度

此举直接关系到营销战略实施的成败。以企业对管理人员工作的评估和报酬制度为例，如果它是以短期的经营利润为标准的话，管理人员的行为必定趋于短期化，他们就不会有为长期战略目标而努力的积极性。

4. 开发人力资源

人力资源的开发在企业运转中至关重要，因为在企业的营销战略中，人力资源的开发最终是由企业内部的工作人员来实施。人力资源的开发主要涉及人员的考核、选拔、培训和激励等问题。在安置人员时，要注意做到人尽其才；为了激励员工的积极性必须建立完善的工资、福利和奖惩制度。

5. 塑造企业文化

企业文化是得到企业内部全体人员认同，并且共同持有和遵循的价值标准、基本信念和行为准则。它会对体育企业的经营思想、领导风格、职工的工作态度和作风等产生决定性的作用。因此，必须积极塑造良好的企业文化。

三、体育市场营销的控制

（一）体育市场营销控制的含义

所谓体育市场营销控制，就是对企业市场营销业绩的检查与评估。其主要目的是通过信息交流与反馈，达到对企业体育市场营销活动进行调节，最终适应企业内外部环境变化对体育市场营销的要求。

（二）体育市场营销控制的程序

在进行体育市场营销控制时，通常要经过以下几个环节。

1. 确定控制对象

在进行体育市场营销控制时，首要且关键的一步便是确定控制对象。若是控制对象错误，以下环节必然也就失去了意义。

在对控制对象进行确定时，需要确定营销控制的范围、额度，即明确对市场营销计划的哪些方面进行控制，并将确定的每一范围层次化、具体化。

2. 制定控制标准

控制标准主要指的是以一定的衡量尺度来表示出控制对象的预期活动范围或可接受的活动范围，即对衡量标准加以定量化。

在制定体育市场营销控制标准时，必须依据以下几个方面。

第一，体育营销组织的本期计划。管理者可以根据本期相应的各种计划指标来直接作为控制标准；也可以将本期的各项计划指标作为基础，根据计划执行中的实际情况，及时对各种计划指标进行调整，使其成为控制标准。

第二，体育营销组织的基期营销绩效。体育市场营销管理者可以将基期的各种实际营销绩效作为基础，对本期主客观条件的变化进行充分的考虑，积极对基期营销绩效进行修正，然后作为本期控制标准。

第三，营销组织的同期营销绩效。在对一个计划周期不同阶段的市场营销进行控制时，可以将一周期相应期间的实际营销效率作为基础，来制定出相应的控制标准。

第四，主要竞争者的营销绩效或计划。在市场竞争中，主要竞争者的营销活动与本企业的营销活动是有着密切联系的。因此在制定营销控制标准时也要充分考虑主要竞争者的营销绩效或计划。

第五，全行业的平均营销绩效。全行业的平均营销绩效是对整个行业发展水平的一个集中反映。企业可以将全行业的平均营销绩效作为基础，同时联合全行业中最高水平和最低水平，考虑本企业的特殊情况，制定控制标准。

3. 确定企业实际营销绩效

当体育企业明确了市场营销的控制范围、制定了相应的控制标准后，就需要确定企业的实际营销绩效，并将其与控制标准进行对比，明确企业实际营销绩效与标准之间的差距。

在这一过程中管理者所进行的调查研究必须深入细致，以保证所取得的反映本企业实际营销资料具有较高的准确性。

4. 对企业实际市场营销绩效与控制标准之间的偏差进行分析

在企业的实际市场营销绩效与企业营销目标出现偏差时，通常会表现为以下两种情形。

第一，企业的实际市场营销绩效远远没有达到企业营销目标。

第二，企业的实际市场营销绩效超过企业营销目标。

这两种情形都是市场营销的不正常现象，反映了市场营销组织和管理的弱点。而导致这两种情形出现的原因，具体来说有以下几个。

第一，企业对本身资源及外部环境与目标市场估计不足，导致所制定的营销计划与客观实际不符。

第二，市场营销系统的内部要素发生了质的变化。

第三，市场营销系统的外部环境发生了重大变化。

对于上述偏差，企业应及时根据这三方面的原因，对原有计划进行科学的修订和调整。

5. 纠正偏差

在明确了企业实际市场营销绩效与控制标准之间存在的偏差后，就需要及时采取相应的措施进行纠正。通常而言，偏差发生的原因不同，其校正的方法也会不同。如果是计划指标问题造成的偏差，其涉及面就比较广，需要进行一系列的相关调整；如果是环境变化造成的偏差，就应对照计划进行相应的调整；如果是某计划执行中出现的问题造成的偏差，就必须根据具体情况，迅速制定补救措施加以改进。

(三)体育市场营销控制的形式

在进行体育市场营销控制时，通常可以借助于以下几种形式。

1. 年度计划控制

保证公司实现它的年度计划中所制定的销售、利润及其他目标，是年度计划控制的主要目的；对销售额、市场占有率、费用率等进行控制，是年度计划控制的主要内容；目标管理是年度计划控制的中心。

体育企业在运用年度计划控制对体育市场营销进行控制时，需要遵循如下的控制过程(图 7-10)。

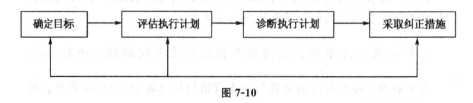

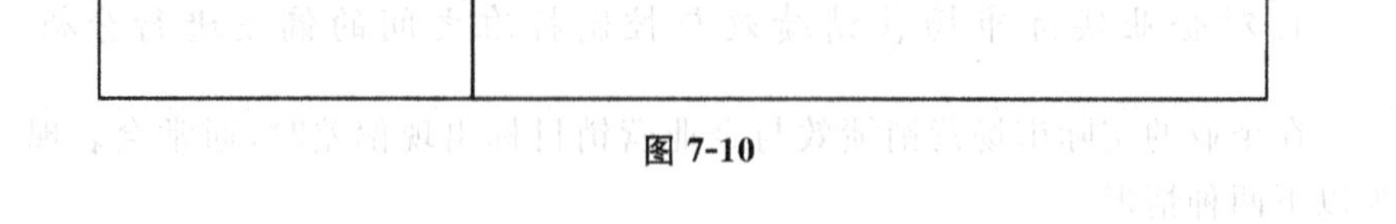

图 7-10

(1)建立年度计划控制的目标。

(2)对年度计划控制目标的执行情况进行衡量。在这一过程中,可以具体通过销售分析、市场份额分析、营销费用—销售额分析、财务分析和顾客态度分析来进行衡量。

第一,销售分析。销售分析是通过将销售目标和实际销售情况结合起来,进行统一的衡量和评价。它又具体包括销售差异分析与微观销售分析两个层次,销售差异分析用以衡量在销售目标执行中形成缺口的不同要素所起的相应作用;微观销售分析分别从产品、销售地区以及其他有关方面考察销售目标执行中未能完成预定销售份额的具体原因及作用程度。

第二,市场份额分析。市场份额是指公司产品占整个行业的比例,市场份额分析就是通过分析企业产品占整个行业的比例,来明确企业与竞争者相比处于怎样的位置。如果市场份额增加了,就意味着公司比竞争者跑得快;如果市场份额降低了,就意味着公司落后于竞争对手。

第三,营销费用—销售额分析。年度计划控制要求保证公司在实现其销售目标时,没有过多的开支,这主要取决于营销费用对销售额的百分比,如果费用与销售额的比率超过一定的控制范围,就需要对各种资料进行分析。

第四,财务分析。营销费用与销售额之比应放在一个总体财务构架中进行分析,以便决定公司如何花钱,把钱花在什么地方。营销者越来越倾向于利用财务分析来寻找提高利润的战略,而不仅仅是限于扩大销售的战略。管理者往往利用财务分析来判断影响公司资本净值报酬率的各种要素。

第五,顾客态度分析。顾客态度分析侧重于定性分析,主要有意见和建议制度、顾客固定样本调查小组及顾客调查等。

(3)对年度计划控制目标执行过程中存在的问题进行诊断。

(4)采取相应的纠偏措施。

2.盈利率控制

这是企业对各类体育产品、地区、消费群、分销渠道和订单规模等方面获利能力的分析。对不同的产品、地区、顾客群、销售渠道和订货量的盈利率进行控制,有利于帮助企业决定哪些产品或营销活动应该扩大、应该收缩或者取消。因此,营销管理者必须依据产品、地区、消费者、渠道等方面的特点和类别,利用财务部门提供的报表,对各种营销损益表进行重新编制,并对其进行详细的分析。

由于体育有形产品和无形产品的形式、成本预算、收益途径、消费方式、产品渠道和销售方式都有较大区别,使得体育企业赢利渠道呈现出多元化发展的趋势，这就更要求企业进一步加强对自身的赢利控制。

3. 效率控制

效率控制主要是指企业采用有效方法对营销队伍、广告、促销等活动进行控制，以实现企业营销综合效率的最大化。因此，在利用效率控制进行体育市场营销控制时，可具体从以下几方面着手。

(1)营销队伍效率控制

营销队伍效率控制要求各级营销经理都应该掌握自己地区营销队伍效率高低的几个关键性指标，具体如下。

第一，每个推销员平均每天推销访问的天数。

第二，每次推销访问平均所需的时间。

第三，每次推销访问的平均收入。

第四，每次推销访问的平均成本。

第五，每次推销访问的招待费。

第六，每100次推销访问的订货单百分比。

第七，每一期新的顾客数。

第八，销售队伍成本与总成本的百分比。

(2)广告效率控制

要对广告效率进行客观评价是十分困难的，但可以通过一些间接指标对其进行反映，具体如下。

第一，每一种媒体类型、每一个媒介工具触及1 000人的广告成本。

第二，每一个媒介工具能够注意、看到、联想该广告的人与该媒介观众的百分比。

第三，消费者对广告内容和广告吸引力的意见。

第四，对于产品态度的事前、事后衡量。

第五，由广告所激发的询问次数。

第六，每次调查的成本。

企业可以通过一些举措对广告效率进行改进，如做好产品定位、明确广告目标、预测广告信息、选择较好的广告媒体等。

(3)促销效率

销售促进包括几十种具体方法，为了提高其促销效率，公司应该坚持记录每一次促销活动及其成本、促销对销售额的影响。具体可以通过以下统计来反映：优惠销售所占的百分比、每单位销售所占商品陈列成本、赠券的回收率和一次示范表演所引起的询问次数等。

4. 战略控制

在营销领域中，各种目标、政策、战略和计划与环境变化有时不能保持一致，公司对此需要对其战略进行定期评价。一般而言，有两种战略控制工具可以利用，即营销效益等级评估和营销审计。其中，营销效益等级评估从顾客导向、营销组织、营销信息、战略计划和工作效率五个方面描述了一个公司或一个事业部的总体营销效益。营销审计是对一个组织的营销环境、目标、战略和活动所进行的全面、系统、独立和定期的检查。营销审计的目的在于确定营销存在的问题、提出正确的行动计划，以提高组织的总体营销效益。

体育在作为商品的同时，也可以作为商品推销的媒介或载体，这使得对其进行战略控制包括了更为丰富的市场环境内容。当它被作为商品时，对体育商品生产与营销目标的成本和体育市场需求的环境综合关系的分析就成为战略控制的重点，而当体育活动作为其他工业品推销的机会、媒体或载体时，它便会获得可观的经济效益。事实上，大多数体育企业看中的并不是体育本身，而是体育给企业带来的巨大社会效益和经济效益。体育企业往往会将重大体育比赛作为自己企业实施战略控制的一个契机或对象，以优化企业对体育的赞助计划，确保企业实现自己利益最优化战略。

(四)体育市场营销控制的方法

在进行体育市场营销控制时，可以借助于以下几种具体的方法。

1. 简单控制法

所谓简单控制法，就是对各部门提供的各种报表和其他数据资料进行简单分析，实现对营销结果的控制。这种方法适用于多种情况的控制。例如，了解某一地区的销售情况、某种产品的销售情况、销售任务的完成情况、销售费用的支出情况及利润的实现情况等。

2. 因素控制法

所谓因素控制法，就是通过对几个相互联系的因素对某一综合营销目标的影响程度的计算，来实现对重点因素的控制。例如，影响体育企业销售利润下降的因素有很多，包括销售量、单价、销售费用、管理费用等。通过对这些因素的具体分析，可以找出其中的关键因素，然后集中力量对该因素中存在的问题进行解决。

3. 对比控制法

所谓对比控制法，就是通过对企业营销活动及其成果与不同的指标对比，对此期间的差异及发生差异的原因进行详细分析，实现对企业营销计划和营销决策实施的控制。

进行对比控制的指标有很多，包括实际指标与计划指标对比、本期指标与上期指标对比、本期指标与历史最高水平指标对比、本企业指标与同行业先进水平对比等。

4. 比率控制法

所谓比率控制法，就是通过对几个营销数据的相对比率的计算，对体育企业营销计划的执行情况进行评估，从而实现企业变动速度的控制。根据评估内容和要求的不同，可分为相关比率控制法、组合比率控制法和动态比率控制法等。

(1)相关比率控制法

在企业的营销活动中，性质不同但相互联系的两个指标的比率称为相关比率。例如，许多指标可与销售额形成相关比率，广告费用与销售额的比率为广告费用率，退货数额与销售额的比率为退货率，仓储费用与销售额的比率为仓储费用率等。各企业在营销中所存在的某些问题可以通过相关比率进行一定的了解。

(2)组合比率控制法

组合比率是通过对两种以上的比率进行组合，对某些项目的特点和变动趋势进行分析和评估，实现对该项目营销效果的控制。例如，运用销售费用和销售收入两项指标各自完成计划的百分比的组合，来对各地区的销售状况进行分析，以实现对各地乃至全部市场销售效果的控制。通过运用组合比率的分析，可以对不同销售效果的地区分布进行有效控制，有针对性地解决不同地区市场中存在的问题。

(3)动态比率控制法

动态比率是把企业不同时期的同类指标数值进行对比，通过对评估指标发展方向和增减速度的观察，实现对变动趋势的分析。运用动态比率控制，可以找出营销变动的趋势，为分析原因提供条件。

5.幅度控制法

所谓幅度控制法，就是把计划执行的情况进行一定范围划分，只要不超过规定的幅度就算正常，如果超过幅度体育企业就要采取相应的措施。

第八章　体育产业市场的经营管理与发展研究

随着世界范围内体育经济的迅猛发展和我国体育市场的兴起，体育产业成为热门话题，体育界内人士、行政管理人员和部分经济研究学者针对体育产业的概念，从不同的角度进行了较为广泛和深入的探讨，但未形成较为一致的认识。“体育产业”应属于一个发展性概念，它是以体育资产（包括有形资产和无形资产）活动为目的的产业主体所从事的经营、管理、服务等一系列的综合性实践活动。体育产业与其他类型的产业经济有交叉或类似的成分，如体育运动服装鞋帽也可以归入轻工纺织业，但是，体育产业是以体育运动为中心的。体育产业的消费群体更多地融入了“体育运动”这一概念。体育产业不能仅局限于直接的体育服务和相关劳务活动，还包括了第二产业中的体育服装、体育器材等产品的生产和经营，同时也包含了体育传媒、体育彩票、体育广告、体育赞助第三产业中与体育有联系的门类。

第一节　体育用品业的经营管理与发展

体育用品是体育产品市场中较为活跃的部分，也是消费量较大的产品。随着经济全球化和一体化进程的加快，加上科学技术的不断进步发展，体育用品的种类将不断增多；参加体育活动人群的扩大和竞赛表演市场的活跃，体育用品市场需求也会呈上升趋势。从某种程度上来说，体育用品业的发展能够在一定程度上促进体育产业的发展。因此，对体育用品业的经营管理及发展进行分析和研究，有助于更深入地了解、认识体育产业的发展和市场化运营。

一、体育用品、体育用品业的内涵

(一)体育用品的内涵

1.体育用品的概念

体育用品就是人们在进行体育教育、竞技运动和身体锻炼的过程中所使用到的所有物品的统称,包括体育服装、鞋帽、场地、器材和体育设备等。这些物品具有体育特性,被用于体育活动的开展中,服务于体育运动。

2.体育用品的特征

体育用品具有的体育特殊内涵是其他一般用品所不具备的,因此具有以下几个特征。

(1)具有鲜明的体育色彩。人们参与体育运动,进行体育健身,享受体育娱乐需要具备的基本物质条件就是体育用品。体育用品与体育有着十分密切的联系,因此说其体育色彩浓厚。

(2)具有较强的专业性。体育用品和体育运动的具体项目、运动技术的发挥等有着特别紧密的联系,所以,在材料、规格、技术标准以及质量等方面对体育用品提出的要求更为严格,更为专业。

(3)体育用品为高消费品。体育运动属于力量型活动,在活动过程中,损耗体育用品的可能性与程度都很大,所以,体育用品很快就会更新换代。人们使用体育用品的目的是追求健康,改善生活方式,不是像衣食住行一样是生活中的必需品,它属于享受型与发展性的消费品。

(4)与多种主客观因素紧密相关。体育用品销售规模和范围的增加扩大与人们生活水平的提高、收入的增加、空闲时间的增多、生活观念的变化,以及人们对体育、体育健身意义和重要性的深入理解、认识,人们自身运动技术水平的提高,体育运动的广泛普及,体育锻炼条件的不断改善等许多主客观因素紧密相关。

3.体育用品的分类

依据不同的标准,体育用品可分为多种类型。以下重点分析几种较为常见的分类方法。

(1)以体育用品的功能和用途为依据

以体育用品的功能和用途为依据,体育用品可分为健身器械类、娱乐及场馆设备类、球类器械设备类、运动服装和器材类、体育科研测试仪器类、户外运动品类、运动装备及奖品类等,具体如表 8-1 所示。

表 8-1 以功能和用途为依据的体育用品划分

类型	相关表述
健身器械类	运动员与体育健身爱好者在进行身体素质训练及健身康复练习的过程中,所运用的各种器材设备,如跑步机,武术中用到的刀、枪、棍等
娱乐及场馆设备类	包括体育娱乐设备和器材(如风筝、龙舟、秋千等)、棋牌类用品(如国际象棋、中国象棋、围棋、跳棋等)、体育场地设备和器材(如球类场地的设备和器材,体育馆设备和器材等)
球类器械设备类	即在各种球类运动中运用的球及其器械设备,如篮足排、乒羽网等球和设备
运动服装和器材类	体育活动中运用的运动服装、运动鞋帽等。以具体的体育项目为依据,又可将这类用品细分为篮球服、体操服、游泳装等
体育科研测试仪器类	对身体形态、素质、机能状态进行测量,进行运动技术分析与评定时使用的仪器设备,如弹跳仪、遥控心电仪、身体量高仪、运动肺活量测试仪等
户外运动品类	人们运用于户外参加休闲运动的器材设备,如登山、攀岩、狩猎等户外运动的用品
运动装备及奖品类	运动包箱和其他运动配具等运动者在运动时使用的一些用品,如体育竞赛中优胜者获得的奖杯、奖章以及双方为增进友谊而互相交换的队旗、队徽、纪念章、纪念卡等纪念品。这些纪念品具有浓厚的体育色彩
渔具系列类	钓鱼活动中使用的渔具
运动保健品类	运动员在运动时和运动结束后,为了补充机体能量与水分而食用的饮品和营养品
裁判员及教练员用品类	裁判员及教练员用于发出指令、记录比赛及训练情况的用品,如口哨、计时器、记分器等

(2)以体育运动项目为依据

按照这一划分标准,体育用品可分为球类运动用品、田径运动用品、体操运动用品及武术运动用品等几个方面。

(3)以运动竞赛为依据

按照这一划分标准,体育用品可分为竞技体育运动用品和非竞技体育运动用品。

另外,体育用品在国外也有不同的分类,如欧洲国家对体育用品有比较简单与明确的分类(表 8-2),在研究各国体育用品业时,通常将此分类作为参考。

表 8-2 欧洲国家体育用品分类

分类	产品名称
运动服装	田径服,防水服,游泳服,户外运动服,足球运动服装,冲浪及滑雪服装,有氧运动、健身运动、球拍运动、雪上运动及其他运动服装
体育器材	乒乓球、高尔夫、有氧运动、健身运动、球拍运动、球类运动、滑冰运动、户外运动、水上运动、冰雪运动、球杆运动、集体项目运动、飞镖、野营运动及钓鱼设备与用具
运动鞋	跑鞋,足球鞋,户外运动鞋,有氧运动、健身运动、球类运动、高尔夫、雪上运动及其他运动鞋

(二)体育用品业的内涵

根据体育用品的内涵,体育用品业就是生产体育活动中适用的专门的物品的企业集合。体育用品业是一个产业系统,即跨系统又跨行业。

以国家统计局制定的国家标准《国民经济行业分类》为主要依据,体育用品业被列入制造业门类的文教体育用品制造业大类中。以国际经济指标的统计为根据,体育用品业可分为球类制造、健身器材制造、动防护用具制造等几类,具体如表 8-3 所示。

表 8-3 体育用品业的类型

类型	相关表述
球类制造	各种皮制、胶制、革制等可充气的运动用球的生产制造,如足球、篮球、排球、台球、乒乓球、高尔夫球的生产制造等
健身器材制造	供给健身房、家庭、体育训练等使用的健身器材以及运动物品的制造

续表 8-3

类型	相关表述
体育器材及配件制造	在不同运动项目的比赛和训练中所使用的体育器材及用品、体育场馆设施及其器件的生产，如比赛器材（球类器材、田径器材、体操器材、举重器材）、比赛用品（网球拍、羽毛球拍、乒乓球拍等）、训练中使用的辅助器材（口哨、裁判用记分器）、体育场馆设施及配件（举重台、拳击台、摔跤垫、柔道垫、合成跑道等）的生产制造
运动防护用具制造	为各项运动特制的各种材质的手套、鞋、帽以及护具的生产
其他体育用品制造	钓鱼专用的各种用具、用品及其他体育用品制造

二、体育用品的营销模式

体育用品营销模式有很多种，其中，比较常见的有专卖营销模式、超市营销模式、连锁营销模式、品牌授权营销模式几种。

（一）专卖营销模式

专卖体育用品的专营零售店，就是体育用品专卖店。系统化的店铺管理能够使员工工作效率得到提高，增加营业效益。具体来说，体育用品专卖营销模式的管理主要包括三个方面的内容，即人事管理、货品管理、顾客管理。

(1)人事管理。专卖店工作人员的行为举止对产品销售及店铺形象产生直接的影响。因此，人事管理的重要目标就是妥善安排员工工作、提高员工工作效率。

(2)货品管理。良好的产品状况能够对顾客继续购物产生更大的吸引力，减少次货发生的概率，保持产品最高价值。始终保持产品的最好状态以备顾客挑选是货品管理的重要目标。

(3)顾客管理。在管理过程中应该对顾客的从众心理进行合理的利用，以顾客的影响因素为主要依据来创造出舒适的购物环境。

（二）超市营销模式

体育用品超市是集中各类体育用品的大型专卖商场或一般超市的体育用品专卖部，消费者可进行体验和试验，自选购物。体育用品超市具有独特的营销特征，具体包括以下几点。第一，体育用品构成为运动服装和个人体育用品。第二，采用顾客自我服务和一次集中结算的售货方式。第三，主张薄利多销，加快商品周转速度。第四，商品明码标价，消费者可以从包装上注有商品的质量和重量来了解商品。第五，实行商品经营管理制度，以部门为单位对产品进行分类、陈列。第六，市场周边设有停车场，为消费者提供便利。

（三）连锁营销模式

连锁营销是在集团公司（或总公司）的统一经营方针指导下，各连锁店分散经营。连锁营销模式又可分为三种营销形式：第一种，以契约为基础零售经营的特许连锁。第二种，各分店所有权与经营权统一，由总部（或总公司）集中领导，统一管理的正规连锁。第三种，一批所有权独立的商店自愿归属同一个采购联营组织或管理中心领导的自由连锁。

连锁营销模式的营销支持系统主要包括信息系统、物流系统。信息系统由集团公司和经销商共同投资建设，完全纳入整个供应链的信息体系。物流系统以帮助连锁企业尽可能地贴近市场运作，促进企业的推动业务运行模式向拉动式业务模式的转变。

（四）品牌授权营销模式

品牌授权方式有很多种，其中，比较常见的有以下四种。

（1）商品授权。被授权商将授权品牌的商标、人物、造型等运用在武术用品的设计与开发上，取得销售权。

（2）主题授权。被授权商授权品牌的商标、造型、人物等，策划经营。

（3）促销授权。主要有两种形式，一种是被授权商运用授权品牌的商标、人物、造型等结合自己的促销活动，规划赠品以促进销售的促销赠品授权；还有一种是被授权商运用授权品牌的商标、造型、人物等结合促销活动，规划广告及创意活动以促进销售的图案形象授权。

（4）通路授权。被授权商加入授权品牌的连锁专卖店和连锁专卖专柜，统一销售授权品牌的产品。

三、体育用品营销战略的制定

对体育用品来说，所谓的营销战略就是为了达到所确定的营销目标而采取的产品、价格、分销、销售工具和传播等手段的完美结合。体育用品营销战略的制定在于详细确定行动的目标以及为达到目标所需要的方法（或市场营销工具）组合。

(一)体育用品营销战略制定的时机

体育用品营销战略的制定由企业的市场营销负责人来完成，且制定的时机一般都较为特定。

第一个时机，是在体育用品营销企业制定推出一个新的体育用品的决策时。

第二个时机，是制定体育用品营销企业年度预算的时候。在这个时候，最好评估以前的营销战略，看是否有可能修改的地方。

第三个时机，在年度中，市场营销负责人可以在出现意料之外的事件时，对市场营销战略进行特别的反思和修改。

一个体育用品市场营销战略的制定和实施所持续的时间段，随着产品类型和企业的不同而不同。例如，对于跑步机，市场营销战略一般至少定为两年或三年，在环境或市场发生了重大变化时才进行调整；而对于运动服装和运动鞋来说，市场营销战略制定实施的时间周期更短，一般不到半年。

(二)体育用品营销战略制定的过程

制定体育用品市场营销战略过程一般包括四个主要步骤，如图 8-1 所示：

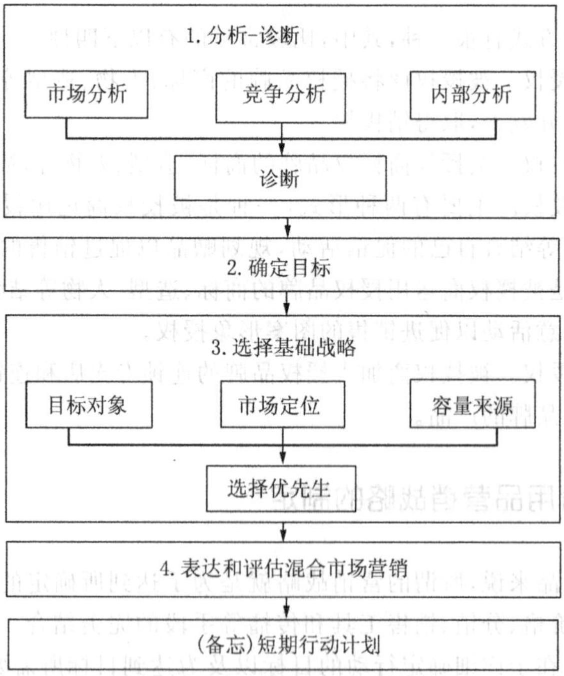

图 8-1

1.诊断分析

(1)市场分析

市场分析主要分析体育用品市场的技术、经济、法规和社会文化环境的显著特征和最新变化;体育用品市场的规模、结构和变化趋势;消费和购买行为;消费者或购买者的动机、态度和选择标准。

(2)竞争分析

竞争分析包括间接竞争分析和直接竞争分析。前者主要分析市场上有哪些体育用品可以替代本企业的产品,满足了同样的需求,这些间接竞争在销售量、渗透率和价格等方面有哪些变化趋势。后者主要分析谁是市场上的重要直接竞争者,他们目前的市场份额如何,前一段的变化如何,是否有一个领先者,对未来的几个月或几年,他们有什么可能的计划或意向等。

(3)内部分析

内部分析(自我分析)的目的在于描述和评估在体育用品市场上企业的地位和目前的战略。分析的主要内容有以下几点。第一,体育用品营销企业量化绩效的最新变化,如销售量与市场份额,企业的产品在潜在客户那里的渗透(或顾客数量),企业的产品在主要分销圈中的出现程度等。第二,体育用品营销企业或品牌的名望和形象的状况及最新变化。第三,体育用品营销企业所拥有的资源。第四,目前的混合市场营销状况。

(4)诊断

体育用品营销企业负责人必须就所做的三重分析(市场分析、竞争分析和内部分析)以诊断书(总结)的形式归纳出主要认识。这个诊断常常以两个一览表的形式出现,一个是有关企业的实力与弱点,另一个是有关机遇与威胁。由这两个图表合在一起时常被称为《SWOT 总结》。如果分析诊断是仔细做出的,其主要结论——清点市场的威胁和机遇以及企业的实力和弱点——将向体育用品营销企业负责人明确地指出需要解决的问题,并使他能够实际地确定体育用品市场营销战略的一般目标。

2.确定目标

一般的,体育用品市场营销目标包括以下几个方面。

(1)容量和份额目标。此类目标可以交替地或共同地按销售量、营业额和市场份额百分比这三个方面来制定。

(2)盈利的目标。可以用利润、投资回报等表述来确定。

(3)质量目标。除了容量和赢利性目标之外,质量目标也是必须给予重视的。在体育用品市场营销战略中,人们似乎总是同时追求容量或市场份额的目标、盈利的目标和质量目标。然而，这些目标有可能部分地相互抵触。因此，应该避免制定在各方面都过高的目标，以防今后无法制定出能够达到所有这些目标的战略。当所设想的目标部分自相矛盾时，应该进行权衡，突出哪些为值得优先的目标。

3.基础战略选择

(1)选择目标对象

对于体育用品来说，最重要的目标对象选择在于消费者。除了把消费者作为主要的目标对象外，购买者也经常被选择作为目标对象。有时有必要把推荐者也选择作为目标对象，即那些决定或强烈地影响着产品购买的人。

选择目标对象的战略有无差别战略、集约战略、多样化战略。

无差别战略可以降低生产、储存、分销和广告的费用，但它一般很难适应现代市场，因为现代市场越来越不均质。

集约战略就是选择一个唯一且狭小的目标对象，只关注总体市场中一个特定的细分市场。这种战略主要适合技术、人力或财务手段有限的体育用品营销企业。

多样化战略就是选择多重且差别化的目标对象，关注几个潜在细分市场，有时甚至是所有的细分市场，但把它们看作是一些不同的市场，并进而对它们实行不同的市场营销战略，以分别适合它们中的每一个。

(2)选择容量来源

选择容量来源就是决定体育用品将在什么位置上被购买，即体育用品将与其他产品形成竞争。因为消费者的资金资源是有限的，他们购买了一个产品就意味着放弃了做出其他购买行为的权利。因此，体育用品营销企业如果准备推出一个新产品或是扩大其现有产品的销售量，就必须自问自己的潜在消费者将放弃购买其他哪些产品而来购买自己的产品。

第一种容量来源。本企业的其他产品。体育用品营销企业首先可以通过牺牲自己的其他类似产品来寻求发展某一产品的销售量。

第二种容量来源。竞争者的其他同类产品(直接竞争)。体育用品营销企业负责人最常选择的容量来源是直接竞争产品的容量，就是那些属于同一类型并由其他企业销售的体育用品。

第三种容量来源。属于其他种类的产品(扩散的竞争)。当两个种类的产品能够至少部分地满足同样类型的需求时，它们就是邻近的。有时，体育用品营销企业为了提高某类产品的销售会出击邻近的产品。

在实践中，体育用品营销企业常常不会选择单一的容量来源，而是几个相结合的来源。

(3)选择市场定位

一个体育用品在消费者心目中的市场定位，可以通过向该群体的人提出以下两个问题后得到的回答来确定：第一，它是哪一类产品？第二，是什么使它区别于同类的其他产品？这样确定了以后，市场定位构成了一个产品稳定的和持久的属性，以致常常一成不变地在该产品的生命周期中延续着。

在选择体育用品市场定位中，主要依据以下四个标准。

第一，简单。体育用品的市场定位越是简单明了就越有机会打动消费者，就是说体育用品的市场定位应该建立在产品少数几个功能特点或象征特点上，应该避免过于丰富、过于复杂的市场定位。

第二，恰当。只有与体育用品潜在消费者相对重要的期望相适应的市场定位，才是恰当的市场定位。

第三，可靠。一个市场定位只有是可靠的才有可能立足，就是说它不能与体育用品的特点或是销售产品所用的品牌形象相矛盾。

第四，独创性。最理想的是在市场的空白点定位，就是说体育用品的市场定位应尽可能地从体育用品营销企业独家拥有的品质或优于竞争者的品质出发进行市场定位。

(4)选择优先性

在一个体育用品市场营销战略中，可以确定的主要优先种类有某系列的产品、各细分市场、目标对象及容量来源。

第一，选择优先产品。当制定的市场营销战略涉及的是一个系列的体育用品时，选择出要优先推广的某些产品常常是很有用的，这些产品要么是最具盈利性的，要么是有着最大的潜在容量，要么能够带动系列中的其他产品。

第二，选择优先细分市场。体育用品营销企业与其将力量均匀地分布在整个市场上，不如在某些临界细分市场上集中力量。

第三，选择优先目标对象。当选择了几个不同的目标对象时，赋予它们不同的优先性通常很重要，便于将体育用品营销企业所拥有的手段集中到其中最具有前途的目标对象上。

第四，选择优先容量来源。当为了一个体育用品确定了几个可能的容量来源时，通常最好将它们分成不同级别，进而选择优先容量来源。

4. 表达和评估混合市场营销战略

混合市场营销就是指体育用品营销企业把产品策略、价格策略、分销策略和传播策略等单项营销策略综合考虑，形成一整套的市场营销决策。在这样的定义下，混合市场营销就必须充分反映在前几个步骤中已制定的战略方向，尤其是有关产品的市场定位和战略的原动力要素。

制定体育用品市场营销战略理想内容的通用指南是不可能的，但仍有几个根本的指导原则，包括和谐原则、适合原则、局部优势原则、安全原则。

(1)和谐原则。和谐原则要求混合市场营销的每个组成部分与其他所有部分以及该体育用品的市场定位和谐一致。

(2)适合原则。混合市场营销战略必须同时适合所针对的市场和将要实施它的体育用品营销企业。适合市场，尤其是适合消费者的行为和动机是非常重要的。

(3)局部优势原则。根据局部优势原则，一个战略只有在至少一个方面保证了该体育用品营销企业的产品对竞争产品的相对优势时才是可接受战略。这种优势可以是有关产品本身、或价格、或广告、或分销、或者销售队伍的素质等。有时战略部署的优势并不是来自混合市场营销的某个组成部分，而是与某个特别的消费者或推荐者细分市场密切相关。

(4)安全原则。根据安全原则，体育用品营销企业所采取的战略必须要获得至少能够令人接受的结果，哪怕某些战略假设并未能完全实现。

最后，一份体育用品市场营销战略一旦被确定采纳实施，将必须通过一些短期的可操作的行动计划来延续。计划的内容主要包括活动的目标、时间、经费和对活动进行监控的方法等。最后要明确的就是这份短期的行动计划将交由谁来保证实施运作。

四、体育用品销售网络的建设

体育用品销售网络担负着把体育用品及时、方便、有效、经济地提供给市场和消费者。合理地选择和建设体育用品销售网络是企业市场营销战略的重要组成成分，是实现企业营销目标关键的一环。

(一)体育用品销售网络的组成

一个完整的体育用品销售网络由众多的销售网络成员组成，包括生产企业、企业设立的销售机构、批发商和代理商、零售商、消费者或用户、广告商、咨询商和服务商等，这些成员之间相互联系、相互制约、相互合作。根据在销售网络中所处的地位、所承担的职责、销售任务、服务对象等的不同，体育用品销售网络成员可以分为四类：体育用品生产企业、体育用品销售网络分销网员、辅助网员、最终消费者(表 8-4)。

表 8-4　体育用品销售网络成员

类型	相关表述
体育用品生产企业	是体育用品的制造者，同时参与产品的销售与流通。在完成生产资料采购和产品销售的基本职能之外，更多地了解、管理、控制销售网络中其他成员的行为
体育用品销售网络分销网员	包括代理商、批发商、零售商和生产制造商自设的销售机构
辅助网员	包括广告公司、运输公司、独立仓库、咨询公司、市场研究机构、营销策划机构、会计事务所、律师事务所、银行部门、金融机构、电信部门等网员
最终消费者	包括一般体育消费者和组织购买者（体育场馆、学校、体育团体等）

（二）体育用品销售网络的构建

1. 竞技体育用品销售网络的构建

竞技体育用品销售市场具有消费者数量少，分布相对集中；每次购买数量大，购买频率低；购买技术性较强；需求缺乏弹性等特点。据此，构建销售网络的时候可根据其销售特点，区别对待。第一，主要以直接销售为主，可以在主要的销售地点设立销售网点，直接面对行业内用户。第二，可以利用行业代理商建立销售点，或利用批发商进行销售。第三，可以利用一级批发商。在组建竞技体育用品销售网络的时候，还要综合考虑服务的因素，建立分销渠道短、具有服务功能的销售网络。

2. 大众体育用品销售网络的构建

（1）体育休闲服和体育休闲鞋销售网络的构建

体育休闲服和体育休闲鞋在整个体育用品的销售中都占有很大的比重。影响体育休闲服和体育休闲鞋销售网络构建的因素有服务需求、体育休闲服和体育休闲鞋的特点、体育休闲服和休闲鞋生产企业的实力、消费者的购买习惯、竞争情况等。体育休闲服和休闲鞋分销渠道设计的目标包括以下几方面：第一，购买便利性，目标消费者在 30～60 分钟到达。第二，选择广泛性，目标消费者至少有 5 种款式可选择。第三，市场占有率、利润目标。第四，网络成员支持性，可自由退、换货。

体育休闲服和休闲鞋的分销渠道一般有以下两种选择：生产企业—消费者和生产企业—零售商—消费者。有实力的体育用品营销企业大都采用生产企业—消费者这种分销渠道，但大多不是传统意义上的直接销售，而是采取自建店铺进行产品的分销活动。这种分销渠道具体又包括生产企业专卖店、邮购、参加体育用品展销会或展览会。生产企业—零售商—消费者也是体育休闲服和休闲鞋生产企业普遍采取的一种分销形式，呈现出多元化的态势，有体育服装专业商店、专卖店、百货商场、折扣商店、仓储商店、购物中心和集市等。

(2)体育健身和体育休闲娱乐器材销售网络的构建

体育健身和体育休闲娱乐器材属于选购品。选购品是指消费者在购买时，要进行挑选、比较后才决定购买的商品。消费者购买这类体育用品往往属于理智型的购买。体育健身和体育休闲娱乐器材在品种、规格、数量和服务方面都有较高要求，选择性强，价格较高，购买频率低。鉴于体育健身和休闲娱乐器材的这些购买特点，生产企业在构建销售网络时，在充分满足消费者物质需求的同时，还应满足消费者心理方面的需求。

体育健身和休闲娱乐器材销售网络的构建应以商业区作为终极销售点，可以将专卖店、百货商场、大型超级市场和购物中心以及专业市场等作为主要的销售地。同时，还要注意这些商品的市场覆盖面，要利用批发商、代理商作为网络成员，销售网络应该是长分销渠道、短分销渠道和宽分销渠道相结合的渠道网络。对某些服务要求比较高、选择性强、体积较大、重量较大的体育健身器材，也可以采用直接分销渠道进行销售。

3.体育科研测试仪器销售网络的构建

体育科研测试仪器科学技术含量很高，但是产量较小，单位价值高。体育科研测试仪器的功能较为特殊，使它的目标消费者也具有比较特殊的性质，目标消费数量少，但相对比较集中。同时，体育科研测试仪器的需求缺乏弹性。对这类体育用品，生产企业在组建销售网络的时候，应充分满足消费者的特殊需求，销售网络应以窄分销渠道和短分销渠道为主，必要的时候可以采用零阶分销渠道，对重点的客户进行直接的推销。

第二节　体育传媒业的发展及运营研究

一、体育与传媒之间的关系

大众传媒为体育运动竞赛培养了大量的受众，为体育运动提供了广阔的社会发展空间。在大众传媒的作用下，体育运动实现了社会化、娱乐化、产业化和全球化的发展。体育运动的发展离不开传媒的支持，但传媒自身的发展也离不开体育。通过对体育赛事的传播，大众传媒获得更多的受众。二者相互依存。

(一)体育运动的发展离不开传媒的支持

1.传媒拉近了人与体育之间的距离

随着社会的发展进步，人们对于体育运动的关注程度不断提高，与体育运动之间的关系越来越密切。传媒则是两者之间的重要桥梁。大众通过传媒获取各种体育信息，从而更加了解体育，进而更好地参与到体育运动之中。

2.传媒加速了体育信息的传播

传媒大大增加了信息传播的速度，使得许多不能在现场观看的人能够实时看到赛场上的情况，并且感受到比赛的气氛，享受比赛的乐趣。传媒将体育运动的覆盖面大大拓宽。

3.传媒促进了体育产业的发展

商业体育的存在和成功以及体育组织都依赖于媒体。体育作家伦纳德·利佩特将体育描述为一种独一无二的娱乐形式。与其他的形式不同，体育需要媒体提供的是报道和新闻的结合。当体育事件结束时，许多人对策略、重要赛事、参加者的总成绩、随后的比赛等讨论颇感兴趣，而媒体则是这些讨论的重要传播载体。没有媒体报道，商业观赏性体育的普及和创收潜力将在很大程度上受到限制。有关赛事的信息会引起人们的兴趣，而兴趣会产生利润，通过售票、俱乐部座椅、特许权、停车、运动队标志商品和经营权，利润随之而来。借助于传媒，特别是重大赛事的电视转播权的转让，在体育比赛中插播广告，已经成为举办体育赛事资金的重要来源。离开了传媒，现代竞技体育将难以生存和发展。可以说传媒是竞技体育发展的支柱。

4.传媒增加了体育的曝光率，为体育树立了形象

借助于传媒的力量对体育运动进行宣传、报道、包装、炒作，从而使得体育的曝光度、受关注程度大大提升。在这一过程中，运动员和教练员的关注度和知名度也得到了提高。

(二)传媒自身的发展也离不开体育

当人们谈到体育和媒体的关系时,他们将大量的注意力放在媒体对体育的影响上。毫无疑问,在商业性的观赏体育中,这种影响很重要。然而,一些报纸和电视公司已经几乎开始依赖于体育,就像体育依赖他们一样。最依赖于体育的媒体是报纸和电视,控制这些媒体的公司至少部分地依赖体育获取商业利润。在美国,这种依赖性更为明显。北美大多数报纸中的体育栏目拥有最广泛的读者。据估计,它在大城市报纸中平均占总发行量的30%。换句话说,如果取消了体育栏目,那么报纸购销售将降低30%,与销售量紧密相关的广告收入也会相应降低。

体育运动是各种传媒进行新闻战的主要内容。新闻报道最注重时效性,而体育比赛自身所具备的竞争性和其比赛结果的不确定性使得体育新闻成为传媒间争夺的一项内容。

大众传媒对于体育运动竞赛的传播也有缺失,主要表现为,大众媒介容易形成一定的“刻板印象”和“拟态环境”。媒体所报道和传播的,都是其经过编辑加工、想让受众看到的内容,并且其信息在传播前都会或多或少带有信息加工者的成见。

二、体育传媒的发展

在传媒业发展的大环境之下,体育传媒作为其中最为重要的分支之一,在融入产业整体环境的同时,也受其整体趋势的引导与制约。“从概念上看,体育媒体是大众认知体育现象和体育事件的中介,是大众媒体以体育为传播内容,以图像、音响、文字、色彩等系统符号为形式,囊括了与现代体育相关的所有新闻类、专题类、访谈类、娱乐类节目或报道的媒体文化形态”①。体育传媒是体育与大众之间最为切合的连结点,也是体育事业得以长远发展的有力助推器。从历史沿革的角度来看,体育传媒经历了体育报刊、体育广播、体育电视以及如今成为市场主流的体育网络几个主要的发展阶段。

作为最早出现的体育媒介方式,体育报刊在数字化时代仍旧保持着其稳固的市场竞争力。国内各大主流报纸的体育版篇幅不断扩张,专业类体育报刊也显著增多。而在其后出现的体育广播,则是首个使体育赛事活动

① 鲍明晓. 在传播体育中创造财富——体育媒体产业探蹊[J]. 体育文化导刊,2008(7).

得以实时报道的媒介方式。体育广播曾受技术手段更新缓慢造成的传播效果局限，而一度在体育传媒发展中处于弱势。然而近年来广播电台陆续进行的数字化与网络化革新，则使其传播技术有了质的飞跃。与此同时，“有车族的增多、移动生活方式的形成、社会老龄化趋势的明显以及社会分层的加剧也为广播事业的发展以及广播专业频率的形成提供了机遇”①。这便使“电台实况转播体育比赛得以重新赢得曾经流失的听众和广告客户”②，体育赛事直播与信息传播在体育广播业中也再一次显现出其潜在的经济效益。在以直观视觉体验为主要需求的媒介环境中，体育电视无疑是迄今为止发展最为稳定、收益也最为显著的媒介方式。体育信息所独有的实时传播与视听享受的特性，长期以来在电视媒介中得到了最为充分的传播。近年来，随着数字电视技术的普及与推广，电视传播技术更是得到了飞跃性发展。“付费数字高清晰电视概念的引入，数字电视信号的逐步开通，不仅促生了各具特色的体育频道，更促进了作为体育产业市场的新兴效益增长点的付费体育电视的形成”③。产业影响力的逐渐扩张以及随之形成的集团化发展趋势，使体育电视在完全融入市场化发展之后，也逐渐成为体育产业中毋庸置疑的主力发展点。在新媒体时代，网络传播也在扩大着自己潜在的市场影响力与竞争力。较之电视媒体而言，在体育信息更为注重的及时性与互动性上，网络媒体鲜明的传播特性显然更为适用。体育网络媒体凭借着内容涉及面广、信息更新速度快、与大众互动密切的优势，成功地吸引了日渐成为消费市场主流的年轻群体的关注与支持。在网站数量的不断增多与网民人数日趋增长的同时，“体育网络媒体也通过网络广告、手机短信、在线游戏等方式而逐渐形成了独具特色的盈利模式”④，并以此而构成了初具产业化规模的体育网络媒体市场。网络媒体开拓了信息传播与接收的时间局限，而手机媒体则将这一局限的突破扩展到了空间范围之内。体育信息资源在手机媒体的支持下，实现同步完成信息的发送与接收的高传播效率，真正实现信息传播的及时性。

目前，我国体育传媒呈现出专业化和系统化的发展态势，形成了结构较为完善的体育传媒产业链，具体构成包括体育信息采集机构、加工机构、体

---

① 张矛矛. 新中国体育广播发展分析[J]. 体育文化导刊，2010(2).

② 鲍明晓. 在传播体育中创造财富——体育媒体产业探蹊[J]. 体育文化导刊，2008(7).

③ 张铁楠，黄若涛. 我国体育媒体的产业现状研究——以体育电视媒体和网络媒体为例[J]. 现代传播，2009(12).

④ 同上.

育信息传播渠道、广告公司、媒体监测测评机构以及其他配套服务商。体育媒体在国内快速发展的同时，借助奥运会、亚运会等国际赛事逐渐与国际接轨，并通过购买资讯或交换图片、信息等谋求共赢。另外，国际化发展既给我国体育传媒的发展带来了机遇，也带来了挑战，加剧了行业间的竞争。应该注意的是，我国体育传媒还存在传播格调趋向低俗化、报道因恶性竞争而失实、体育传媒专业人才缺乏、体育传播内容单一化等问题。

三、体育传媒的经营模式

(一)集团化经营

传媒集团是从媒介机构(同类经济组织)的角度，通过股份制的形式把所有媒介机构组建成为一种联合体，实现媒介资源共享。传媒集团的经营模式，又可细分为以发行和广告制胜型，纵向、辐射拓展型，跨地域经营型。

1.以发行和广告制胜型

在发行和广告制胜型这一模式下，报纸或期刊发行价格的制定都是以成本为底线的，报刊的定价都要高于成本。以发行和广告制胜型，通常拥有强大的内容优势。优质的内容能够增强读者的忠诚度，进而保证报刊的发行量。因此发行制胜型模式对内容的依赖要远大于其他模式。以发行带动广告实现良性循环为特点的模式是我国市场化专业体育报纸经营中最普遍、最常见的一种经营模式，其理论依据就是二次销售理论。二次销售，即一次销售是把新闻产品卖给受众，二次销售是把受众卖给广告客户。广告补偿性的体育媒体大多数都有强大的广告吸附能力，较大的市场占有率，形成规模效益。比如，《体坛周报》在中国足球 2001 年进入世界杯时发行量再一次创下历史新高，其不可抵挡的发行优势也带动了广告销售业绩的稳步提升。

2.纵向、辐射拓展型

纵向、辐射拓展型是指体育传媒向产业链上下游纵向延伸的线形经营模式，或者向前拓展，掌握对原材料、供应商(如纸张和各类印刷材料)的控制权，或者向后拓展，整合产品销售方向，如发行、广告等。办好主业，在广告、发行、印刷等基本经营点上保证利润增长，并以此为主线，通过拓宽、延长产业链，提高产业开发的广度和深度，实现信息资源增值，获取最大经济收益。体育报刊业可以通过构筑相对完整的自办发行网络，掌握发行自主权，还可以通过更多途径实现发行市场化运作、产业化发展。

辐射拓展型即体育传媒在主业的强有力支撑下，向其他行业拓展，进行多元化发展的经营管理模式。它包括围绕与主业相关联的其他文化产业，发展新产品；也包括通过收购、兼并其他行业的企业，在其他行业投资或上市融资等资本运营。资本运营首先可以解决体育媒体多元化发展过程中的资金需求问题，实现规模的迅速扩张，同时通过资本运营实现投资主体多元化。

单独依靠一本期刊的成功而长期拥有社会影响力已经不可能，而像体育报道这类几乎完全依靠固定的信息源（体育信息）的新闻传播形式，仅仅经营一个专项或综合杂志，既浪费了信息资源，又很难造成强势关注。

3.跨地域经营型

体育传媒进行跨地域发展一般都选择与在目标市场有实力的传媒机构进行合作，实现优势互补、强强联合。《体坛周报》一方面做国际体育报道，利用国际体育资讯资源；另一方面利用全国的资讯，提高报道特别是国际体育报道的水平。2007 年 5 月 3 日，拥有上千万读者群的欧洲杂志联盟（ESM），正式接纳《体坛周报》，《体坛周报》由此成为欧洲杂志联盟在亚洲唯一的官方合作媒体。“入欧”不仅能使《体坛周报》在欧洲媒体中树立形象，扩大国际影响力，更能从联盟中获得更多的宝贵资源，提升自己的综合实力。

（二）品牌化经营

重大体育赛事对于不同国家、不同民族、不同领域的人们来说，具有理解和沟通的无障碍性和极强的欣赏性，所以能产生巨大的影响力，体育传媒通过对体育赛事转播的运营可以树立自身的品牌。目前，我国的体育赛事资源非常丰富，诸多体育赛事已经初具规模，但具有可持续性的品牌赛事还不多，而传媒对品牌赛事的营销具有举足轻重的意义。2003 年，上海东方传媒集团有限公司（SMG，原上海文广新闻传媒集团）买断中超的电视转播权，成为中超整体电视合作伙伴。SMG 对中超进行整体宣传规划、参与电视转播、制定制作标准、设计电视节目。在国内足球转播中，SMG 首次做到了“统一标识、统一字幕、统一色块、统一风格”，使得国内联赛的转播水准在硬件上率先与国际接轨。SMG 还成立全国中超电视播出联盟，在北京成立制作中心，进行专门的商业运作，体现了“多平台、多媒体、多赢”的特色，形成了品牌效应。多平台，指的是多个层次的播出平台，包括全国播出平台（东方卫视）、地方播出平台（23 家地方电视台）。此外，SMG 向路透社提供中超新闻,超过600家海外电视机构使用路透新闻。多媒体,指除了电视之外的其他媒体的报道。SMG首次尝试在全国范围推广广播频率转播,包括上海、北京、青岛在内的多家省市广播电台对中超进行转播。平面媒体方面,SMG和《体坛周报》进行合作。互联网方面,球迷可以在华奥星空和东方宽频上看到中超的视频节目。SMG为打造品牌,树立形象,调集全国各种媒体资源为中超提供强大的传播平台,提升中超的品牌。

(三)数字化经营

数字化经营即依托传统媒体,积极进行数字化战略布局,努力实现传统产品与数字产品共同增长。数字化经营的具体策略如构建统一的数字化平台,以轻资产投入开发数字传播领域的差异化市场,利用新技术创新传播途径。《体坛周报》从2004年欧锦赛和奥运会开始,与互联网门户TOM在线进行过阶段性合作,2006年德国世界杯前夕双方又联手推出"TOM体坛网站"进行深度战略合作。2008年北京奥运会前夕,《体坛周报》推出自己的体坛网。《东方体育日报》通过版权销售的方式与主流门户网站(新浪、搜狐、腾讯等)进行密切合作,声名远扬,影响力与日俱增。

(四)一体化经营

传媒集团通过充分整合资源,一是进行内容开发,二是依托多媒体平台,实施新媒体战略,向内容供应商和发行商转变,实现一体化经营。上海文广新闻传媒集团(SMG)所属体育频道是在整合上海电视台体育部门、上海东方电视台体育部、原上海有限电视台体育频道的人力资源、节目资源、广告资源和对外合作资源的基础上组建而成,实现广播电视体育资源共享、优势互补。2004年5月,SMG体育频道正式对外播出。SMG体育频道先后拿下CBA以及中超联赛的全国版权,并与ESPN(美国有线电视联播网,24小时专门播放体育节目)合作,由东方卫视来完成英超等项目的全国覆盖。其中,SMG体育频道只充当成本中心、协调中心、运营中心、制作中心的角色。SMG体育频道整合广播和电视内容,利用新平台,都是因为得到集团的支持、协调。中超项目体现了SMG体育频道跨领域、跨地域、跨产业战略思路,这也意味着SMG体育频道希望致力于成为更广大市场的内容提供商和发行商。SMG体育频道还与多种媒体联手,积极探索新方式,更深层次地参与各项赛事和活动,如ATP网球大师赛、上海国际马拉松赛、上海国际田径锦标赛等。依托集团强劲的新媒体战略,SMG体育频道将延续其一贯的跨媒体经营战略,希望借助新媒体的新渠道、新的传播方式、经营模式,实现一体化经营,寻求更大的发展空间。

四、体育传媒的经营开发对策

体育传媒的经营开发，要加强立法，保护“体育媒介”资产；要深化体育体制改革；遵循市场营销规律，满足观众需求。

（一）加强立法，保护“体育媒介”资产

市场的有序运行必须依赖于完善的法律体系，在体育媒介发展过程中，我国相关方面的法规缺乏针对性，这阻碍了体育传媒的健康发展。对此，应根据我国体育产业发展的现状，并参考国外相关方面的法律法规，促进我国体育媒介立法的进程，切实从法律层面保障“体育媒介”资产。体育组织及经营机构在经营体育媒介时，应加强自我保护意识，对自身的商标、标志等要在相关管理部门做好登记，防止资源外流。

（二）深化体育体制改革

体育组织应注意改善和发展体育管理体制和竞赛体制环境，以吸引更多的观众。在播报重大赛事时，针对不同的区域调整不同的乡音对赛事进行传播，在吸引更多观众的同时也能够激发赞助商的积极性。

行政管理部门应明确体育传媒与各经济主体之间的关系，并明确营销的手段和方法，调动各方面参与的积极性，搞好媒介的市场开发。

相应的体育管理组织应在不违背体育项目发展规律，并符合国际体育组织有关规定的前提下，对我国一些赛事和规则进行相应的变革，以利于媒介进行报道和转播。

（三）遵循市场营销规律，满足观众需求

体育媒介市场开发应遵循市场经济运作规律，引进现代市场营销观念。在体育媒介营销上，要注重前期的市场调查、体育媒介确立后的营销过程及售后的配合服务与反馈调整等多种内容的运作规律。在进行相应的体育赛事报道时，应尽可能地满足观众的需求，提升报道画面的质量，抓住比赛中的细节，多角度捕捉，加强观众对赛事的体验。

（四）体育报道应注意人文性、综合性

体育传媒在实际的报道中，要传播优秀的体育文化，在确保体育娱乐性的同时，引入更多批判性和理性的内容，引导大众树立正确的体育观念，提高大众的体育审美品位。在报道运动员时，除了成绩之外，还需要关注运动

员的人格、道德责任，以体现对运动员的人文关怀，让大众领略到“体育精神”。

为引导体育传媒的发展，政府应该出台相关政策，规范体育传媒的报道结构、内容比例和传媒功能等方面的内容，确保体育传媒得到科学、健康的发展。大众对体育信息的需求是多元化、全方位的，为了满足大众的需求，体育传媒应该不断更新媒介产品功能，提高产品的平衡性，丰富体育思想与体育主题，满足大众多元化的审美观，从而向综合性方向发展。

第三节 体育彩票业的发展及运营研究

一、体育彩票的概念、类型

(一)体育彩票的概念

彩票，也称奖券，以抽签给奖方式进行筹款。2002 年，国家财政部在《彩票发行与销售管理的暂行规定》(财综〔2002〕13 号)对彩票进行了定义：“彩票是指国家为支持社会公益事业而特许专门机构垄断发行，供选择和自愿购买，并按特定规则取得中奖权利的有价凭证”。而作为彩票中的一种——体育彩票也因此而成为具有特殊价值和满足特殊需要的商品。体育彩票，又称体育奖券，是指以筹集体育资金等名义发行的，印有号码、图案或文字的，供人们自愿购买并能够证明购买人拥有按照特定规则获取奖励权利的有价凭证。

根据彩票的概念和性质，体育彩票也是商品，在具备商品一般属性的同时，本身也是一种比较特殊的商品，并具备一些特殊性质，如充当政府的融资工具，又具有一定的社会公益性，还具有娱乐性。

(二)体育彩票的类型

体育彩票作为彩票中的一个重要部分，在世界各个国家都有广泛的市场。根据不同国家和不同地区的特点，各国都有不同标准、不同类型的体育彩票销售方法和玩法。我国现在的体育彩票种类很多，大致有被动型、主动型、人工和电脑型、乐透型以及竞猜型等。

1. 被动型彩票

被动型彩票具有传统型和即开型相结合的特点。发行部门事先对外公布销售量、奖组构成、中奖方式和奖金数额等情况，然后通过集中销售或者网点销售的方式对外发售。一段时间后，公开进行摇奖，彩票的购买者按照自己购买的号码进行比对，所持彩票的号码与抽出号码一致，即可获奖。购买者在购买的时候不能自主选择号码。被动型彩票又可细分为“撕开型”和“刮开型”，具有即买、即开、即中和即刻兑奖的特点。

2. 主动型彩票

购买主动型彩票时可以自主选择号码，主动参与性比较强。这是现代体育彩票最主要的销售方式。购买者可以在指定的数字等符号的范围内，按照自己的意愿进行选择和购买。对于体育竞猜性等玩法，可以按照自己的要求选择比赛预测结果，或者其他信息。主动型彩票长期发售，奖金可以被同期相同中奖者获得，平均分配，也可以由于无人中奖，可以使奖池累积多期的奖金。由于主动型彩票具有很强的主动性，参与者很关注选择的技巧和方法。因此，买体育彩票通常需要具有一定的知识性和技巧性。

3. 人工型和电脑型彩票

人工型和电脑型彩票只是发行手段不同。现代体育彩票的发售基本上以电脑型彩票为主要的销售方式。同人工型相比，电脑型彩票更便于管理，在数据收集、信息传递和安全保障等方面都具有很大优势，因此销售效率很高，可信度也高。

4. 乐透型彩票

乐透彩票的英文为“Lotto”，由意大利语转化而来，其原始意思为“幸运”“吉祥”“分享”。乐透型彩票趣味性强，它是由顾客自己选号码，通常是在一组数域中选出几个号码，构成一注彩票，根据所中的号码多少确定奖级。当代乐透型彩票代表了世界彩票的主流。目前世界上乐透型彩票有30多种，但玩法大同小异。香港的“六合彩”以及我国目前流行的“M选N”型彩票都属于乐透型彩票。

5. 竞猜型彩票

竞猜型彩票是以体育运动竞赛的结果为竞猜对象的一种电脑型彩票，最普遍的是足球彩票和赛马彩票，也有以棒球、篮球、橄榄球、自行车作为竞猜内容的。单就足球彩票而言，玩法也花样繁多，可以竞猜“一场球哪方胜”“哪个队先进球”“比分是多少”等。竞猜型彩票的主动性更强，购买者可以完全凭自己的主观意志购买，是一种智力型的游戏。

二、体育彩票的作用

体育彩票的发行，其作用在于支持社会公益事业及体育事业，为大型赛事融资，同时还能带动相关产业的发展，增加就业岗位，也是国家财政收入的来源之一。

(1)公益作用。体育彩票的发行收入必须用于社会公益事业及体育事业。体育彩票为发展体育事业、增强人民体质、落实全民健身计划和奥运争光计划提供了重要的资金来源。在国外，体育彩票收入也是一个国家体育事业的主要经费来源。

(2)为大型赛事融资。体育彩票的基本功能之一就是为大型赛事融入资金。举办大型国际赛事需要大量的资金，人们也越来越意识到，仅仅靠政府投资不能适应比赛对大量资金的需求，而发行体育彩票是一条融资“捷径”。近几十年来，体育彩票已经成为各国为大型体育赛事筹集资金的通用方式。

(3)带动相关产业发展，增加就业岗位。随着体育彩票业的发展，各种相应服务和配套商品也相继出现，如彩票出版物、各种彩票软件、彩票咨询服务、银行服务、广播、电视节目和新闻媒体的彩票售息传播等服务。这些相应服务和配套商品不仅满足彩民的需要，同时也带动了这些行业的发展。另外，彩票增加国家财政收入，从而投入到各项公益事业的建设中，由此间接促进环保、城建、建筑等产业的发展。

(4)增加国家财政收入。体育彩票是政府为解决体育事业投入不足而给予体育部门的一项特殊的补偿性财政政策。所以体育彩票是一种国民收入的再分配行为，它从国民收入的第二次分配中取得一部分资金用于发展社会公益事业。

三、体育彩票的发展

现代意义上的体育彩票，一般认为诞生于18世纪的英国。18世纪的英国贵族喜欢赛马，每逢周五，英国的王公贵族就到伦敦郊外的原野上举行赛马活动。1870年，巴黎事业家奥莱正式发明了赛马彩票，从此以竞猜比赛胜负为内容的体育博彩活动开始逐步在全球风行。目前，全球大约有超过120个国家和地区发行体育彩票，因其广大的市场而成为世界第六大产业。目前，对于体育彩票的产业也已经具有了完整的理论、规则、市场营销研究与设计制作方法，有专门的产品设计、生产销售、广告合作机构，以及相应的销售网络、宣传手段和合作伙伴，并且还有多样性体育彩票组织。目前，体育彩票收入已经成为许多国家进行社会体育投资的重要经济来源，同时也成为国际大型赛事重要的集资方法和融资手段。

中国的体育彩票来自于民间。清朝末期在广东，曾经有一种叫作“闱姓”类似彩票的非常流行。随后在民国年间，也有以“济实”“慈善”名义发行的彩票；国民党统治时期，还发行了“航空公路建设奖券”等彩票。新中国建立以后，我国各级政府和体育主管部门开始有计划地实施体育彩票营销。并在一些省、市进行小规模的体育彩票销售活动。1984 年 10 月 10 日，第四届北京国际马拉松赛发行“发展体育奖”彩票。这是新中国的第一张体育彩票。我国第一个体育彩票发行管理机构是在广东建立起来的。1989 年 5 月，国务院总理办公会议正式批准了亚运会奖券发售计划。这也是第一次在全国范围内发行的体育彩票。1994 年 4 月 5 日，国家体育委员会正式成立了体育彩票管理中心。同年，《1994—1995 年度体育彩票发行管理办法》颁布实施，这标志着我国体育彩票从此走上了法制化、规范化的发展轨道。目前，我国的体育彩票销售额逐年增长，2005 年 6 月底，总销售额已突破 1 000亿元人民币，筹集的公益金已经超过 300 亿元。而截止到 2013 年，体育彩票累计发行超过 500 亿元，累计筹集公益金 181.33 亿元，年均增长率为 37%以上。2016 年 1 月至 12 月，全国体育彩票销售 1 881.49 亿元，同比增加 217.76 亿元，增长 13.1%。我国体育彩票在修建公共体育设施、举办群众性的体育活动和大型运动会等方面发挥了重要的作用，同时，还为补充社会保障基金及其他社会公益事业做出了贡献，取得了显著的社会效益和经济效益。

四、体育彩票的运营策略

（一）体育彩票的营销策划

1. 体育彩票的玩法策划

尽管体育彩票的奖金是吸引购买者的最主要的因素，但体育彩票的玩法也是吸引购买者的重要方面。简单并具有趣味，或者迎合购买者的玩法都将成为体育彩票的重要市场开拓工具。体育彩票玩法的设计首先要针对市场需求，不断改进和创造新的玩法，避免单调，调动彩民参与的积极性。

现代体育彩票玩法一般都是基于电脑体育彩票的形式出现。在购买者群体中，一般分为年龄区别和文化层次区别。一般来说，年轻人喜欢大资金投入，渴望能得到大量的奖金；而老年人则比较倾向于即买即中的心理，不求暴富。文化水平比较低的购买者一般倾向于方法简单的玩法，而文化层次比较高的人一般都倾向于主动参与性比较高的、可以加入个人分析的一些玩法。

2. 体育彩票的宣传策划

体育彩票根据自身的属性和特点，宣传的重点一般都在其公益性、玩法规则以及销售成绩上。体育彩票宣传的目的是树立体育彩票行业本身诚信、公平的产业形象。通过其公益性宣传可以加强其与购买者之间的亲和力，建立良好的市场基础。在日常的宣传中，还要积极宣传其玩法的新颖性和灵活性、规则的严格性以及奖励办法等，以吸引彩民购买彩票。而宣传中奖事件，可以更加吸引彩民，尤其是可以挖掘未开发的彩民市场。此外，利用一些影响较大的事件进行较大规模的宣传，如销售额的突破、发行周年纪念等，有利于吸引社会注意力，有效地扩大宣传效果。在宣传的过程中，也要注意宣传的投入。由于宣传的费用比较高，所以从节约成本的角度，宣传要有侧重，而不能盲目投入，造成浪费。

3. 体育彩票的销售网络策划

体育彩票如果利用分散销售的模式进行营销，那么，就要注重营销点的选择、管理等，以保障体育彩票市场的稳健发展。

(1)销售点的选择

体育彩票的销售主管部门在选择销售点时，应对负责人的资格进行严格的审查，确认其具备一定的经济能力和能承担相应的法律责任。还应制定详尽的合同书来规范双方的权利和义务。要加强宏观的调控和管理，根据地区的经济发展情况和人后状况来进行销售点的配置。

(2)销售点管理

销售网点应建立相应的经营管理方面的规章制度，加强其营业时间、服务态度、财务结算、知识技能、票务管理和操作规则等方面的管理。在彩票销售过程中，应保证销售点的各个环节能够有效运行，尤其要加强安全防范管理，维护彩票销售秩序的稳定。

我国目前已经建立了完整的管理体系和遍布全国的销售网络，建立了国家、省市、地方三级管理机构。完善的管理系统要求完善的规章制度，依据制定的规章制度，严格执行。

(二)体育彩票的销售技巧

1.彩票销售前的市场调查

体育彩票销售的第一步就是要研究市场,在销售前进行市场调查,以便了解市场、掌握市场。

2.做好售前准备工作

首先,要向当地政府和财政部门申报,取得政府、财政部门和其他有关部门支持与配合。其次,必须要有事前的总体策划和各个环节的周密设计,其内容包括市场预测、发行策略、操作技术和安全措施等。

3.恰当确定奖组规模

确定奖组规模时,应考虑以下三个因素。

(1)要适应大奖组"快"的特点,要根据地域大小不同采取不同的时间。

(2)要树立全局观念,严格按照财政部门和上级主管部门的有关规定和部署,控制发行规模,不能超过批准发行额度。

(3)要符合当时彩票发行指导思想,并在做好周密安排和严密组织的前提下,顺应大奖组逐步扩大的发展趋势,根据销售时机、地点、操作力度和市场条件的变化,使大奖组规模逐渐放大。

4.适当选择场地

体育彩票销售的场地,首先要能够容纳巨大的人群,还应同时具备交通便利和安全可靠等条件。

5.进行全面的监督

为保证彩票事业的公平公正,应建立和完善相应的监督机制,并及时公示信息。

第四节　体育广告业的发展及运营研究

一、体育广告的概念、类型

所谓体育广告,就是指以体育活动、体育场馆、体育报纸杂志、运动员及其他与体育有关的形式为媒介，将商品、劳务和精神产品等信息传递给经营者和消费者的手段和方式。

广告一般都具备四个基本要素，即广告的对象、内容、媒体和目的。体育广告在对象、内容和目的上，和一般广告差别不大，但在广告媒体上差别十分明显。体育广告不仅通过体育场馆、体育活动、体育比赛以及比赛期间所发行的刊物为媒体，而且还可以通过运动员作为体育广告媒体。

按照不同的广告形式和不同的媒介，可以把体育广告分为场地广告、路牌广告、冠名广告、印刷品广告、排他性广告、奖券（奖品）广告等，具体如表8-5所示。

表 8-5　体育广告的类型

类型	相关表述
场地广告	这是最普遍的形式，即利用体育场所、借助各类体育比赛或其他体育活动的机会，在场地内外悬挂或摆设立牌广告、横幅广告、赛场地面广告等
路牌广告	借助体育比赛或其他体育活动的机会，在体育场馆外或其他建筑物上摆设广告牌
冠名广告	给各种体育活动、运动队、体育俱乐部等冠以企业或产品的名称。还有一种在奖杯上冠名
印刷品广告	利用体育活动的入场券、佩戴的证件、号码布以及秩序册、宣传画、成绩册、明信片、信纸、信封等做媒介，在这些媒介的适当位置印上企业的宣传材料
排他性广告	在某些体育活动中，体育组织授权某企业独家提供某一类别的产品，如指定饮料、指定产品、标志产品等
奖券（奖品）广告	利用体育比赛或专项体育活动，发行体育彩票、可抽奖门票或购物打折券，用以筹集资金，烘托比赛气氛或促进产品宣传和销售
实物广告	在运动服装、运动器械、纪念品、礼品上带有广告宣传用的商标名称或企业名称
明星广告	利用在社会上具有较大影响力的体育明星作为广告载体，制作广告节目，开展现场促销或做形象代言人等

除表8-5中所列的几类体育广告外，还有电子记分牌广告、气球广告、拉拉队广告、背景台活动广告、比赛线路沿途设置的广告，以及宣传体育活动的画册、纪念册、明信片、信纸、信封等物品上的印刷广告。

二、体育广告的发展

体育广告作为一种商业广告，首先在西方国家获得最广泛的发展。其发展历史可追溯到19世纪。18世纪开始出现自行车运动，19世纪末就有厂家在自行车运动员身上挂广告。环法自行车大赛路长3 000～4 000千米，参加比赛的不少骑手，从手到脚都是广告标志。环法赛深受人们的喜爱，又有着很高的经济效益，厂商愿意投入的广告费也多，因此该比赛也就长盛不衰。

体育广告经过一百多年的发展，已成为体育产业中的支柱产业。1987年美国体育运动的产值即美国人在体育活动方面的消费达到472亿美元，其中体育广告就占了36亿美元。随着现代体育运动的不断发展，公众对体育的兴趣不断提高，大众体育意识不断强化，体育运动不仅成为强身健体的需要，更是培养拼搏精神，应付各种激烈竞争的需要。不过，如今的体育比赛尤其像奥运会这样的大型运动竞赛，规模大、耗资多，且来自政府的资助越来越少，甚至没有。因此只有通过经营体育广告业务才能得到企业公司和商业财团的支持，以筹措到足够的资金。1980年莫斯科奥运会接受了60多家公司的广告赞助；1984年洛杉矶奥运会，广告赞助出资额在400万美元以上的财团就有30家；1988年汉城奥运会的赞助企业近100家；1992年巴塞罗那奥运会，仅可口可乐公司的广告费就达3 000万美元。美国NBC公司买到奥运会电视转播权，其收入几乎全部来自广告。1994年世界杯足球赛，制定了一个耗资2 000万美元的广告计划，通过广告赞助收入支付了全部3亿美元的比赛费用，并有结余。

广告支撑着现代体育运动，体育同经济的密切结合，已经成为引人注目的社会发展趋势。这是由于体育具有较强的交往功能，经济有着旺盛的拓展需求。从经营管理的角度来认识，世界级的体育比赛，具备了最佳的广告时机，即亿万观众的视觉焦点都集中在热烈的赛场，在激动人心的时刻，金牌与广告交织，市场竞争的因素大大减少。例如，第25届奥运会开幕式有5亿中国人收看，全世界则有30亿人收看，因此可推算开幕式上推出的广告，其收视率至少为35亿人次。1996年亚特兰大奥运会吸引了214个国家和地区的32亿电视观众，收视人次高达196亿。这样的传播空间、范围及广告效应，必然吸引各大企业。美国的可口可乐公司、日本的丰田汽车公司等一些广告客户非常注重把握广告时机，挤进竞技场，不失时机地推销自己的产品，取得了相当大的成就。

随着改革开放和我国体育部门体制改革的不断深化，体育广告业在我国也正处在方兴未艾的阶段。体育广告已成为我国体育产业的重要组成部分。尤其是最近几年，随着我国竞技体育的社会化和职业化的推进，体育广告资源日渐丰富，众多的体育明星活跃在广告界，越来越多的企业也开始注意借助体育来扩大知名度，体育广告得到了很大的发展。2008 年奥运会，央视以 2 000 万元获得新媒体版权，此后以 3 000 万～5 000 万元的价格卖给了诸多网站，光是新媒体版权部分就净赚近 4 亿元。2016 年奥运会，央视分销新媒体播放权，非独播视频版权费用价格就高达 1 亿元。在招商方面，央视奥运相关的部分资源在 2015 年的招标会上就已高价售罄。公开资料显示，伊利以 1.75 亿元摘得《中国骄傲》独家冠名，光明乳业以 1.37 亿元拿下《奖牌榜》的独家冠名。而在 2016 年 3 月，央视推出了第二批奥运广告产品，包括《相约里约》《赛事套装》《专题套装》等一系列产品，其中《相约里约》的独家冠名价格为 1.26 亿元，而《赛事套装》的 15 秒广告价格 4 620 万元，《专题套装》15 秒广告价格 1 050 万元。

但是，我国体育广告业也存在不少的问题，如体育媒体选择单一、市场规模有限、广告设计缺乏创新等。

三、体育广告的经营策划

体育广告是一项实践性很强的活动。它实行的效果好坏关键在于它的运作。另外，广告作为一种营销手段，是服务于企业的业绩增长和体育组织收益增加的。在实施体育广告的过程中必须做到理性决策，对它的每一个环节都进行精心的设计和操作。

(一)体育广告经营策划的基本思路

1. 广告主的选择

体育经营单位在经营体育广告时必须充分考虑本身与企业的各种因素，寻找两者之间的契合点，而不是没有目的地寻找广告主。在确定目标企业时，应该考虑以下四个因素。第一，企业产品与体育运动的关系。一般来说，和运动有关的企业及产品、家电产品、摄影器材以及民用和大众日常生活用品比较适合利用体育媒体进行广告宣传。第二，了解企业总的情况。要向企业提出一年的体育竞赛活动计划，宣传活动的规模、影响和优惠条件；为企业提供产品需求量和需求趋势的预测资料；提供用户对产品的设计、商标、包装反馈的信息等。第三，了解企业的宣传需求。想得到企业的广告赞助，重要的是要了解企业迫切需要重点宣传的是什么，以及怎样宣传才对它有利。第四,了解企业领导人的个性心理特征及爱好。由于企业广告费开支是计入产品成本且有固定的比例,故其广告费用可投入任何广告媒体来宣传其产品及企业。企业领导人对体育是否感兴趣、对体育的经济功能是否有清楚的认识、对体育运动哪些项目感兴趣,这对体育广告经营者能否拉到体育广告业务有直接关系。对体育广告经营单位来说,能够注意到这些细小问题对工作是有利的。

2. 体育广告营销方式的选择

体育广告的营销方式有很多种,不同性质的体育活动,其广告招商的方式和途径也有所不同。一般说来,体育广告的营销方式主要有招商、广告、游说、中介机构代理、行政手段等。其中,招商是一种基本以自我为中心的营销手段,适合于广告价值大、水平高、影响大的体育活动。在电视、报纸等新闻媒体上发布广告,推介体育广告资源,公布招商计划,或请记者写一些软性的报道,这种主动搏击市场的方式为大多数体育广告经营单位所采用。此外,体育广告经营单位在进行广告营销时,也可以成立专门的机构和组织相关的人员,制定营销计划,并主动与目标企业联系。这是一种依靠自己力量的广告营销,其缺点是可能会因为运作的不规范而影响广告收益。

(二)体育广告费用的支付方式

具体的费用支付方式须在双方签订的协议中予以明确规定,如费用支付的手段、时间,费用的形式,是资金还是实物,如果是实物,如何计算其价值。当然,也应该采取机动策略,对广告费用的支付方式要视具体情况灵活处理,善于利用“变通”的技术。所谓“变通”,就是指以较灵活的方式帮助企业解决想做广告但经费一时难以筹措的问题。面对这样的问题,可以采取缓交或分批交纳广告费的办法给客户做广告。有时企业没有现金,愿意给产品,也可以先接受产品然后再变卖。“变通”是建立在相互信任的基础之上的相互支持和合作的一种形式,是有原则的,是在政策和法律许可的范围内的“变通”。

(三)体育广告的回报手段

体育广告的回报手段,就是指体育广告经营单位给广告主的各项权益。体育广告回报手段基本可分为赛事冠名权和各种称号使用权、会徽和吉祥物使用权、各类广告权等,具体如表 8-6 所示。

表 8-6　体育广告的回报手段类型[①]

类型	相关表述
赛事冠名权和各种称号使用权	这是体育广告的主要回报措施。其中赛事冠名权影响最大，是冠名广告主的独享专利，一般同时还享有奖杯杯名权和向获奖者授奖权。其最大特点是广告主的名称和赛事总是联在一起
会徽和吉祥物使用权	将会徽和吉祥物印在产品包装和广告上，使广告主的名称及产品直接和赛事挂钩，借以来提高广告主及其产品的档次和声望
各类广告权	通常分为两种。一种是与回报无关，只是单一地买体育广告权。另一种是回报性体育广告权，即把各种体育广告权利作为体育广告回报的方式之一，供广告主进行广告宣传
公关活动权	指广告主可以利用赛场开展公关活动。例如，广告主在赛场内或周围设立自己的独立展厅、展棚、展台或接待处；广告主还可以利用比赛前或中间休息的时间举办一些抽奖、有奖趣味比赛、体育或文艺表演等活动等
赛场专卖权	在赛场只能独家专卖主要广告主自己的产品，如饮料、食品、纪念品等
媒体曝光权	主要指广告主的名称、商标、主要产品以及领导人活动的电视和报纸的曝光权，其中包括曝光的时间、次数和力度等具体权利。由于这种回报在很大程度上牵涉到媒体的合作，因此，事先必须要和媒体协商并取得书面承诺
礼遇权	主要是指广告主可享有不同档次的包厢和贵宾席，在赛场主要入口处拥有专用而方便的停车位，出席招待会、宴会和新闻发布会时在贵宾席入座，独立召开新闻发布会或记者招待会等

(四)体育广告的实施过程

1. 体育广告计划的制定

企业在确定了以体育为媒介进行营销的方案后，就必须制定详尽的广告计划，以确保广告的成功。一般来说，一个体育广告计划的制定大致包括以下几个方面。

---

① 钟天朗. 体育经营管理：理论与实务[M]. 上海：复旦大学出版社，2004：240.

(1)体育广告的必要性分析。体育广告经营单位在市场营销过程中，应对自身所掌握的资源和目标进行全面的分析，以探求两者结合的必要性和可行性。对体育广告资源分析的内容主要包括体育赛事或体育组织的性质、传播途径、影响人群、影响地区、体育活动的开展时间。对目标企业的分析主要围绕市场定位、近期市场规划、营销传统、目标市场、地理位置这几个方面进行。通过对体育广告资源和目标企业的全面分析，探求两者的结合点，以寻求企业的需求与体育广告资源的最佳结合点，并以此作为向企业开展体育广告营销活动的主要依据。

(2)拟订广告目标。体育组织在确定可开发的体育资源后，应结合体育广告经营单位以往的营销活动和本次营销的特点确立本次广告要实现的目标。确定合理的目标有利于使广告计划的制定更富有可操作性，并使日后评价广告的效果有了依据。体育广告的营销目标一般包括媒体参与度(如吸引的新闻媒体数量及级别)、价格、目标市场(体育资源与哪些企业或产品的形象有关关联等)和风险避免。

(3)建立工作机构。一项体育广告计划的实施不单只有体育广告经营单位执行，还需要一些辅助机构，尤其需要上级领导的督导。因此，在实施体育广告时，根据广告的规模和性质，建立起各部门的协作机制，以提高事务处理的效率。一般来说，确立实施某项计划后，首先应确定直接负责的体育组织领导和部门(一般为广告或市场部门)，然后确定负责实施计划的团队。必要时，体育广告经营单位可聘请专业人士参与机构的工作。

(4)广告方案的选择。体育广告经营单位为取最优效果而可能制定多份广告策划方案。因此，必须选择一个既符合实际，又能充分体现体育广告经营单位利益的方案，以此作为和目标企业谈判的底本和实施的预案。在选择广告方案时，应结合体育广告经营单位过去广告营销的案例和事先确定的体育广告目标，对比不同方案的优缺点，选出最具操作性和切合体育组织实际的方案，并根据目标企业的营销需要，对此不断加以补充和完善。

(5)谈判并签订协议。体育广告经营单位与企业的实际接触是把可能性转变为现实性的关键环节。因此，一定要注意谈判技巧，做好谈判前的准备工作，把握好谈判的时机。在谈判过程中，谈判人一定要尽量阐明本方的立场和利益要求，并利用所掌握的对手材料，压挤对方的要求，满足自己的需求，要善于把握住时机，找准双方利益的妥协点，及时达成协议。在会谈结束部分，应澄清模糊的内容，进一步明确达成共识的部分，并约好正式签署协议的时间。

2.体育广告方案的执行

当体育广告经营单位与企业签订广告合作协议后，就进入了体育广告协议执行阶段，即落实体育广告合同条款。为确保体育广告合同的履行，体育广告经营单位应指派专门的人员负责企业权益的落实，为企业提供贴身服务。企业也要加强对体育广告过程的调控，制定相应的工作进程安排，经常与体育广告经营单位保持沟通和联系。对体育广告经营单位来说，在体育广告合同履行期间，最重要的是严格遵循体育广告合同的条款，全力配合企业的市场营销活动。

3.体育广告效果的评估

体育广告效果一般表现为：体育广告的经济效果——对企业经营的作用；体育广告的心理效果——对消费者的作用；体育广告的社会效果——对社会的影响。广告效果的评估是完整的广告活动中不可缺少的重要内容，是检验广告活动成败的重要手段。体育广告经营单位应协助企业加强、完善体育广告效果的评估工作，提高评估工作的质量，从而更好地促进体育广告经营活动的开展。不过，体育广告的效果评估相对较难，大多数企业在运用体育广告的同时，还会利用其他广告营销手段，所以很难确定哪些是由体育广告产生的市场效果。再者，体育广告是一种含蓄性的广告传播手段，它所产生的效应能否在预计的时间内出现也很难确定。

能否反馈某项体育广告活动的效果常常成为企业是否继续保持与体育广告经营单位合作的关键因素。体育广告经营单位应做好体育广告活动的效果评估，以增进与企业之间的相互信任，延长与企业的合作关系。体育广告经营单位对体育广告效果的评估可包括以下内容。

(1)体育广告合同的落实——企业有关权益的实现(可列示合同条款的落实情况)。

(2)体育广告资金的使用——列示广告费用于赛事宣传和组织的使用情况，列示有关人员的劳务费开支等。

(3)体育广告的社会影响力——电视转播报道的时间、次数、收视率，报刊、电台报道文章的篇数，观众的来信、来电情况，互联网的点击率。

如果可能的话，体育广告经营单位可以组织力量或委托专门机构对企业在广告前、后的形象或产品销售情况做专门的市场调查，以令人信服的数据向企业表明其体育广告的效益。

四、体育广告的经营管理

体育广告的经营管理应该符合社会道德规范，同时还应该接受国家相关行政部门的监督。体育广告经营单位应该在强调经济效益的同时考虑到社会效益，担负起维护企业利益与社会公共利益的责任。具体来说，体育广告的经营管理主要包括以下几个方面的内容。

（一）加强交流沟通

体育广告经营单位与广告商之间的关系应该是互惠互利的，协议双方是利益共同体，因此双方只有不断加强交流沟通才能够最终实现“共赢”。只有确保体育广告经营单位和企业之间沟通的渠道畅通，才能使体育广告协议双方在问题处理中取得更多的共识与谅解，并最终实现双方共同利益的最大化。

（二）预防埋伏营销

埋伏营销指的是某公司通过其他形式的广告与推广活动，直接减弱那些通过支付体育广告费用而获得体育广告经营单位认同的官方广告主（或赞助商）的关系，从广告主（或赞助商）那里挖走部分观众的不正当营销行为。埋伏营销实质上是不向体育广告经营单位支付体育广告费用，但是通过寻求与体育广告经营单位的联系迷惑消费者，使他们错误地认为埋伏营销的企业就是比赛的官方广告主（或者赞助商）。这就对体育广告经营单位和与体育广告经营单位有正式协议的企业的利益造成了很大损失。此外，埋伏营销还有可能诱使更多的企业参与这种高收益、低成本的营销活动，从而造成市场竞争的混乱。

防止埋伏营销，首先是规范赞助体育活动的企业广告用语，使消费者能够明确地区分体育活动的合作伙伴与非合作伙伴；其次，相关行政主管单位就电视转播管理和转播权问题下发相关文件，以制约和防范埋伏营销。体育广告经营单位也应积极采取措施防止埋伏营销，如在实施体育广告活动前就应制定防止埋伏营销的方案，积极与政府、赞助企业、传媒等进行沟通和联系；对体育广告活动的过程实行监控，一旦发现埋伏营销者应及时与之交涉，并争取有关部门的支持，坚决打击埋伏营销。

（三）强化法律管理

加强法律管理就是指广告管理机关依据有关法规对广告宣传和广告经

营活动进行的引导与监督行为。广告管理法制化是市场经济发展的客观要求与必然的结果，其目的在于保护合法经营、维护消费者的利益以及正常的经济秩序，从而保证广告事业的健康发展。体育广告的法律管理在宏观管理上具体表现为宣传方面的法律管理和经营方面的法律管理。

（四）搞好危机公关

在体育广告执行过程当中，体育广告经营单位与企业都应该树立危机意识，注意风险的防范，做好危机公关，尽量消除体育广告实施过程中潜在的负面因素。

首先，体育广告经营单位应该加强对体育活动过程的管理。一方面，体育广告经营单位要选择社会形象较好、经济效益较好的企业。另一方面，体育广告经营单位应该监督企业利用体育媒介开展的营销活动，对企业在营销中出现的违规现象应要求其及时停止并改正。

其次，企业在体育广告合同履行的过程中应该加强与体育广告经营单位的及时沟通与广泛交流，对体育广告过程中可能出现的问题做出预测并制定出相应的对策。如果体育赛事、明星代言人、体育广告本身发生问题，应该做出及时的反应与处理；如果体育媒介出现违法、违纪、违背社会道德的行为时，应该果断停止与其联系。

第五节　体育赞助业的发展及运营研究

一、体育赞助的概念、特征

（一）体育赞助的概念

顾名思义，赞助是一种共襄义举的行为，体现为赞助者对被赞助者的一种不以回报为目的的资金授让。然而联系到体育赞助的实践，凡是以货币形式进行的赞助，都会以某种或多种非货币形式的利益作为回报。据此，可以说，体育赞助指的是以体育为题材、以达成各自目标为目的、以支持和回报为内容、以利益交换为形式的一种特殊的商业行为。

对体育组织机构和教练员、运动员等个人而言，体育赞助这种商业行为就是对自己的所有体育无形资产进行开发；对企业来说，体育赞助是一种有效的企业营销方式，可以促进企业形象和员工士气的提升，扩大产品销售范围，增强企业在国际、国内市场上的竞争力。体育赞助双方是商业伙伴，二者互利互惠。

体育赞助与体育捐赠存在明显的区别。捐赠是指向国家、集体或个人进行的无偿帮助和赠送，从本质上而言是一种不计回报的公益行为，是捐助者出于自觉、自愿的行为，而赞助是要求有所回报的一种商业行为。捐赠者不能向被捐赠方提出相应的商业条件和保证，而赞助者与被赞助方双方之间有一系列的权益与义务需要执行。

（二）体育赞助的特征

1. 善愿性、公益性、有偿性

企业赞助人们喜闻乐见的体育活动，是一种善良意愿的公开表达。媒体大多会予以报道或转播，其影响远远大于促销、广告等营销手段。在体育活动中，赞助企业的广告通常是依附于其他载体以背景的方式出现，很容易被公众接受。因此，体育蕴含的天然亲和力和巨大的注意力资源给企业带来无限商机。

体育赞助可以是商业赞助，也可以是公益赞助，区分的标准不是赞助商是否得到回报，而是赞助的目的。在我国赞助曾经被视为是一种无偿行为，其目的在于解决接受赞助的主体开展某一项有益于社会活动时经费不足的困难。受这些传统观念的影响，即使是商业性的体育赞助，也客观存在公益性的一面，即赞助商既有通过体育赞助谋取商业利益的目的，同时也有给予体育部门资金支持，以促进体育事业发展的公益性目的。

2. 自主决策性

在西方，各种赞助活动的共同点是赞助的对象为社会公益性事业。在我国，体育事业的公益性尤为突出，体育赞助的对象也必然是具有社会公益性的体育事业，具体包括体育部门、体育协会或组织、著名运动员等。赞助方与被赞助方都是自愿参与或退出，双方平等协商赞助方式、给付金额、回报措施等事宜。

3. 商业性

从本质上说，体育赞助是双方在资源和利益上结成的商业性互利互惠关系。从市场运作的角度说，寻求市场回报和商业利润是体育赞助商的基本倾向。体育赞助商在体育市场中进行体育赞助是以完成其商业利益为驱动动机的。体育赞助商在体育赞助中所寻求的商业利益包括以下几项。第一，使用体育组织标识标志、商名商标和图形图像的权利。第二，使用各种赞助商名称的权利，向运动队、运动员和现场观众提供产品和服务的权利。第三，在赞助项目中进行产品试验和产品销售的权利。第四，在赞助项目中开展与市场、与消费者、与公司和产品形象相关的商业活动的权利。第五，参与运动会、联赛和活动全过程以获取电视台、电台、报纸和杂志免费宣传的权利等。

4.非所有权转移、依附性

在体育赞助中，赞助商所得的回报多种多样，如冠名权、转播权、广告权、指定产品、各种赞助商称号、吉祥物和会徽使用权等。这些回报的共同点是，它们是推广、使用权等的转让，而不是所有权的转让；推广、使用权依附于所有权而存在。在体育赞助中，交易的标的物就是非所有权的其他权益。

二、体育赞助的发展

赞助是从资助发展起来的。最早的资助主要是面向一些著名的文学家和艺术家，为他们从事创造性的劳动提供较好的生活和工作条件，而不求任何回报。进入19世纪以后，资助的对象扩展到整个教育、科研、文化、艺术等领域，资助的形式也多种多样，既有个人资助，也有企业资助和社会资助。据有关资料记载，最早的体育赞助活动是美国的英格兰铁路运输公司于1852年曾向哈佛大学和耶鲁大学划船队提供赞助，免费运送他们去参加比赛，由此开创了体育赞助之先河。正式的、较大规模的体育赞助活动从20世纪60年代开始大量兴起，如壳牌、埃克森和BP三家跨国石油公司于1965年赞助1 000万马克给德国1.5公升汽车大赛，取得了在参赛汽车上粘贴公司招牌的回报；1966年，英国烟草商因政府禁止电视做烟草广告而转向赞助汽车和摩托车比赛，创造了企业赞助与企业本身产品没有直接关系的运动项目的先河。

从20世纪90年代以来，赞助逐渐成为组织促销的一个重要手段，并超过了传统的促销方式。例如，1997年全球广告的增长率为6%，而赞助的增长率达9%。就全球赞助的发展来分析，20世纪90年代是体育赞助的快速增长期，并逐渐形成一个巨大的经济领域。体育赞助作为赞助的主要形式，占赞助金额的60%～70%。1997年企业对奥运会的赞助总额达3.07亿美元，在1998年达到了3.96亿美元。英国的年体育赞助金额约为10亿英镑，美国的年体育赞助经费约为60亿美元，中美和南美洲8亿美元，欧洲

40 亿美元，亚太地区为 27 亿美元。

体育赞助主要是与体育赛事相联系的，尤其是与一些重大的、有影响力的赛事相联系。在奥运会的资源开发当中，主要由赞助收入、电视转播权收入、特许经营权收入和门票收入组成。其中收入的 48％是通过出售电视转播权获得的，35％～40％是通过赞助获得的。体育赞助的价值被进一步认识，其在塑造企业品牌形象、提升企业品牌价值方面的重要作用开始被很多企业所重视。随着体育赞助的不断发展，赞助商的战略出发点更多地集中在“客户”，决策更加理性，对体育赞助预期收益的评估更加重视。企业一般都会聘请专业的机构对自己的投资进行科学的收益评估，从而最大限度地降低投资的盲目性，投资成为赞助商获取赞助权利的目的更加合理，更多的是考虑如何以体育赞助为基础和载体形成营销策略组合，赞助商更加关注赞助对企业销售额的实际贡献。

20 世纪 80 年代初，我国有了体育赞助的萌芽，最早只是球类项目国家队接受境外企业的服装赞助等。进入 20 世纪 90 年代，体育赞助在我国有了快速的发展，无论是体育赞助的规模、政策法规、组织机构，还是赞助的策划等等均有了许多可喜的成就。但是，目前与国外发展水平较高的体育赞助业相比来说，我国体育赞助业的发展还处于初级阶段，体育赞助规模较小，市场狭窄。

三、体育赞助营销的策划

有效引起企业赞助的动机是体育赞助营销的首要任务，完整而专业的体育赞助策划书便成为最佳的沟通方式。而在整个执行过程中，如何展现出无限的创意巧思与资源整合，则完全有赖于正确赞助理念的建立与计划内容的严谨性。对此，应寻求赞助前的论证，之后才开始制定赞助策划书。

（一）寻求赞助前的论证

要保证赞助计划的顺利进行，必须要重视事先的评估作业。体育运动主办单位经过认真仔细论证，确认体育赞助活动的“可行”性之后，接着应对本身组织及赞助活动进行分析。

1. 组织分析

必须对自身组织的规模、历史、社会形象、地位、组织资源及专业人力等一一加以审视，以便掌握优势，找出赞助契合点，发挥赞助潜能。体育运动主办单位在决定寻求企业赞助前，应先考虑以下因素。

(1)组织内部是否有人才

体育运动主办单位经理人应掌握营销、公关等相关理论知识,具备实务操作的专业能力。如果目前组织内部缺乏此类专业人才,也可以寻求运动行销经纪公司的专业协助。

(2)组织目标与企业目标间的契合度

为了获取企业赞助的支援,应迎合并协助企业目标的达成。例如,阿迪达斯借助2002年法国世界杯足球大赛的赞助机会,达成强化其世界第一足球品牌的形象及巩固全球市场的目标;可口可乐的目标市场与美式足球及篮球的运动市场相符。这些例子,均可说明体育赞助活动有助于企业产品、品牌相关目标的实现。体育运动主办单位必须把握自身寻求赞助的合作原则,以避免过度商业化的弊病。

(3)经济因素

寻求赞助前,体育运动主办单位应了解募集赞助资源所产生的效应,避免过度依赖赞助商的支持而受制于人,一旦企业赞助的资源撤离,体育运动主办单位恐有崩溃的危机。

(4)主导权

企业提供赞助,可以获取体育运动主办单位所赋予的权利。然而,体育运动主办单位往往在急需企业财政援助的情况下,会丧失本身活动的主导权,沦为赞助商的促销工具。对此,体育运动主办单位应为维护体育运动的积极健康形象而努力。

2.活动分析

倘若是为体育组织、学校所举办的体育赛事寻求赞助机会,就必须分析活动的特性,以便寻求适当的赞助厂商。例如,分析活动是观赏性的,还是参与性的;是媒体宣传性的,还是综合性的。又如,分析活动的成熟度,是新活动,还是常规、重复性的赛事。再如,分析活动的规模,是国际性的还是全国性的。此外,还要分析活动的主控权。活动的举办可分为主办、承办、协办等性质,因其性质之不同,授予厂商赞助权限则各有差异。

(二)赞助策划书的制定

体育赞助的未来发展应植根于体育运动活动(组织)与企业行销策略的良好互动关系之上。而成功的赞助策划书可以拉近彼此间的距离,共同创造双赢互利的美好远景。一份规划完美的体育赞助计划不仅是整个赞助活动的执行蓝图和与企业沟通的工具,更是创造资源利润的宝典。如何制定一份成功的赞助策划书,应是现代体育运动管理者不可或缺的重要必备条件之一。

1.赞助策划书的架构

一个完善的赞助计划应包含赞助描述、计划目标、计划内容、预算这四个部分,具体如表8-7所示。

表8-7　赞助策划书的架构

项目	相关表述
赞助描述	具体描述体育运动主办单位可以提供赞助商的商机;体育运动主办单位的概况,包括组织的资历、历史、结构等;体育运动主办单位目前及过去的赞助案例及媒体报道情况
计划目标	以条目方式清楚交代,通过赞助合作可协助赞助商达到的企业目标
计划内容	每一部分均须清楚写明详细内容,让赞助商可以充分了解其意义;所有活动或方案均须清楚指出赞助商可获取的商机;所有活动或方案均须提出赞助商可以参与的共同促销和推广方式
预算	详尽说明经费的使用,具体描述经评估后的成本效益及其潜在利益

2.赞助策划书的要素

一个赞助策划书应包含以下九个要素:具有吸引力的策划书名称;策划纲要;策划摘要;组织专业知识与能力;赞助方案目标;赞助方案的活动内容;评估;赞助方案执行者与管理;具有合理性的预算。完善的赞助策划书,可清楚表达体育运动主办单位的赞助需求及规划中的企业赞助效益,达到充分的书面沟通效果,以确保进一步的赞助协商机会。

3.赞助策划书(方案)的设计

为使赞助策划书能在最短的时间内吸引企业领导的注意,为目标赞助商提供充足的信息,就要在策划书的前两页下足功夫,做足文章。对此,设计赞助策划书(方案)时,要做到封面美工设计,鲜明亮丽;单页主题说明,尽量以一页一主题的方式说明内容;内容以大纲摘要介绍内容,并尽量以条目方式简洁而有力地叙述重点;活动主题商机化;内容文字简洁化;赞助资格多样化,不放弃任何可能的合作机会;注明赞助计划联络负责人的资料;不仅以书面文字方式与厂商接触,还可以通过视频、计算机网络、多媒体设备来介绍。为了有充足的时间来履行赞助活动权利义务等事宜,方案单位必须明确规定最后接受赞助的日期,以免造成双方后续相关广告及促销活动配合上的诸多麻烦。

就方案设计内容方面,方案中应有活动组织、主办单位的简介;本次活动、赛事的描述;该活动与企业形象的结合程度以及企业目标市场与活动目标市场的一致性的解释;赞助效益的详细说明;媒体与促销配合计划;赞助办法;赞助效益评估方式。此外,也可将过去赞助活动的记录资料,以及过去赞助商的评价等列入。

方案设计尤其要注意强化赞助者的获益部分,尽力来促成赞助合作关系。对于赞助可能带给企业厂商的利益,应在合理以及符合活动主旨的大原则下,尽量予以满足。

4. 赞助策划书(方案)的评估

美国电话公司 Sprint 在审查众多体育赞助策划书时,制定了选择评估方法。这种评估模式应用在任何想要进一步了解的事务上,帮助 Sprint 更准确有效地找出适当的赞助方案。首先是"前置评估",为了客观地评估赞助活动的适应性,该企业列出了几项决定因素,根据重要性的先后顺序分别排列。表 8-8 为美国电话公司 Sprint 赞助评估模式表。该评估表的使用方法是先将决定因素根据重要性的先后顺序列出,再将每一决定因素根据赞同程度分别标上 1～5 分(1 代表不能同意,2、3、4 逐渐递增,5 代表非常同意),企业自行判断将决定因素标上重要性加权分数,(加权分数的总和为 100 分)以赞同程度的分数与重要性加权分数相乘得出每个决定要素的个别得分,将个别得分相加即可得总分。如果总分相近,无法取舍时,则可采用"后审法",即依前置评估法得出结果之后,再依下列条件来选定最佳赞助方案:赞助目标的可评估性、赞助活动成效的可评估性、计划执行之前必须先考虑赞助活动成功的可能性。

表 8-8 美国电话公司 Sprint 赞助评估模式

标准	赞同程度					加权计分分数
	1	2	3	4	5	
获利机会						×15=
与本身行销活动间的整合能力						×15=
赞助开支						×13=
向目标消费者的曝光机会						×13=
公司形象强化						×10=
竞争优势的获取						×10=

续表 8-8

标准	赞同程度					加权计分分数
	1	2	3	4	5	
对员工的冲击与影响						×10=
礼仪款待及娱乐机会的获取						×6=
公司品牌权益的增加						×4=
对社区投入、市场的吻合						×4=
合计						

还有一种便于企业检查赞助方案的方法，即使用“评估矩阵表”（表 8-9）。评估矩阵表是针对赞助活动设计的一个加权标准评估表，它客观且有效的评估可以为企业的应用提供参考。首先，针对所有潜在可能的赞助活动，仔细且审慎地评估重要且相关的加权标准项目。这些项目必须是容易评估的，并尽量控制在 12～15 个之间。接着将列出的评估项目依重要性分别标上 1～10 的次序排列，每一个项目的重要性得分是经过与其他项目比较之后得出的。其次，针对潜在可能的赞助活动再将表中的项目逐一评估它执行的效能，分别标上 1～10，称为执行评分。最后，将每列的加权分数与执行评分相乘，再将每列的得分相加得出评估总分，总分越高，就表示越符合企业团体的需要。

表 8-9 赞助方案审查评估矩阵表样本

赞助活动名称：					
赞助者评估标准	相对重要性		执行评分		合计
参加活动观众组成	10	×		=	
形象兼容	9	×		=	
排他性	7	×		=	
媒体报导支持程度	5.5	×		=	
行政管理顺畅性	5	×		=	
影响力	4	×		=	
调查研究的能力	4	×		=	
活动延续性、扩展性	2.5	×		=	
活动效率	2	×		=	
刺激零售商的能力	1	×		=	
总分：					

在评估项目方面，以下是最常被用来评估赞助活动适应性的项目。

(1)形象兼容。

(2)观众组成(或可接触到的目标消费群)。

(3)批发商、经销商和零售商的收入。

(4)影响力、商机。

(5)媒体曝光率与支持程度。

(6)排他性。

(7)产品属性的说明。

(8)对销售业绩的影响。

(9)赞助成效。

(10)调查研究的能力。

(11)赞助活动延续性与拓展性。

(12)行政管理能力。

(13)风险因素。

以上这些项目可以用来作为设计评估矩阵表时的参考依据，使用时可根据赞助商及赞助目标的个体差异做适当的删减与修改。将焦点集中在个别的项目，可以更准确地评估，并且避免因多人分开评审时可能造成的弊病。

四、体育赞助营销的实施

(一)成立工作小组

体育赞助计划的执行工作相当复杂，应视赞助活动规模大小来组织工作小组。由于涉及赞助权利义务履行的因素，工作小组层级的设定以及主管层次应该要高，以便于整体决策的制定与执行。例如，全国性赛事的赞助事宜，应由筹委会副主任或以上高层领导负责，并成立相应的常设机构，便于赞助计划的执行，才能确保与各职能部门之间的协调与整合。工作小组的理想结构应该有行政管理组、策划组、联络组、服务组，其功能如表 8-10 所示。一般体育运动组织中也应有常设性负责赞助业务之推广工作小组。

表 8-10 工作小组的理想结构与功能

功能组	功能
行政管理组	负责行政秘书业务，沟通与协调、进度控制、资料保存等工作
策划组	负责设计规划各种赞助方案及活动
联络组	负责与厂商之联系、洽谈、签约等业务
服务组	负责合约签订后，确保赞助权利义务的履行业务

（二）搜集、分析资料

广泛地搜集赞助相关资料，并加以综合归纳、整理与分析对于赞助策略的拟定有相当大的帮助，而且资料搜集与分析结果是赞助计划成败的关键。整体而言，以下类型的资料是必不可少的。

1. 企业

在搜集可能的目标赞助商资料时，若是针对国际性赞助活动，可需求一些国际性的参考资源。美国芝加哥一家负责企业赞助的“国际事件行销集团”（The International Events Group，IEG）所出版的“IEG 赞助活动报告”就是一份相当好的参考资源。因为报告中不但有国际知名企业，如可口可乐、福特、美国航空等的赞助活动分析讨论，还有他们未来可能进行的赞助活动。如果没有这样的专业刊物，则可以从经常赞助体育运动相关活动的厂商着手，了解这些公司的经营理念、组织概况、赞助预算、负责赞助单位、赞助方式等信息。掌握此类讯息，及时地提前提出赞助合作方案，有利于纳入其预算之内，可以使赞助工作开展得更顺畅。

2. 赞助活动

除了搜集目标赞助商资料外，对于其他成功的体育赞助活动案例也需努力搜集。从以往的案例，可以汲取成功的经验与失败的教训，更可以在其中找到潜在的目标赞助商。

3. 赞助时机

什么时候进行赞助活动与活动举办的时机有着密不可分的关系。因此活动日期的选择应考虑避免与其他重要（同类型）活动冲突，以免相互影响而降低了赞助活动的效果。除了把握厂商赞助预算时间外，对于国内外经济环境、政治环境、社会环境也需有敏锐的应变能力，以做出适当调整。掌握社会与企业发展的动向,有利于把握体育赞助的先机。

(三)制定赞助目的与目标

赞助目的的制定,主要说明体育运动组织寻求赞助的理由及原因。赞助目的内容除了说明赞助活动的意义与价值外,更是执行整个赞助计划的依据与原则。赞助目标的列出,是将实践赞助目的的做法具体化,也可作为赞助活动结束后,检查评估的依据。故在撰写目标内容时,应把握具体化、数据化、简明化及可行性等目标制定原则。除了本身要预定赞助目标外,也必须要能够清楚企业的赞助目标,作为合作的基础。

(四)设计赞助"产品"

赞助"产品"设计,即赞助办法的设计。在对本身活动性质的分析之后,必须以"产品"的概念并参考活动性质分析资料来设计赞助"菜单"供厂商选择。设计时应遵循以下原则。第一,以行销理念规划满足赞助双方需求的双赢"产品"。例如,"产品"设计除考虑活动本身"核心产品"(如运动会)之外,也可规划"延伸产品"(如圣火传递、运动员联欢晚会等)。第二,为扩大赞助"产品"实力,吸引企业赞助。对此,就必须先结合媒体(平面、立体、电子媒体)共同举办各种"造势"活动。第三,为"包装"活动的精彩,配合相关媒体及宣传活动,增加曝光率以达到促销推广的效果。

(五)制定赞助价格

制定赞助额度的高低,要视活动本身成熟度等条件来考虑,过高则无人问津,过低则不符成本效益。定价的方式有费用附加法、竞争市场策略法、相对价值法。

费用附加法,即赞助办法中支付给企业厂商权益的费用外加合理的赞助费用。主办单位将提供给赞助商的权益部分,如入场券、晚餐券、纪念品、纪念牌匾、广告条幅、印刷品等费用总和作为定价的标准,然后再加上一些合理的收费(赞助商因赞助关系可能获得利益的提成)。以这两笔费用的总和作为向企业厂商收取的赞助费。

竞争市场策略法,在比较赞助活动性质、成熟度等条件后,可将已办过的类似的赞助活动的赞助价格作为定价参考。

相对价值法是依据赞助效益在社会上的相对价值高低作为定价的标准,也是目前最广为使用的方法。例如,大会手册上广告页的价值可比较报纸杂志上的广告收费标准而定,公开演说则比较电台广告,而新闻报导则比较电视广告价格。

(六)选择目标赞助商

目标赞助商的选择，是一个体育赞助市场细分和市场定位的过程。因为体育运动与企业赞助的结合，并非是“一拍即合”的关系。而如何寻找适当且具赞助能力的厂商，则是体育赞助规划者的任务。不仅如此，体育运动主管部门还要能够说服这些目标赞助商，使他们相信赞助活动所产生的效益。在寻找目标赞助商的方法上，应先拟定一份厂商名单，并根据其类别、规模、财政状况等标准予以区分。名单拟定之后，则要开始进行厂商与赞助活动的“配对”工作，并应符合下列两项条件：第一，企业预期形象应与所赞助的体育赛事形象吻合。吻合程度愈高，表示企业产品与体育赛事可“配对”的程度愈高，产品形象转移便愈自然，也易为消费者所接受，反之亦然。一般来说，与体育赛事有直接关联的厂商，形象符合程度高。然而至于间接与运动事件相关的企业，身为体育主管部门，则需用心寻找彼此的形象兼容性。总而言之，体育运动主管部门应根据资料分析结果，从企业的经营理念、产品特性及顾客特性、兴趣或喜好等方面来“撮合”与体育赛事的“门当户对”。第二，企业的目标市场与体育赛事的目标市场必须吻合。当获得彼此的形象兼容性之后，双方目标市场的一致性就显得很重要了。企业在决定赞助前，必须清楚体育赛事的相关人员的背景资料，他们的社会地位、经济地位等背景资料，尤其是经济能力、生活理念的资料。运动主管部门要有能力证明企业的目标市场就在体育赛事之中，涉及该体育赛事的人就是企业的顾客。因此，建议体育运动主管部门准备本身活动相关人员的详尽资料，这有助于企业的赞助决策。

在完成以上各项的准备事项后，接着便可以挑选出与本身活动最“速配”的目标赞助商。能够吸引大型厂商赞助的，就不需要受限于小厂商。可以找全国性、国际性企业赞助的，不一定只考虑地区性企业。

(七)接触目标赞助商

与目标赞助商接触前，必须要做好充分的准备工作，包括针对不同特定目标赞助商设计的赞助方案，以及目标赞助商联络人资料的确定，是非常重要的。在锁定联络的企业之后，应确定谁是该公司赞助业务的负责人。而最直接的确定方法就是打电话至该公司咨询负责的部门及主管姓名。体育运动主管若能直接向企业决策者游说，成功机会最大。甚至包括了解高层主管对运动兴趣的高低，以投其所好，更有助于赞助的成功。

一旦确认目标赞助商组织的赞助业务负责人后，便可先行以电话说明寻求赞助目的，并征询同意后，以传真及邮寄方式提供所需之一切赞助资料

(含方案)供其参考,同时请求惠予支持。在首次联系之后,后续有必要进行密集联络,以便随时补充说明资料并进一步建立关系。

一个成功的赞助沟通会,不仅可以明确展示该赞助活动所有的赞助效益,引起企业的赞助动机,并可以带动其参与意见表达与互动的气氛,创造更多样的合作方式,也可为赞助合作计划提供建议。在说明会上,发表人的选择应视参加说明会企业主管代表阶层来决定。在报告内容上,首先应触及企业最感兴趣且最在乎的内容,接着再介绍活动本身以及主办单位的相关资料。说明过程中应把握重点、简洁叙述。在报告后,则进入讨论部分。需要注意的是,不要承诺赞助方案中赞助权益范围以外且无能力实现的事项。结语部分,应理清模糊内容,确认共识部分,并鼓励尽快采取赞助行动(确定答复日期)。

(八)签订赞助协议

基于企业与体育运动分别属于两个截然不同的环境之中,观念、用语、做法各有不同。为求彼此协议赞助合作事项内容的共识,很有必要签订一份双方认可且同意的协议。不过,协议内容规范化的程度需视双方当事人的需要以及赞助活动规模大小而定。赞助协议有确认函、协议书、正式合约书。确认函仅供彼此双方确定权利义务内容之用,且无双方共同签字,仅以诚信约定,较不正式。协议书是双方共同签署的正式协议文件,可视为一种较经济、不具制约性,但非标准的合约书。正式合约书是具有法律效力的正式协议文件,双方有履行义务的责任。因此,对所有细节双方均需非常重视,以免造成诉讼问题,影响彼此权益。有关实际体育赞助协议内容部分,应包括权利义务人(单位)名称头衔、赞助方式、赞助义务、赞助权利、违约保证、签约栏、日期及附注等要项。

体育运动主办单位为了增加赞助商的数量,也会通过佣金扣减方式,即经由赞助商本身的企业伙伴关系,将这些厂商也带入这一赞助活动中,而促成更多厂商的加入。

(九)执行赞助活动

当投入大量的时间与精力在吸引目标赞助商加入赞助计划且获得良好响应之后,接下来便是专注于服务赞助商,以充分履行合约上的各项约定。全力协助厂商达成赞助协议中的行销目标,如此双赢互利的赞助成果,将为体育运动与企业奠定良好的互动关系,有利于服务口碑的建立,也为下届活动寻找赞助厂商的成功提供保证。为确保赞助活动的顺利进行,避免沟通不畅,不仅应设专人服务特定的赞助商以作为双方联络人并履行赞助义务,同时各项工作时间表的拟定及协调会的召开也是十分重要的。

(十)总结

随着整个活动的结束,后续工作也必须坚持到底,对赛事赞助活动进行总结。总结阶段应开展以下几方面的工作。

第一,对体育赛事赞助评估报告进行撰写。

第二,对本次体育赛事赞助活动的专项档案进行建立。

第三,对总结大会加以召开。

第四,对感谢活动进行举办。

五、体育赞助营销的管理

(一)体育运动主办单位的赞助营销管理

体育运动主办单位赞助营销管理的程序可分为总体策划、个案营销、个案组织和实施及监督评估等四个阶段。

1. 总体策划阶段

体育运动主办单位需依据本身的组织宗旨、目标及发展计划来制定整体的策划。而这一阶段的主要执行内容是以组织内部的自我检查,以确立赞助目标及实施原则等管理功能的发挥,而组织外部的工作则着重于市场环境的信息搜集、分析与评估。

2. 个案营销阶段

本阶段规划指个别的赞助策划书(方案)的设计,而一般产生方式,是以体育部门自行制定体育赞助营销计划,并主动对外招商方式为主,而企业则根据本身营销计划的需要以主动寻找体育部门合作方式进行。另外,也可以委托中介机构和媒体策划执行。

3. 个案组织和实施阶段

这一阶段为体育运动主办单位与企业合作关系的开始。一般大型体育赛事中的赞助业务可依序分为:成立赞助个案领导班子及下属工作部门(策划部、新闻部、接待部等部门)、确立赞助管理计划的实施内容、各部门间的协调合作落实计划内容三个执行步骤。

4. 个案监督与评估阶段

为了确保赞助计划目标的实现，赞助计划执行的前、中、后期相关操作均应严密监控，随时进行修正，以保障任务的完成。在整个赞助活动工作结束后，应根据原来制定的相关赞助目标，进行总体的评估及工作检查，为下次改进做参考，也可成为履行赞助合作约定的具体证明，以及向未来赞助商展示的最佳赞助成果。

然而，当前所处的体育赞助内外环境，瞬息万变，体育运动组织的主客观条件不同，要因情况的变化而需要采用其他变通的有效策略。

（二）企业客体的赞助营销管理

同样地，企业有意投入体育运动主办单位的赞助活动中，也应对体育赞助的性质与内容有充分的认识。企业在交换关系下的体育赞助行为中，必须面对有限度的不确定性。因此，需要建立系统化的管理步骤及操作模式。在这个时候，企业就成为谋求体育赞助营销的主体。

1. 体育赞助计划的选择

企业组织要决定是否采用体育运动主办单位所提出的赞助计划，需要考虑以下因素。

(1)该项体育赛事的焦点。

(2)人口统计学上的契合性。

(3)符合人的心理活动规律。

(4)地理上的影响。

(5)赞助的方式与手段。

(6)赞助的延伸。

(7)媒体报导。

(8)权利给予的情况或条件。

(9)娱乐节目与礼仪接待。

(10)运动竞赛与活动和产品的关联性。

2. 体育赞助发展模式

企业客体本身要发展良好的体育赞助计划，应该有一套赞助计划发展的指导方针，其模式如图 8-2 所示。

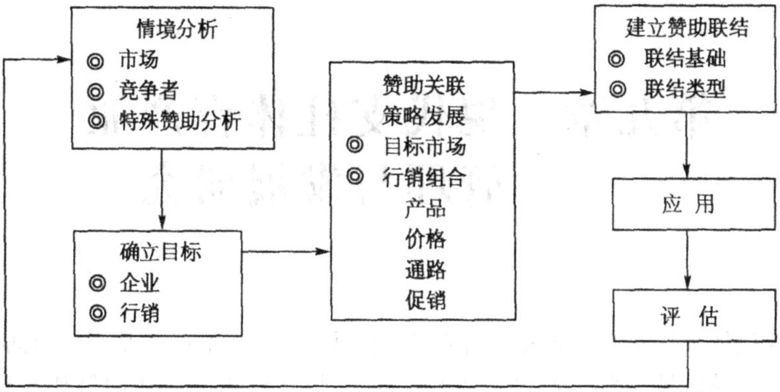

图 8-2①

(1)情境分析。分析企业本身的内部优势、劣势、外部环境及影响因素。

(2)确立目标。经过企业针对本身预算、宗旨、形象及经营理念的考虑后,设定符合企业目标(如企业形象)及行销目标(如产品销售量)的赞助目标。

(3)赞助关联策略的发展。包括目标市场的确定及行销组合的沟通方式等因素,这些将有助于实现赞助目标及创造赞助效益。

(4)赞助联结的建立。一种是直接的联结,是逻辑上的推理,如耐克赞助篮球赛事;另一种则是间接的联结,如奔驰汽车赞助职业高尔夫巡回赛,其目的是接触喜欢打高尔夫的消费群。一般可根据企业赞助目标的不同,择一应用,也可同时选用两种联结概念。

(5)赞助的实施(应用)。赞助计划应融入并整合于企业原来的行销计划之中,相辅相成。

(6)评估。为了了解企业投资回报率的高低,以及赞助目标是否实现,是否能进行适当的效益评估,影响到赞助关系是否能继续维持或就此终结,因此,各企业应根据其自身目标设计适当的评估方式。

① 刘勇.体育市场营销(第2版)[M].北京:高等教育出版社,2007:237.

第九章　现代支柱体育产业管理与发展研究

现代体育产业有着各种各样的形式，其中，竞技体育产业、健身休闲体育产业以及区域体育产业是其支柱。而这些支柱体育产业的健康快速发展，对体育产业的发展具有重要的促进意义。本章主要对现代支柱体育产业的管理与发展进行分析研究。

第一节　竞技体育产业的管理与发展

竞技体育产业具有独特的魅力，是许多国家新的产业增长点，因此，它也成为体育产业开发的切入点、中心环节以及重要内容之一，其发展程度影响着整个体育产业的发展，因而，加强对竞技体育产业的经营和管理是非常必要的。

一、竞技体育产业的基本理论

（一）竞技体育产业的属性

竞技体育产业是以竞技体育为核心，围绕运动项目进行产业开发的结果。它的属性可以从以下几方面来理解。

1. 竞技体育产业的概念

所谓竞技体育产业，是指“为社会公众提供竞技体育服务和产品的活动，以及与这些活动有关联的活动的集合，主要包括体育竞赛业、体育用品业、场馆建筑与运营业、体育中介业、体育传媒业和体育博彩业等，其中提供竞技体育服务的体育竞赛业是竞技体育产业的核心"①。竞技体育产业是体育产业的重要组成部分,在整个体育产业中处于主体地位,进一步发展竞技体育产业对于优化国家和地区经济结构、带动相关产业发展具有重要意义。

2. 竞技体育产业经营的阶段划分

以竞技体育发展为依据,可将中国竞技体育产业经营大致分为三个阶段。

第一阶段:酝酿阶段(1979—1991 年)。这一阶段的指导方针为改革开放和体育社会化,竞技体育产业经营已经开始由国家包办逐渐向社会承办转变。

第二阶段:起步阶段(1992—1997 年)。在这一阶段,竞技体育发展逐渐向市场化、职业化和实体化方向转变。

第三阶段:发展阶段(1997 年至现在)。在这一阶段,竞技体育产业成为国民经济新的增长点,政府和社会对其重视程度日益提高,在各类资本运用之下,竞技体育产业的发展速度日益加快,体育产业的经营管理规范也越来越大。

(二)竞技体育产业体系构成

作为体育产业的核心,竞技体育产业主要包括直接产业和间接产业两部分,每部分又有着其各自的内容,形成了竞技体育产业体系,详见图 9-1 所示。

(三)竞技体育产业发展的主要模式

竞技体育产业的发展模式主要有政府参与型和市场主导型两种,这两种模式各有自己的特性。

1. 政府参与型模式

所谓政府参与型模式,就是指"政府对本国竞技体育产业的发展目标进行设定,并且利用多种手段对体育市场主体的组建和运作进行引导、调控和

① 王海娜. 竞技体育产业发展研究——以山东省为例[D]. 山东农业大学硕士论文,2012.

规范”①。这一模式具有以下四个方面特征。

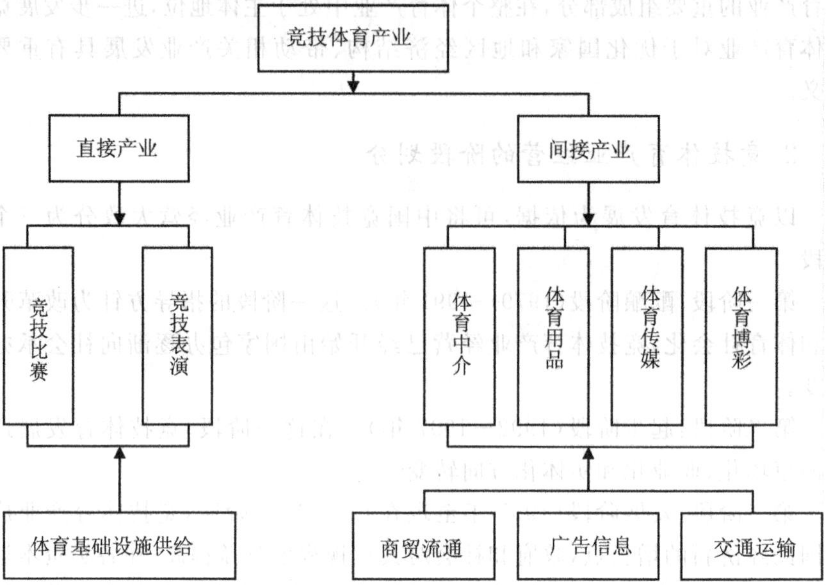

图 9-1

第一，政府通过多种手段来促进竞技体育产业的发展，并对其进行积极引导。

第二，体育中介机构发育程度较低，体育企业在业务拓展专业化的决策咨询服务方面较为欠缺，不同的体育市场主体在有效沟通手段方面也是较为欠缺的，体育产品和服务的创新以及营销手段的创新普遍不够。

第三，以体育消费和体育市场的实际发育程度为依据来确定体育产业的发展重点，以此来有计划、有步骤地推动竞技体育产业的发展。

第四，非营利机构正在逐步向营利机构转变。

2. 市场主导型模式

所谓市场主导型，指的是“竞技体育产业发展的原动力来自市场主体自身对商业利润的追求，以及不同市场主体间相互竞争所产生的压力和动力”②。这一模式具有如下几方面的特征。

第一，采用市场主导型发展模式的国家，其俱乐部体制和职业联盟体制往往都较为完善，并且面向市场的法人治理结构通常较为合理。

---

① 王海娜. 竞技体育产业发展研究——以山东省为例[D]. 山东农业大学硕士论文，2012.

② 同上.

第二，采用市场主导型发展模式的国家，政府一般会对体育产业中各类市场主体实行“市场决定”的放任政策。

(四)竞技体育产业形成应具备的条件

竞技体育产业的形成不仅要满足基本条件，还要满足具体条件。

1.竞技体育产业形成的基本条件

首先，市场经济体制。这是竞技体育产业形成的基础平台。体育产业化发展、竞技体育产业成长壮大的重要的制度保障，就是市场经济体制及其完善，究其原因，主要是由于在市场经济体制中，社会资源能被充分地利用，竞技体育的需求能更有效地集聚，从而将其商业价值更效地发掘出来。

其次，竞技体育消费和商业价值。这是竞技体育产业形成的重要前提。在竞技体育产业中，竞技表演服务是产品供给主体，竞技体育消费者则是其市场的重要构成因素，而竞技体育市场则是竞技体育产业的运行和发展的基础。因此，对竞技体育消费者的消费行为进行积极的引导，同时使其需求得到满足，不仅能够为竞技体育的发展奠定坚实的基础，同时也为竞技体育的发展确定了目标。

最后，产业化。这是竞技体育产业形成的发展取向。体育产业化，简单来说，就是把体育事业的基本运作方式向市场经济的基本要求方向转化，这是竞技体育产业形成的制度条件。

2.竞技体育产业形成的具体条件

首先，向竞技体育投入的经济资源要达到一定的标准。竞技体育要能成为一个独立的产业，就必须使最低量的投入和产出得到保证，从而形成一定的规模。竞技体育在产业化发展过程中往往会呈现出职业化、半职业化、非职业化三种状态：非职业化是需求量不大，但仍有比赛价值，通过市场化运作特别是消费市场开拓之后可能实现职业化的竞技项目；半职业化是具备一定规模、能够弥补部分支出但目前还无法完全独立的项目；职业化是指竞技体育产业中自身盈利能力强、市场化比较早的项目。

其次，竞技体育的需求量要达到一定标准。社会对竞技体育的需求量能否达到足够使其生产成为独立的产业，决定着竞技体育产业的生存状况。从某种意义上来说，竞技体育产业具有较为显著的观众与运动员的互动性特点，而竞技体育消费者的观赏需求与参与需求也有着相互促进的密切关系，这会在很大程度上影响着竞技体育的观赏需求。这种循环影响如图9-2所示。

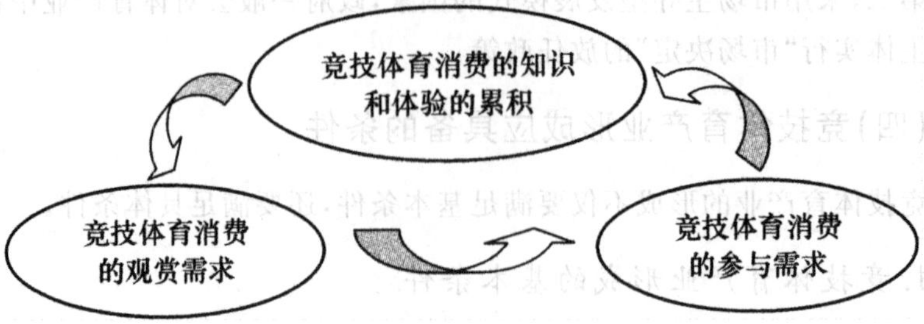

图 9-2

最后，竞技体育的水平和规模要达到一定标准。竞技体育产业的形成对竞技体育的水平表现和规模表现都有相应的要求。因此，竞技体育产业提供的产品必须有足够的吸引力、观赏价值，而且还必须具备一定的需求规模。竞技体育产业持续的生命力是产品的提供者和消费者支撑起来的。

二、竞技体育产业的发展现状

(一)我国竞技体育产业的发展现状

目前，我国竞技体育产业发展较为迅速，而且态势良好，经济效益和社会效益都处于不断上升的状态，但仍存在一些问题亟待解决。

1. 地区间竞技体育产业发展不平衡

竞技体育产业发展的地区不平衡性源于经济发展的地区不平衡性。地区间竞技体育产业发展不平衡主要表现在体育赛事和体育用品生产这两个方面。从竞技体育赛事方面来说，北京、上海、广州等地往往是市场开发价值较高、影响较大的赛事举办要选择的地区。从竞技体育用品生产的方面来说，中国竞技体育用品的制造往往在东南沿海一带较为集中，其中福建省是最为集中的，很多体育用品的生产企业都汇集在此。

2. 产业结构不甚合理

我国的竞技体育产业发展的时间较晚，运作的规范性较为欠缺，尤其是市场开发价值较高的足球、篮球联赛，其竞技水平相对较低，从而对产业的进一步开发和发展产生了一定的限制作用。与此同时，我国竞技体育产业中占据较大比重的往往是体育用品制造业，这加剧了竞技体育产业结构的不合理性。

3.行业垄断设置壁垒

当前，我国竞技体育产业仍然存在着市场化程度较低，市场机制运行不畅，行业垄断、地方保护、限制经营等现象。尤其对于某些运动项目来说，其管理中心等准行政机构往往会通过行政手段，来对项目市场进行分割和垄断，这就为社会力量进入项目市场建立起了过高的壁垒，这也是项目市场无法得到进一步发展的主要原因。

（二）国外竞技体育产业的发展现状

国外竞技体育产业的发展现状主要表现在发展特点和发展模式两个方面。

首先，国外竞技体育产业发展呈现出了较为显著的特点，一是竞技体育产业成为新的经济增长点；二是竞技体育产业作为一种复合型结构是普遍存在的；三是竞技体育产业在发展重点上有所选择；四是竞技体育产业中现代企业制度的完善程度越来越高；五是体育中介机构的作用越来越显著。

其次，国外竞技体育产业的发展模式大致分为两类：一类是市场主导型，另一类是政府参与型。对于这两种模式的含义，前文中已有详述，此处就不再赘述。

三、竞技体育产业的经营管理

（一）竞技体育产业的经济特点和发展概况

1.竞技体育产业的经济特点

现代竞技体育产业有着较为显著的经济特点，主要表现在以下三个方面。

第一，规模大，耗资多。受社会经济发展现代化、国际化的影响，竞技体育产业的规模、速度和竞技水平也相应发展。不论是世界性、洲际性运动竞赛，还是全国性、地区性运动竞赛；无论是计划内的正规比赛，还是商业性运动竞赛，都呈现出运动竞赛规模越来越大的特点。现代运动竞赛规模不断扩大，同时，所设置项目及运动员人数也不断增加，这就导致举办运动竞赛对资金的需求量也越来越大。不过，尽管举办这样的大型赛事所需费用较多，但是所获得的回报也是不可估量的。

第二，运动竞赛经营手段的市场化程度越来越高。规模大、耗资多这一特点要求各运动竞赛管理部门在政府财政投入一定甚至减弱的情况下，必须采取必要的相关措施，对运动竞赛的经济价值和附加价值进行充分的开拓，并且将其充分发挥出来，通过市场经济的基本原则和运行机制的运用来对运动竞赛的经营活动进行筹划、组织、市场开发和运作管理。

第三，经费来源与经济实体呈现出越来越密切的结合。竞技体育对经费的需求越来越大，政府的财政拨款已经不能满足其在经费方面的需求，众多的社会企业公司和商业机构、财团等的捐赠和赞助则成为筹措经费的重要途径。

2. 竞技体育产业的发展概况

竞技体育产业的发展，主要在职业体育赛事、商业性体育赛事、大型综合性运动会和社会体育竞赛等方面有所体现。

(1)职业体育赛事

职业体育赛事是运动竞赛市场的重要的组成部分。目前，我国以四大职业联赛(足球、篮球、排球、乒乓球)为首的职业体育俱乐部数量已接近150个。各俱乐部逐步形成由冠名、赞助、门票、转会和电视转播权等构成的收入结构。

(2)商业性体育赛事

竞技体育产业的另一个重要组成部分是商业性体育赛事。近年来，我国商业性赛事正在加快走入体育市场，体育比赛逐渐成为一种商品，进入市场领域进行交换，这为我国的竞赛表演体育服务业的发展提供了极大的空间。近年来，我国成功举办了一些令全球关注的商业性体育赛事，比如NBA篮球季前赛、皇马中国行、ATP网球大师杯赛、F1汽车大奖赛等，这些商业性体育赛事的成功运作，对我国竞技表演体育服务业的快速发展也起到了积极的促进作用。

(3)大型综合性运动会

大型综合运动会是促进我国体育事业发展、提高体育竞技水平的重要环节，具有推动经济发展和社会进步的体育多元化功能。全运会是大型综合型运动会的代表。其除由国家定额的财政拨款外，其余经费则由承办地政府自行筹集。近年来，各个省市承办地积极进行市场开发，向社会筹措资金，并取得了一定的成效，等级赞助商、专有权、赛事与活动冠名、代表团赞助、电视转播权等市场开发手段已被广泛运用。

(4)社会体育竞赛

社会体育竞赛是满足社会大众参与体育竞赛的重要形式，也是实施全民健身计划的重要载体。我国目前的社会体育竞赛的项目主要有竞技类项目(足球、篮球、乒乓球、羽毛球)、传统趣味性项目("九子"、扯铃等)、气功保健类项目(太极拳、秧歌、健身操等)、社交类项目(门球、家庭体育竞赛等)、休闲类体育项目(钓鱼)等。各种类型的社会体育竞赛服务的提供具有重要的作用,它可以让更多的普通百姓关注、参与健身活动,进一步推动全民健身活动的开展。因此,社会体育竞赛在我国正处在前所未有的发展机遇期。

(二)竞技体育产业的类型划分

以不同的分类依据为标准,可以将竞技体育产业分为不同的种类。其中,比较常见的分类方法有以下几种。

第一,以赛事性质为依据进行分类,可以将竞技体育产业分为职业联赛、商业性体育比赛、各项目单项竞赛和综合性比赛以及社会体育竞赛。

第二,以市场主体为依据进行分类,可以将其分为供给主体和需求主体两个方面。其中,供给主体包括体育赛事组织机构所属的运动员、教练员和经营管理人员等;需求主体包括观众、新闻媒体和相关的公司企业等。

第三,以赛事经营管理权限为依据进行分类,可以将运动竞赛分为正规比赛、商业性比赛和群众性体育比赛。正规比赛是指国际、国家及地方体育组织体育计划内的各项赛事,比较常见有奥运会、世界杯、亚运会、全运会等。商业性比赛是指各种计划外、以营利为目的而组织的各种体育比赛,比较具有代表性的有 NBA 中国季前赛、皇马中国行等。群众性体育比赛,主要是指为激发大众体育意识、普及体育知识而开展的以重在参与为目的的群众性运动竞赛,比较典型的有家庭趣味体育比赛等。

(三)竞技体育产业经营管理的内容

进入市场以后,我国竞技体育产业运作资金的来源,除一部分赛事能获得政府或社会的一些资助之外,绝大部分赛事的资金需要承办者通过自己的经营活动来获得。通常情况下,竞技体育产业经营的内容主要包括以下几个方面。

1. 组织门票收入

作为运动竞赛资金来源的重要渠道,门票收入是非常重要的一个方面。为了保证门票收入,要求各运动竞赛组织或部门在组织门票收入时,要注意运动竞赛的级别和水平、承办国社会经济发展水平以及体育市场需求状况和运动竞赛门票的销售渠道等方面。

2. 出售媒体转播权

大型运动竞技市场经营和管理的重要内容之一，就是媒体转播权经营，同时，其也是资金来源的一个重要渠道。由于现代大型运动竞赛竞技水平高，观赏价值大，对世界的吸引力较大，因此，往往有各国数亿甚至数十亿的电视观众关注这些赛事。一般来说，体育竞技媒体转播权包括的内容主要有电视转播权、广播电台转播权和互联网转播权，其中，居于主导地位的当属电视转播权。电视转播权等媒体收入的不断增长，对竞技体育市场的发展和繁荣起到了非常大的刺激作用。从体育服务业发展趋势来看，媒体转播权经营在竞技体育产业的经营中占据的地位会越来越重要。

3. 开发运动竞赛的无形资产

没有实物形态的资产或经济来源，就是所谓的无形资产。运动竞赛本身可开发的无形资产有很多，其中，比较重要的有运动竞赛的名称、会标、吉祥物、标志和图案等。运动竞赛无形资产的市场开发可以采用的手段主要有招标、竞拍等，以此来使运动竞赛无形资产的最大价值得以实现。

4. 赞助与广告经营

赞助与广告经营也是运动竞赛经营管理的重要内容。运动竞赛可经营的广告业务包括的内容有很多，其中较为重要的有：运动竞赛赛场内外的广告牌，运动竞赛的秩序册、成绩册、赛场通讯、各种宣传物品等。从经营形式来看，可以大致分为两种形式：一种是自主经营；一种是委托中介公司代理。

5. 发行运动竞赛纪念品

运动竞赛可开发的纪念品有很多，其中，比较主要的有：各种纪念邮品（包括纪念邮票、纪念邮折、首日封、极限封等）、纪念磁卡、电话磁卡、纪念章、纪念金币、会徽、吉祥物造型等。

运动竞赛纪念品的经营开发采用的形式有很多，如由竞赛组委会自己经营开发、委托或和其他商家企业合作进行经营开发以及出让许可证的方法由社会上对此有兴趣的商家企业来进行经营开发等。

四、职业体育服务业的经营管理

职业体育服务业主要由各种类型的职业体育俱乐部构成，指以体育竞技、表演的方式向市场提供观赏型体育服务产品的组织机构与活动的集合体。它是竞技体育产业的重点，具有高度的技艺性与观赏性，拥有庞大的体育市场消费需求。

(一)职业体育服务业的构成

1.运动项目

运动项目是职业体育服务业经营管理的基础。市场价值对一个运动项目能否成为职业体育服务业的运动项目起着重要的决定性作用。通常情况下，职业体育服务业的运动项目的市场价值主要从两个方面得到体现：一方面，是比赛比较紧张激烈，富有吸引力；另一方面，是具有一定的民族传统和较广泛的群众基础，为广大群众所喜闻乐见。这两方面的市场价值对该运动项目具有较大的电视转播和广告价值起着重要的决定性作用。目前世界上所开展的运动项目有100项左右，全世界上的国家中有80个左右开展了职业体育，其中，比较流行的职业运动项目主要有：足球、网球、篮球、高尔夫球、冰球、拳击、赛车和公路自行车等，橄榄球、棒球、排球、乒乓球、羽毛球、相扑等只是在部分国家和地区流行。

2.运作机构

在职业体育服务业的活动中，职业体育经营机构(职业体育联盟和职业体育俱乐部)、职业运动员(包括球星)、教练员、裁判员、中介机构、广告商、赞助商、电视转播机构、观众(球迷)等，都是其重要的因素。其中职业体育经营机构是职业体育服务业的市场主体，也是职业体育服务业的主要运作机构。职业体育服务业主要包括职业体育联盟和职业体育俱乐部两种运作机构。

首先，职业体育联盟。职业队的业主们为追求自身利益的最大化，把经营权委托给一些专家或组织，让他们代表自己的利益来对联盟进行经营和管理的一种制度，就是所谓的职业体育联盟。其是以现代企业制度规范为依据建立的一种经济上的合资企业，法律上的合作实体，所有权和经营权相分离是其主要特征，通过垄断经营来获取最大利益则是其实质所在。所以，职业体育联盟在美国商界往往被称为“体育卡特尔”。

其次，职业体育俱乐部。职业体育俱乐部是具有独立法人资格的体育经济实体，它自主经营、自负盈亏，将职业体育竞赛及其相关产品作为商品来组织生产经营并追求盈利，其能够使人们体育竞赛表演的观赏需要得到满足。职业体育俱乐部一般具有企业的性质和企业运作的机制，以性质为依据，可以将其分为两种类型，即非营利性和营利性。

第一，非营利性职业体育俱乐部。大都是从业余体育俱乐部中分化出来的，实行“一部两制”。它拥有一个完全按市场机制运行的职业运动队，但是其余主体部分和一般的业余体育俱乐部几乎相同。这类职业体育俱乐部将创收作为主要目的，从而使运动员的生计、训练和比赛等问题得以解决。实行非营利性职业体育俱乐部的国家以俱乐部联赛升降级为等级联赛制的前提。

第二，营利性职业体育俱乐部。营利性职业体育俱乐部完全是按市场机制经营的、以竞赛为手段、以营利为目的的体育商业组织，其按照市场机制进行运作，因此，其与非营利性职业俱乐部的差异是比较大的。俱乐部是老板的私人财产，老板与运动员之间是雇佣关系，通过俱乐部的经营管理或转手倒卖，老板可以赚钱，运动员也可以参加盈利分红，但绝大多数都落入老板的腰包。

(二)职业体育服务业经营管理的特点

职业体育服务业是体育与商业相结合的产物，它所从事的运作管理活动实质上就是把职业运动员高水平的体育竞赛表演及相关的产品作为商品，从而获取经济利益。职业体育服务业运作管理的特点主要有以下三个。

第一，营利是职业体育服务业经营管理的重要目标。职业体育服务业在向社会提供竞技表演体育服务及其相关产品、满足社会需要的同时，也要谋求自身的经济利益，从而使自身得到更好的发展。从某种意义上说，追求投资者或自身的利益就是职业体育服务业的运作目标，这不仅是市场经济的必然要求，同时也是职业体育服务业正常运作与发展的客观需要。

第二，以体育竞赛为媒介，把竞技体育服务作为商品进行生产经营。竞技体育服务作为一种体育商品，其运动员在对抗中表现出来的高超的运动技能、热烈的赛场氛围以及运动员的人格魅力等都对体育消费者消费需求的产生起到积极的刺激作用。所以，对职业体育服务业的运作管理成功与否起到重要的决定性作用的，往往是它能否最大限度地为体育消费者提供优质的体育商品服务，来使体育消费者的心理需求得到较好的满足。

第三，职业体育俱乐部是拥有必要的资产或经费的企业性法人实体。职业体育俱乐部是由投资者、经营者、管理者、运动员和教练员组成的有机整体，它有着自身经济利益的经济实体，这就对职业体育俱乐部应该是一个有独立的管理机构和管理方式，实行企业式的运作管理的独立的经济实体和经营单位起到重要的决定性作用。在向协会登记注册后，职业体育俱乐部就享有法人的各项权利及义务。

(三)职业体育服务业经营管理的模式

1.职业体育服务业经营管理的组织结构

职业体育俱乐部都有自己明确的组织结构,这一组织结构是由董事会和一些职能部门组成的。俱乐部主席领导俱乐部董事会,俱乐部总经理对运动员、经营部、财务部、办公室等职能部门实行管理,并直接对董事会负责。另外,俱乐部还通常设置行政管理部、宣传公关部、运动管理部、市场开发部等一些主管具体业务活动的职能部门。这些职能部门分工明确,联系密切(图 9-3)。

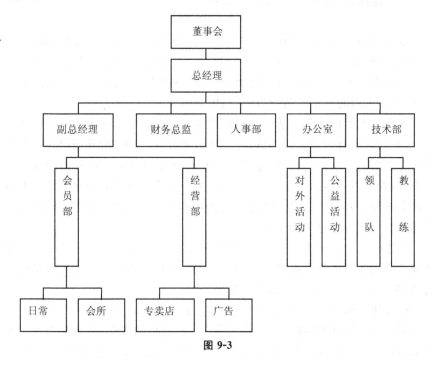

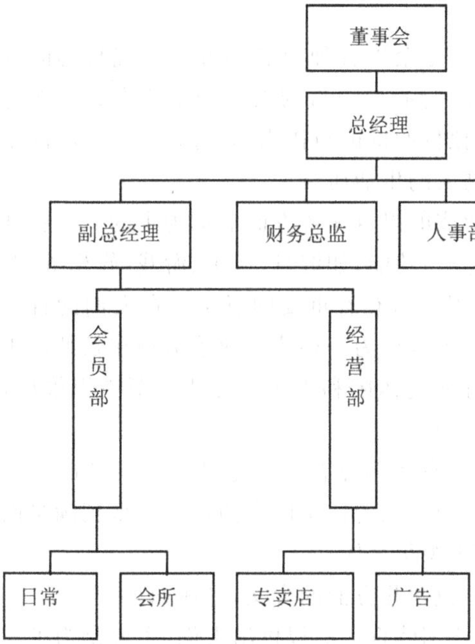

图 9-3

2.职业体育俱乐部的人员管理

职业运动队是职业俱乐部的社会和经济效益的重要来源,可谓职业体育俱乐部的基础和核心。职业体育俱乐部的人员主要是合同制的。职业体育俱乐部和职业运动员签的合同内容主要包括:运动员的工作内容、工资、差旅费用、体格检查、纪律要求等方面;而和职业教练员签的合同内容主要包括:工作内容、任期目标、薪水标准、任职期限等方面。

第二节　健身休闲体育产业的管理与发展

休闲时代的到来使得健身休闲体育产业应运而生。健身休闲体育产业能够促进人们身心健康，有利于提高经济水平，构建和谐社会。而健身休闲体育产业的经营与管理直接决定了其能否充分准确地发挥自身的功能与作用。本节主要对健身休闲体育产业的管理与发展进行分析研究。

一、健身休闲体育产业的概念

休闲指的是人们在工作、劳动之余以各种“玩”的方式实现身心的调节与放松，达到生命保健、体能恢复、身心愉悦目的的一种生活方式。作为一种重要的生活方式，休闲表现出独特的价值与作用，它可以实现身心的全面发展、丰富人们的日常生活、提高人的生活质量。

体育是人类在生产生活中形成的以身体各方面活动为主的一种特殊的文化，它同时也有很多方面的特点与功能，如健身、搏击、游戏、娱乐等，对人体具有积极的影响，对人们的休闲生活有着重要的意义。在人们的日常生活中，随着闲暇时间的不断增多，体育作为一种休闲娱乐活动在长期的生活实践中逐渐被人们所接受。体育通过休闲和娱乐的方式逐渐得以推广，并发展成为如今的健身休闲体育运动。

在休闲产业的组成结构中，健身休闲体育产业是其中一个基础的组成部分。健身休闲体育产业是为了使人们的休闲体育消费需求得到满足而将物品、服务和设施提供给人们的组织集合体。

健身休闲体育产业的概念中包含几方面的含义，具体如下。

第一，健身休闲体育产业将休闲体育产品提供给人们，主要是为了实现休闲体育消费，这表明健身休闲体育产业所提供的产品其指向性是明确的。

第二，休闲体育与其他体育方式相区别的一个特殊属性就是，体育运动是对休闲体育产品进行生产和提供的基本方式和手段。

第三，人们通过支付金币，购买休闲体育产品，以使自身的休闲体育需求得以满足的过程就是休闲体育消费。

第四，休闲体育用品和休闲体育服务是健身休闲体育产业提供的两类主要产品。

作为休闲产业的一个重要组成部分，健身休闲体育产业主要包括两大部分，即休闲体育用品产业和休闲体育服务产业，如图 9-4 所示

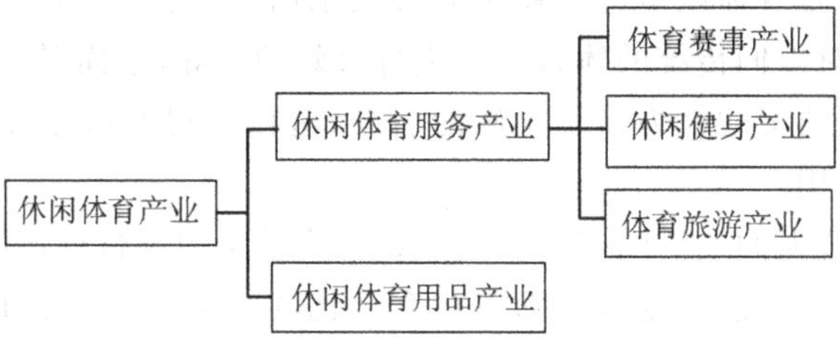

图 9-4

二、健身休闲体育产业的功能

作为一种新兴产业和朝阳产业，健身休闲体育产业的功能与作用可以从多个方面体现出来。

（一）健身功能

随着年龄的逐渐增长，人体会出现各种老化现象，随之而来的就是各种疾病的产生。而在闲暇时间经常进行休闲体育活动是保持身体健康、强健身体的一项有效措施。随着社会的不断发展，“职业病”和“文明病”逐渐增多，人们越来越意识到身体健康的重要性。通过参与这些内容丰富、形式多样的休闲体育活动，人们能够获得健康的身体与愉悦的心情，而作为一种能够保持并提高健康水平的体育运动，健身休闲体育活动是最积极、最有益、最愉快的休闲方式之一。

（二）经济功能

首先，提供就业机会。健身休闲体育产业涉及了十分广泛的内容，而且它属于一种综合性产业部门，既具服务性，又具生产性，体育休闲产业的发展必然会对相关各行业的发展起到积极的带动作用，从而使各行各业对不同类型的劳动者提出需求，为社会提供大量的就业机会。

其次，刺激健康消费。作为人们休闲方式的主要形式，健身休闲体育已经融入现代社会的方方面面。健身休闲体育产业的发展能够将更多的健康生活方式提供给人们，将更多的健身休闲体育消费选择提供给人们，并对人们在健身休闲体育产业方面的健康消费进行积极的引导。

（三）文化功能

文化功能是健身休闲体育产业的重要功能之一，主要表现如下。

首先，促进观念的改变。健身休闲体育本身所具有的休闲、娱乐、健身等价值能够在健身休闲体育产业中充分展示出来，这有利于促进人们文化观念的改变，对人们传统的体育意识进行有效的引导，进而对人们积极参与健身休闲体育消费的行为给予正确的引导，这在客观上对体育经济的发展起到了推动作用。

其次，促进人们生活的丰富。人类在对物质文明进行创造的过程中，也在对精神文明不断进行创造。随着社会文化的日益发展，人们在对物质生活加以享受的同时，也对精神文化生活尽情地享受着。文化生活的内容是多姿多彩，十分丰富的，作为一种社会文化，体育具有一定的文化韵味，健身休闲体育同样也是如此。人们对娱乐性、消遣性精神生活的需求能够在健身休闲体育中得到满足，人们对美的需求也可以通过健身休闲体育得到满足，进而，人们自我发展的需求同样可以得到满足。

三、健身休闲体育产业的发展现状

我国健身休闲体育产业经历了几十年的发展，已经取得了很大的成果，不仅初步形成了健身休闲体育市场体系，市场规模也得以不断扩大，市场管理走向规范化，体育经济法制建设也不断加强，体育健身服务向多元化与经营连锁化的趋势发展。

(一)市场体系初步形成

是否有健全的体育市场体系是判断一个国家体育产业发展程度的重要指标。现代体育市场体系是多元化的市场体系，它主要包括两个市场，即体育用品市场和体育服务市场。具体结构包括一系列的相关市场，如体育用品市场、休闲健身市场、体育中介市场以及竞赛表演市场等。

20 世纪 80 年代初，我国健身休闲体育市场开始萌芽，经过几十年的快速发展，一个新兴的市场格局开始初步形成，在这个格局中，各健身休闲体育机构是平等竞争的关系，多种所有制并存，有来自不同行业的投资主体，健身休闲体育市场提供低、中、高三个不同档次的体育服务产品，健身运动营养补品市场与健身休闲体育用品市场(以体育健身市场为主体和核心)等共同发展。

(二)市场规模持续扩大

目前，我国有 3 亿多人会经常参加一些不同类型的健身休闲体育活动，所有居民平均每人参加 3.45 项体育活动。据调查显示，到健身俱乐部消费健身的人，有百分之九十以上一次消费的金额在 50～100 元，北上广等发达城市的居民将家庭收入的百分之十用于体育健身消费。这些数据表明,我国健身休闲体育产业的市场规模正在不断扩大,并在之后也会继续扩大。

(三)强化法制建设

市场经济是法制经济。健身休闲体育产业的可持续发展以及体育市场的有序规范运行离不开经济法制的建设,离不开对市场秩序的规范。我国制定了许多国家体育法规和地方体育法规,如《公共体育文化设施条例》《全民健身条例》《体育法》。另外,国家也在不断完善健身休闲体育从业人员的资质认证制度以及体育市场的准入制度,这将进一步规范与加强体育市场的管理,包括健身休闲体育产业在内的体育产业的发展将会得到有力的法律保障。

(四)多元化发展趋势

不同类型的健身休闲体育健身中心或健身俱乐部将有氧健身操、器械健身操、体育舞蹈、形体训练、有氧搏击操、游泳等丰富多样的体育健身服务项目和内容提供给消费者。这些健身机构不仅对齐全的健身项目进行了多样化的设置,而且能够将多元化的服务提供给消费者。这样,不同阶层的人在娱乐休闲、健身健美以及交友等方面的需求都能够得到全面的满足。

(五)连锁化经营模式发展较快

1999 年,连锁经营模式首先被马华引进我国,其当时引进的是健身俱乐部,后来,一些发达国家的著名体育健身企业进军我国市场,为了促进市场份额的扩大,这些企业采取了连锁经营的经营管理方式,自此,连锁经营的方式被大量的健身企业开始运用,以此来促进规模的不断扩大。

四、健身休闲体育产业存在的问题

(一)体育产业结构不合理,且发展缓慢

我国体育及相关产业增加值的构成存在不合理的现象,各部分发展呈现出失衡的特点,特别是健身休闲体育产业的发展明显落后于其他体育产业的发展。不过,正是因为发展比较落后,所以才会有很大的发展潜力需要挖掘,有很大的发展空间需要探索,相信在不久之后,我国健身休闲体育业的发展将会大大超过其他产业,将会成为国民经济发展中贡献率较大的产业。

(二)市场竞争激烈,经营风险大

我国加入世界贸易组织之后,出现了国外很多知名度较高的体育健身企业,如美国倍力、英国菲力斯公司等。这些著名的企业进入我国,将先进的健身理念和经营管理经验带入我国,对我国体育健身企业的发展具有积极的作用。与此同时,我国体育健身市场的竞争也日益激烈,而且各企业之间在服务产品上没有很明显的差异,所以对顾客的吸引力也是较为均等的,企业为了吸引消费者,果断采取价格手段,这就会造成我国体育健身市场秩序的混乱,不公平的竞争也会随之出现,这就随之增加了企业经营的风险。

五、健身休闲体育产业的经营与管理

2016年10月25日,中共中央、国务院印发了《"健康中国2030"规划纲要》(以下简称《纲要》),《纲要》的推出是为了推进健康中国建设,提高人民健康水平。这一《纲要》是根据党的十八届五中全会战略部署而制定的。其中,《纲要》的第十九章中就明确强调了健身休闲体育产业的重要性,鼓励健身休闲产业的快速发展。因此,要加强对健身休闲体育产业的经营与管理。

(一)健身休闲体育产业经营的基本要求

1.对市场营销策略加以重视

买方市场是目前我国健身休闲体育产业市场的主要表现,买方市场存在着异常激烈的竞争。所以,健身休闲体育企业要想扩大市场份额,将消费者长期留住,就一定要将市场营销策略重视起来,对多样化的销售渠道和营销方法灵活加以运用。

2.对健身休闲体育市场的发展规律进行研究

作为一个发展中国家,我国的社会经济在发展的过程中出现了不平衡的现象。作为一个新兴的行业,体育健身产业的经营者需要对健身休闲体育市场发展的规律和趋势进行积极的研究和探讨,从而对相应的有效的经营策略和手段加以制定与运用。

3.结合社会效益与经济效益

在健身休闲体育方面的各类经营活动中,经营者要依托各种不同类型的体育设施,对各种体育资源进行积极的开发,将更多的项目与产品提供给消费者，满足消费者的健身休闲需求。同时，经营者通过对多项服务如场地、设施和技术指导的提供来为消费者开展健身健美、休闲娱乐以及康复等体育活动营造一个良好的氛围，这也有利于充分发挥休闲健身体育产业对我国的全民健身计划实行的积极推动。与此同时，健身休闲体育产业在将产品和服务提供给消费者的过程中，也会获得可观的经济收入。

4. 对目标市场进行确定，将经营特色凸显出来

尽管健身休闲体育市场有着很大的容量，但从一个企业的视角来看，不可能将全部相关内容包含其中。对目标市场的确立就是对健身休闲体育企业自身的服务对象与经营范围加以确立，用经营特色将健身休闲体育的消费者吸引过来，通过提供优质服务来将消费者长期留住。

(二)健身休闲体育产业主要经营的内容

1. 健身休闲体育项目经营

随着人民生活水平的不断提高和居民收入的增加，健身休闲体育产业作为一种新兴产业开始出现。现阶段，我国健身休闲体育主要经营内容有器械健身、体育舞蹈、保龄球、网球、台球、羽毛球、乒乓球、健身气功、游泳、跆拳道以及健美运动等项目。

上述这些主要经营项目能够反映出健身休闲体育市场健身项目的全面性和经营项目全方位发展的总体态势。

经营项目需要配备一定的设施才能顺利开展。现阶段，健身休闲体育市场的设施能够基本满足经营项目的需要，大体而言，设施的配置程度与经营项目是相适应的。

2. 健身休闲服务设施经营

在健身休闲体育产业的经营中，要将计划服务、环境服务等设施中的构成条件纳入最基本的服务中。为了促进健身休闲基本服务效果的不断提高，在对健身休闲服务的范围进行规范与确立的过程中，经营者要将一些延伸服务(健身教练的素质、收费、接待、附属设施等以外的)与消费者或参加者心理方面的服务(设施的形象、舒适度、沟通等)考虑在内。从这个角度而言，健身休闲设施经营的发展会直接受到健身休闲设施中的服务构成影响，甚至是决定性的影响。

(三)健身休闲体育产业的管理

1.物资管理

健身休闲体育产业的物资管理主要包含三个程序:购发物资用品;各部门负责人向总经理提交本部门所需要的物资用品制定计划;总经理对相关负责人进行指定,使其计划并预算每月物资用品,主管副总经理审批预算与计划后,总经理指定的负责人采购物资用品,然后以实际工作需要为依据将物资用品有计划地分发给各个部门,各部门负责人签字领取物资用品。

2.行政管理

健身休闲体育产业行政管理的主要内容包括印鉴管理、档案管理、公文管理、库房管理、报刊及邮发管理、办公用品管理等。其目的是将内部关系处理好,使各项管理达到标准化与制度化。

3.计划管理

全局、平衡、应变、群众以及效益等观点的确立需要在市场经济条件下加强对健身休闲业的经营计划管理。健身休闲体育企业中,全体职工的行动纲领就是以企业经营计划为准,对生产销售任务的安排也要以经营计划为依据。所以,健身休闲体育企业中,各生产环节与生产经营活动的执行都要以计划为准。

制定健身休闲体育产业经营计划的主要依据是宏观经济环境(国家及所在地区)、市场预测及需求状况以及企业经营方针和经营目标。

在制定健身休闲体育产业的经营计划时,大致程序主要有以下几个。

第一,对健身休闲体育企业存在的价值进行了解与明确,不仅要以获利为目的,而且要认识到企业对社会所担负的责任,所需要付出的贡献,要采取措施促进员工生活水平的提高与收入的增加,给消费者提供更好更全面的服务。

第二,对健身休闲体育企业自身的优势与不足进行分析与了解,有针对性地弥补不足,并发挥优势。

第三,对企业周边外部环境的变化进行全面的了解,需要了解的周边环境主要包括消费者消费习惯的改变、政府相关法律法规的制定与变迁等。

第四,对企业发展的目标及方针进行明确的制定,同时尽可能地使目标能够数量化。

第五,对可能的计划执行方案进行探索。

第六，对企业发展的计划方案进行彻底的执行。

第七，对企业发展的成果进行评价，针对不足加以改进。

4. 财务管理

财务管理的主要内容是制定重要财务管理计划，主要包括收支计划、资金调度与周转计划等。其中，收支计划是最为重要的一项计划，分为收入计划和支出计划。健身休闲体育企业的管理人员只有对财务计划进行有效的制定与掌握，从数字上对企业的实际运作状态进行明确的了解，这样才能更好地加强对企业财务的管理，才能提高管理效率与效果。

5. 服务管理

消费者对健身休闲体育服务的满足程度如何，主要衡量的标准是服务质量。健身休闲体育企业在管理服务质量的过程中，必须以顾客的需求为根据，深入调查顾客的满意度，对全面的新的服务加以开发。健身休闲体育的服务质量包括服务时间、服务设施的保养与维护、服务者的态度等内容。

为了促进健身休闲体育机构服务质量的提高，使不同类型的消费者的消费需求基本上得到满足，将消费者长期留住，服务机构必须从专业的角度培训服务人员，促进服务人员专业技能的不断提高，以教育、技术以及质量等为依据对服务人员进行严格挑选，以服务人员对业务进行接洽的服务质量与绩效进行充分的了解。

第三节　我国区域体育产业的管理与发展

虽然近年来我国体育产业获得了快速发展，但我国各地区之间的贫富差距较大，各地区经济水平存在着较大的差异，因此，体育产业发展的区域不平衡现象日益凸显。因此，加强我国区域体育产业的管理与发展是非常重要的。

一、区域的概念

区域是经济上具有完整意义的地域，其由资源特点、文化积累、居民和生产生活能力构成。这里所说的区域主要是指省这样的经济区域，我国有34个省级特别行政区，省域的经济具有地域范畴，将其作为一个单位进行研究较为合理。我国社会主义市场经济逐渐确立，体育产业在发展过程中，不仅要受到市场机制的制约，还会受到政府的宏观调控。省作为基本的行政区域，有利于这两者的市场调控机制得到执行，从而促进区域体育产业的快速发展。

体育产业在发展过程中，其作为市场经济的发展产物，政府进行宏观调控是必然的。目前，很多省市将体育产业作为区域规范范畴，各省市之间实现了体育产业的协同发展，对于我国体育产业的发展具有积极的作用。

二、体育产业的概念

体育产业即为生产和提供各种体育产品和体育服务的各行业的总和，它是我国国民经济的重要组成部分。体育产业有广义和狭义之分。广义的体育产业是指全社会提供体育产品的企业、组织、部门和活动的集合，包括体育服务业和体育相关产业两大领域；而狭义的体育产业是指以体育劳务形式为消费者提供体育服务产品生产的企业、组织、部门和活动的集合。

体育产业结构的发展变化的基本规律为：体育产业领域不断得到拓展，内部结构实现优化升级，体育服务业所占比重呈逐渐上升的态势，体育相关行业所占比重则逐步下降。

体育产业的内容很多，总体而言，可将其分为体育服务业和体育相关产业两大类，详见图 9-5 所示。体育服务业是体育产业的主体，体育相关产业是辅助产业，二者相辅相成，才使得体育产业逐步发展和完善。

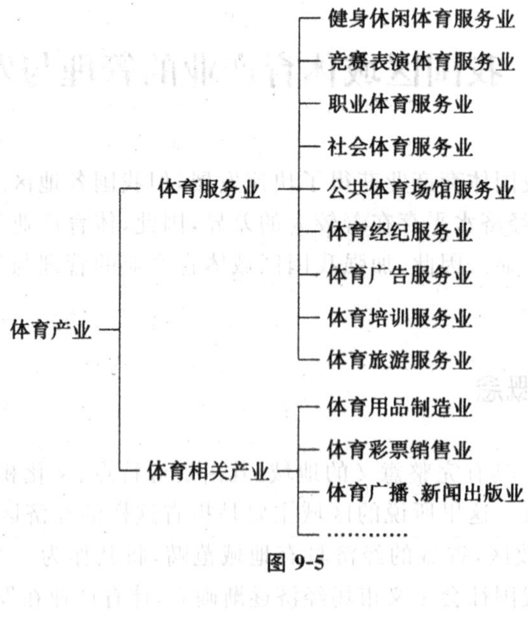

图 9-5

三、区域体育产业的管理与发展

要想促进区域体育产业的快速发展，优先发展区域内的优势体育产业是一个良好的战略思路。而加强区域体育产业的管理与发展可以从以下几方面入手。

(一)科学合理利用区域资源

任何区域都拥有发展某种产业的显性的或隐性的优势，这些优势主要集中在自然资源和社会资源等方面。在区域体育产业发展的过程中，区域内的自然资源、人力资源等都是非常重要的优势资源，对本区域内体育产业的发展具有重要的影响。

区域资源优势对体育产业发展的影响主要体现在资源的空间分布及集聚程度、资源的属性类别和资源的可移动性这三个方面。

首先，某一个区域内的自然资源往往引导着该区域内体育产业的布局和发展方向，体育产业在发展的过程中要充分利用好这一资源禀赋优势。通常情况下，区域内体育资源的集聚程度越高，表明该区域资源越丰富，越有利于优势体育产业的发展。

其次，资源的属性类别在很大程度上决定了该区域体育产业发展的属性类别，同时也在一定程度上影响着体育产业结构的层次及其发展方向。

最后，通常区域内资源的移动性越弱，就表明其越具有独占性和特色性，在这种情况下，越容易建立和形成区域优势体育产业群。

不过，要注意的是，受资源和技术条件等因素的制约，某一个区域内不可能发展所有类型的体育产业。区域内资源的稀缺性与差异性使得体育产业发展的条件都存在着不同，也就是体育产业的生产可能性边界不同。因此，区域体育产业的发展要结合本区域内的资源禀赋来进行，并充分发挥劳动力的创造性，整合生产要素资源，提高本区域内资源整合的配置效率。此外，在区域体育产业发展的过程中，开发者要充分利用好现有的体育资源并大力挖掘其潜在的价值，不断提高资源的生产效率，按照市场经济的发展规律推动体育产业的发展。

(二)利用产业集聚实现产业集群优势

产业集聚是指相互联系的企业或机构在特定区域内逐渐形成的一种产业空间聚集的现象。这种行为能促使不同产业的不同价值链的部门形成一种集聚网络体系，有效地提高生产效率，从而获取产业之间的竞争优势。因此，在区域体育产业发展的过程中，应该充分利用产业集聚的行为，形成体育产业集群优势，进而促进区域体育产业的发展。

要提高体育产业的竞争力首先就需要发展一批竞争力较强的体育企业，形成分工协作，共同发展的格局，从而带动区域优势体育产业的形成。如体育竞赛表演业的核心是竞赛表演，与此同时，这一产业也能带动交通、运输、旅游等相关产业的发展，对健身娱乐业或体育培训业的发展也具有重要的作用。

影响区域产业发展环境的因素主要体现在以下三个方面。

第一，产业政策方面。体育产业的政策，以及政府对体育产业发展的支持力度是区域体育产业竞争力提高的重要因素。

第二，体制方面。体育产业只有在一定的运行机制下，并结合其他要素才能形成现实的生产力。

第三，产业组织环境方面。合理的产业组织是区域体育产业竞争力提高的重要条件。只有通过有效的制度安排吸引生产要素流入增长极区域，形成极化效应，才能提升区域优势体育产业的竞争力，促进区域体育产业的发展。

(三)推动产业融合

所谓产业融合，指的是原本边界清晰、各自独立、性质迥异的两个或多个产业间，以技术和产品融合为手段，以出现融合产品以致融合市场为标志的产业边界模糊或消弭的动态过程。

体育产业化进程就是体育产业与其他产业不断融合与发展的过程，因此要以体育有形和无形产品为载体和平台，实现由局部到整体的产业分立—产业渗透—产业融合的动态进程，大力开发具有较高价值的体育服务产品；加快体育产业与其他产业之间的融合进程，促进产业结构升级与产业创新；通过产业间的横、纵向融合提升产业竞争力；通过产业融合，提高区域体育产业附加值，促进区域体育产业的进一步发展。

(四)实现制度创新

大量的事实证明，制度创新是提高区域体育产业竞争力的有效途径之一。体育产业在发展的过程中，需要政府各部门彻底解放思想，充分认识到体育的经济功能，要加强体育制度的创新，通过制度创新来提高区域体育产业的竞争力，促进体育产业的科学化发展。要做好这一点，应从以下三个方面入手。

首先，通过制度创新提高交易效率。提高交易效率和实现制度创新是最为重要的因素。一般情况下，任何产品只有进入市场当中才能实现由使用价值向价值的转化，这一过程与交易效率有着密切相关的关系。如果区域体育市场的交易效率较高，那么就有可能实现生产要素的比较优势向产业竞争优势的转化。只有通过制度才能协调各市场主体之间的利益，降低交易成本，从而促进体育产业主体的盈利能力，进而促进优势体育产业的发展。

其次，通过制度创新获取比较利益。在今后体育产业发展的过程中，政府要不断创新各项有利于体育产业发展的制度，更好地引导社会主体进行投资，并给予其一定的支持，使具有比较优势的区域体育产业获取更大的比较利益，这样才能有效地推动区域体育产业的发展。政府制定的相关政策制度主要包括产业政策、财税政策等。

最后，通过制度创新提升竞争优势。宏观层面的制度创新是驱动企业微观层面创新的动力源泉。区域制度环境的变化将使企业通过改变内部制度和市场行为适应新的制度环境。体育产业竞争力的提升是由区域内优势产业的竞争力带动的，同时具有比较优势的体育行业其竞争力的实现与提升同样需要区域制度创新。在区域制度引导下改变企业内部制度及市场行为来适应新的制度环境，从而降低交易费用、提高经济效益和竞争力。

第十章 我国体育产业的SWOT分析与发展战略研究

体育产业是伴随着现代先进国家经济发展和现代体育发展而发展的一个新兴行业,也是世界经济中最活跃、最有发展潜力的朝阳产业,受到了各国政府的高度重视。我国体育产业起步于20世纪80年代,经过短短几十年的发展后基本形成了体育产业框架,但与欧美发达国家相比还有较大的差距。为了进一步推动我国体育产业的发展,促使体育产业成为增加全社会就业机会、广泛吸纳劳动力、建立新型产业链条、促进相关产业互动的重要产业,必须借助于SWOT分析方法对我国体育产业的发展状况进行深入挖掘,切实找出我国体育产业发展的外部机遇和威胁、内部优势和劣势,继而为我国体育产业未来的发展制定合理的发展战略。

第一节 我国体育产业的发展现状调查

一、体育产业产值的调查

体育产业作为国民经济和社会发展中不可或缺的重要组成部分,在国民经济和社会发展中发挥出越来越大的作用。近年来,随着经济的发展以及人们消费水平的不断提高,我国体育产业的发展取得了历史性突破。在2014年,全国体育产业总规模超过1.35万亿元,实现增加值4 041亿元,占当年国内生产总值的0.64%。到了2015年,全国体育产业总规模超过1.7万亿元,实现增加值5 494亿元,占当年国内生产总值的比重为0.7%。近年来,党和国家对体育产业高度重视,将其作为优先发展的国家战略和新的经济增长点。国务院46号文中提出了“到2025年,中国体育产业总规模将达到50 000亿元”的发展目标;国家体育总局《体育发展“十三五”规划》中明确指出,到2020年全国体育产业总规模超过30 000亿元,在国内生产总值中的比重达到1%;《体育产业发展“十三五”规划》中将竞赛表演业、健身休闲业、场馆服务业和体育中介业等作为未来5年我国体育产业发展的重点行业。中共中央、国务院颁布的《"健康中国2030"规划纲要》将全民健康摆在了优先发展的战略地位，积极发展健身休闲运动产业，到2020年健康产业总规模超过80 000亿元，到2030年达到160 000亿元。由此可以知道，今后体育产业在我国国民经济中所占的比重将越来越大。

不过，较发达国家来说，我国体育产业总产值在整个国民经济中所占的比例仍显得过小，还没有将其对国民经济的拉动作用充分发挥出来。另外，需要强调的是，体育产业所创造的价值与我国的国际地位及我国体育产业的实际潜能不相适应。由此可以知道，我国体育产业在未来还有很大的提升空间和巨大的发展潜力。因此，我国体育产业发展道路任重而道远，需要政府、体育相关人士以及人民等都予以高度重视。

二、体育产业结构的调查

自"十一五"规划以来，我国体育产业的结构变得越来越合理化和多元化，并呈现出鲜明的结构特征。

(一)体育新增固定资产投资力度不断加大

体育新增固定资产投资，能够将我国体育建筑业的活跃程度反映出来，因而是我国体育产业的重要内容。依据国家统计局的数据，2005—2015年我国体育固定资产投资力度不断加大，体育新增固定资产投资由2005年的62.88亿元，增加到2015年的865.93亿元，投资力度和投资增速显著提高。

(二)体育用品业规模不断扩大

体育用品业是指从事直接生产经营体育竞赛、体育健身、体育娱乐等一切与体育活动相关的最终体育用品以及与之紧密相连的配套产品的单位集合。它包括体育用品制造业和体育用品销售业，是体育产业的重要组成部分，也是体育健身休闲业、体育竞赛表演业、体育培训业和体育中介业等体育服务行业不可或缺的物质基础。

在"十一五"期间，体育用品业明显增加，从2006年到2010年增加了910.69亿元，并且体育用品业在"十一五"期间始终占体育产业增加值的76%以上。在"十二五"期间，2014年我国体育用品业增加值达到2 418亿元，同比增长15.89%，占GDP比重0.38%，连续8年保持行业规模持续扩大，且自2011年后首次实现两位数增长。可以说，我国体育用品产业化从

20 世纪 80 年代初开始，经过 30 多年的发展，已成为世界上最大的体育用品制造国家，是全球能够独立生产体育用品种类最多的国家之一。体育用品业标准化程度高，容易形成规模效应，已经成为我国体育产业的支撑行业。

(三)体育竞赛表演业快速增长

体育竞赛表演业是指通过体育表演或运动竞赛向社会提供观赏、娱乐的行业。根据 2015 年 9 月国家统计局公布的《国家体育产业统计分类》标准，体育竞赛表演业包含体育管理活动、体育竞赛表演活动、体育场馆服务和体育中介服务 4 项内容，其中新增的竞赛表演活动是体育产业中带动能力最强、产业影响力最大的核心产业之一，具有强大的溢出效应。不过近年来，我国马拉松赛事的举办数量和参赛人员规模的快速增长，这表明我国体育产业正在逐步形成以体育竞赛表演业为核心的产业发展模式。

(四)体育健身休闲业稳步提升

体育健身休闲业也是我国体育产业发展中的一个重要组成部分，指的是以非实物形式向社会提供体育健身、休闲服务产品经营单位的集合，是为了满足人民群众日益增长的健身、康复、休闲、娱乐等方面的需要和消费而发展起来的面向大众的体育文化服务行业。

在 2014 年，我国体育健身休闲业产值规模已达 1 272.28 亿元，同比增长 8.18%，其中户外运动休闲消费达 200.8 亿元，同比增长 11.24%；具有一定规模的健身俱乐部数量达到 3 650 家，同比增长 9.08%。近年来，我国体育健身休闲业产值规模稳中有升，增速有所放缓。随着政府购买体育公共服务力度的加大，体育产业市场化程度的不断提高，尤其是国务院 46 号文和《“健康中国 2030”规划纲要》的颁布实施，体育健身休闲产业将迎来新的发展机遇。

三、体育产业从业人员情况的调查

体育产业从业人员主要是指体育服务业从业人员。在吸纳就业方面，体育服务业具有独特的优势，具体表现为：服务业行业多，门类广，劳动密集、技术密集、知识密集行业并存，就业和创业的方式灵活多样，能够吸纳大量不同层次的人员就业。但是由于我国体育服务业发展缓慢，增加值和吸纳的就业人数均明显低于体育用品业，且体育服务业所占的比重明显偏低。从就业结构上可以看出，我国体育产业内部结构的平衡性还较差，体育服务业的发展还处于初期阶段。

在"十二五"末期，我国体育产业的从业人员是400万。在"十三五"规划中，明确提出要使体育产业的从业人员达到600万。因此在今后，体育产业的从业人员还将不断增加。

四、体育产业区域发展状况调查

我国存在着沿海东部地区经济较中西部明显发达的现实问题，受此影响，我国体育产业的发展也呈现出多集中于东部经济发达地区的现实情况。具体来说，我国体育产业主要分布于长江三角洲、珠江三角洲及环渤海经济带，以及沿海地区和经济体育较为发达的省份。中部地区体育产业的发展较为缓慢，西部体育产业发展则是相当落后的。

我国社会的二元结构，导致了较为显著的城乡差距、东西部差距。作为各地经济发展的组成部分，体育产业的二元结构也较为显著。在东部，尤其是沿海、沿江的大中城市，体育产业成为社会投资的热点，发展十分迅速；但是在西部，体育产业却尚未形成规模。由此可以看出，区域间体育产业发展呈现出不平衡的特点。在经济发展水平的制约下，各地区的体育服务业发展规模和水平的差距越来越显著。从整体上来说，我国体育服务业主要集中于华东、中南和华北区域，尤其是北京、上海、广州等大城市以及东南沿海经济发达省份，体育服务业发展势头非常好，并且取得了非常理想的发展成效，东北、西南和西北区域的体育服务业发展则相对落后。因此，在今后发展体育产业的过程中，要在进一步促进东部体育产业发展的同时，切实推进中部地区和西部地区的体育产业发展。

第二节　我国体育产业发展的SWOT分析

SWOT分析法又称态势分析法，是美国韦里克教授于20世纪80年代提出的。SWOT分析法的四个英文字母分别代表Strength（优势）、Weakness（劣势）、Opportunity（机会）、Threat（威胁）。其中，优势（S）和劣势（W）是企业的内部因素；机会（O）和威胁（T）是企业的外部因素。SWOT分析法的核心是通过调查分析将与研究对象密切相关的优势、劣势、机会和威胁等列举出来，并按照一定的次序排列成矩阵形式，然后用系统分析的思想，将各种因素相互匹配起来加以分析，从中得出一系列相应的结论，根据得出的结论制定相应的策略。运用SWOT分析法对我国体育产业的发展现状进行分析，可以明确我国体育产业的内部优势和劣势、外部机会和威胁，为我国体育产业发展战略的有效组合提供理论支撑，继而促进我国体育产业的进一步发展以及体育产业国际竞争力的不断提升。

一、我国体育产业发展的优势分析

我国体育产业发展的优势，具体来说有以下几个。

（一）我国已初步形成较为清晰的体育产业框架

当前，我国已经初步形成了较为清晰的体育产业框架，包括竞赛表演市场、健身娱乐市场、技术培训咨询市场、体育用品市场和体育彩票市场。

1.竞赛表演市场逐步扩大

广大群众消费观念的更新和消费水平的提高奠定了竞赛市场的基础，同时，我国竞赛制度的改革，主客场赛制和俱乐部制的实行推动了竞赛表演市场的发展，并形成了相当规模、相当稳定的观众和球迷群体，竞赛表演市场也在逐步扩大。

2.健身娱乐市场成为广大人民群众参与性的消费市场

由于群众健身娱乐消费的增加，促使了体育场馆的全面开放，既满足了锻炼消费的需求，同时又激励了社会、个体、企业投资兴建体育场所的积极性，从而形成了良性循环的市场机制。

3.体育用品市场体系比较完备

我国体育用品业是在国际上具有比较优势的行业，目前欧美市场上销售的体育用品60%左右是中国制造，中国已经成为世界上最大的体育用品出口加工基地。自1993年第一届体育用品博览会起，随着体育主体产业的蓬勃发展，我国的体育用品市场开始打破计划经济体制下由国家指定的四大供应站流通的体育用品的格局，目前已具备一定规模，并形成了比较完备的市场体系。

4.体育彩票发展成为体育产业的支柱之一

我国体育彩票市场出现跨越式发展的态势，主要表现在两个方面：一是销售方式实现了由原来的摆摊集市型向电脑网络型销售的转变；二是体育彩票的销售额有了大幅提升。

（二）我国体育产业的投资主体呈现出多元化趋势

随着我国市场体系的逐步完善以及产业结构的进一步优化，体育市场主体日渐成熟，投资主体也呈现多元化的发展趋势。

在当前，随着我国体育消费需求迅速增长以及政府有关政策的鼓励，许多社会资金参与体育俱乐部的组建和运营以及群众喜爱的健身娱乐休闲性项目的开发。名牌企业去兴办足球、排球和篮球高级别的俱乐部，中小企业投资兴办健身馆、台球馆、网球场、羽毛球场馆、乒乓球场馆等，为人们提供了体育健身娱乐的场所，丰富了人民生活，拉动了居民的体育消费。

（三）我国体育产业的开发领域不断拓展

我国开发体育产业主要是从有形资产的经营和无形资产的开发利用两个方面进行的。体育部门和体育事业单位按照国家有关政策和法规，将闲置的土地、房屋、设备等行政事业性资产由非经营性使用转为经营性使用，并取得一定的利润。以合资和股份制形式参与经营是当前的主要方式。此外，我国还加强了出售体育竞赛的电视转播权、产品专利权、广告制作权与大众体育有偿服务，使体育产业开始由有形资产的利用向无形资产的开发转化。这表明，我国体育产业的开发领域得到了有效扩展。

（四）我国体育基础设施建设较快

近年来，我国不断加大对体育基础设施的投资，全国各地建设了大批的体育场馆，由此我国体育场馆建设进入一个新的发展阶段。此外，我国当前正逐渐在一些城镇社区配套相应的体育场地及体育休闲设施，这极大地增加了人们进行体育活动的场地面积，也激发了人们参与体育活动、进行体育消费的积极性和主动性。

（五）我国具有众多的人口和丰富的劳动力资源

我国地域广阔，拥有 13 多亿人口，这给我国体育产业发展提供了广阔的发展空间和巨大的消费需求。

我国有着极为丰富的劳动力资源，且劳动力成本相对较低，这对于我国体育产业中的体育制造业的发展来说是得天独厚的优势。另外，巨大的人口数量意味着更多的体育消费需求，这对我国体育产业的进一步发展来说也是极为有利的因素。

(六)我国人民的生活水平不断提高

2015年,我国国内生产总值(GDP)为689 052.1亿元,按可比价格计算,比上年增长10.7%;城镇居民人均可支配收入21 966.19,比上年增长10.89%。这表明,我国人民的生活逐渐富裕,经济实力越来越雄厚,生活水平也越来越高。而人民生活水平的提高,又会促使人们不断产生新的需求,健康需要便是其中一个重要的需求。这样一来,人们对体育产业相关产品需求便会逐渐增加,继而促使我国体育产业获得进一步发展。

二、我国体育产业发展的劣势分析

我国体育产业发展的劣势,具体来说有以下几个。

(一)我国体育产业的规模比较小

与经济发达国家相比,我国体育产业的规模还比较小,在国民经济中所占的比重还比较低,尚未充分发挥出新兴产业的潜力和优势。

(二)我国体育市场尚不成熟

由于我国体育市场刚刚起步发展,有些产品供给不足,尤其是一些高级体育产品基本上是进口国外的。再加上我国的体育消费观念还很淡薄,因此我国的体育市场需要大力发展、体育产品需要有效供给、消费观念需要正确引导。

(三)我国体育产业的结构不够合理

在当前,我国体育产业的结构还不够合理,具体表现在以下几个方面。

1.体育主体产业发展滞后

核心产业滞后是指相对于体育用品业的发展,健身娱乐业和竞赛表演业发展的速度相对迟缓。我国的竞赛表演业在运作过程中,由于政府的参与,不按市场规律运作,造成企业的投入得不到回报,影响了社会资本向职业体育流动。

2.体育中介业发展不足

我国体育产业结构中尚不存在一个有一定规模、能提供高质量专业化服务的体育经纪代理业,影响了体育赛事的推广和运动员的合理流动,造成本体产业的发展活力不够，影响体育产业结构的升级。

3. 体育产业结构的关联效应较低

由于管理体制和传统的制约以及体育产业自身发展的不完善，体育产业各部门相互利用的产品较少，联系相当松散，一些部门几乎封闭发展。比如，我国的竞赛表演业对健身娱乐业、体育用品制造业、体育保险业效应不大。

（四）我国体育产业的发展不均衡

在当前，我国体育产业发展的不均衡主要表现在以下几个方面。

1. 体育产业区域发展不够平衡

由于我国经济和社会发展存在区域性的不平衡发展，城乡、东西部差距很明显，造成了我国的体育产业发展呈现二元结构。从省市看，我国的东部省份，尤其是上海、广州、大连等沿海城市，体育消费水平高，体育产业已经成为本地区社会投资的热点，而西部地区消费水平较低，具有一定规模的体育市场还未形成；从大区来看，华南、华东集中了国内七成多的体育产品类企业；从体育消费来看，东、中部明显高于西部。

2. 体育产业所有制结构失衡

体育产业所有制结构失衡，最为主要的表现便是国有资产在体育产业的比重过高。因此，需要进一步调整我国体育产业的所有制结构，合理增加私有资产在体育产业的比重。

3. 各运动项目间的产业开展度不平衡

足球、篮球、排球、乒乓球和羽毛球进入市场的程度以及产业开发的效益较高，田径、游泳、体操、射击等众多运动项目较低。

（五）我国体育产业的体制机制性矛盾较为突出

目前，我国体育产业发展面临的机制性矛盾较多，市场机制在配置体育资源中的基础性作用还未得到充分发挥。由于我国体育产业是从国有体制中发展而来，不管是在体育市场还是体育竞赛活动等其他类型体育产业中，国家在体育产业占主导地位。这种管理体制导致了体育产业发展缺少灵活性，而且体育资源配置效率较低。由于市场机制在体育资源配置上不占主导地位，很多体育活动不能在全民中推广。

(六)我国体育市场的法规程度不高

规范、有序的市场是产业稳步和健康发展的前提和保证。国家在对体育产业的宏观调控方面缺乏长期、稳定的法律支持，体育产业法制建设没有得到充分重视。虽然一半左右的省、自治区的省会城市都发布了地方性体育市场管理法规或政府规章，如深圳市出台了《深圳经济特区体育市场管理规定》，安徽省实施了《安徽省体育市场管理办法》，上海市颁布了《上海市体育经纪人管理试行办法》，但管理中的一些重大问题，仍需要通过高层次的立法予以明确，如管理权限的明确划分、执法程序的完善和统一等。虽然2010年国务院办公厅发布了《关于加快发展体育产业的指导意见》，但其只是一个国务院办公厅的“指导意见”，没有强制性和约束性。因此，还需要进一步完善我国体育市场的法规程度。

(七)缺乏高素质的体育产业人才

现代企业的竞争，归根到底是人才的竞争。体育产业发展与人才息息相关，即体育产业的发展需要精通体育知识的专业体育人才和熟悉市场的经营管理人员。然而，我国当前缺少这种体育人才，这导致我国体育产业始终处于低端地位，同时也造成当前没有人才去创建世界知名体育产品品牌，没有人才去搞技术开发。

三、我国体育产业发展的机会分析

我国体育产业发展的机会，具体来说有以下几个。

(一)我国经济发展速度加快

GDP和居民收入水平的持续、较快速度的增长是体育产业发展的前提条件和根本保证。近年来，我国经济发展速度不断加快，GDP和居民收入水平也不断提高。据国务院发展研究中心战略部课题组的报告称，如果按购买力计算，则2020年中国GDP总量可能接近当时的美国。由此可见，在21世纪我国体育产业的大发展有着比较坚实的经济基础。

(二)我国产业结构不断进行调整与升级

目前，我国第三产业的比重偏低，与发达国家乃至收入水平和我国基本相同的发展中国家比，也存在较大差距。这就决定了我国产业结构调整和升级的重点是通过市场化路径大力发展包括体育产业的第三产业。

产业结构的调整和升级为体育产业的发展提供了难得的机遇：一是能得到国家产业政策的扶持，包括投融资的优惠政策、税收减免的优惠政策、用工用地的优惠政策等；二是产业结构调整会给体育产业带来更多的社会投资，充足的资本流入都是产业规模和效益提高的必备前提；三是产业结构调整会给体育产业带来更多高素质的经营管理人才，将会推动这个新兴行业的无限发展。

(三)国家不断出台与体育产业发展相关的政策

国家政策的出台为体育产业发展提供了政策保障，2016 年《体育事业"十三五"规划》颁布。该规划明确了体育产业发展的基本方针、主要目标和重点任务，提出要初步构建结构合理、布局均衡、功能完善、门类齐全的体育产业体系，基本形成各种经济成分竞相参与、共同兴办体育产业的发展格局。这为我国体育产业的进一步发展营造了良好的政策环境。

(四)我国有着较大规模的潜在体育消费市场

消费人口的多少决定了体育市场规模的大小，中国人口数量多，潜在消费者在中国人口中占有相当大的比重。据相关统计资料显示，到 21 世纪中叶，我国人口将稳定在 15 亿左右，我国也将进入富裕阶段，而富裕起来的 15 亿人将成为世界上最大的体育消费群体。

(五)我国居民的需求结构和消费结构不断升级

体育消费从本质上讲属于满足人们享受和发展需要的消费。目前我国居民消费水平总体达到小康水平，正在向富裕型小康的消费层次过渡，按照经济学理论，这一时期正是社会消费结构发生重大变革的时期，总的趋势是人们对物质消费品需求的增势将会减少，而对服务消费品，特别是与人的健康和生活质量提高直接相关的服务消费品的需求将会逐渐增加。

当前，广大群众越来越重视身体健康，逐渐开始把体育健身活动作为一种全新的生活方式，并且朝着健康、文明、和谐的方向发展，这给我国体育产业发展提供了良好契机。随着人们收入水平的提高，大家的体育消费需求逐渐加大，投身于体育消费的领域也逐渐扩大，而这正是拉动我国体育产业发展的重要支撑力量。

四、我国体育产业发展的威胁分析

我国体育产业发展的威胁，具体来说有以下几个。

(一)体育产业的管理不够完善

我国当前在体育产业的管理方面还存在不少问题,其中较为重要的有以下几个。

第一,在体育产业管理上,政府与体育企业的责、权、利没有理清,政府过多干预体育经营管理,各企业得不到自主权,没有真正成为自主经营、自负盈亏的市场主体和法人主体。例如,中国足球已经实行了名义的职业化,但对足球的管理依然实行计划体制下的管理模式。作为中国足球管理者的中国足协用强制性和指令性行政手段管理职业化足球发展,忽视甚至排斥市场作用,俱乐部缺乏经营权和所有权,资金不足,负担过重,导致了中国足球事业的发展徘徊不前。

第二,在体育建设投资方面,国家支付着体育事业的大部分费用。这种财政体制抑制了社会办体育的积极性,也带来体育事业单位只讲投入不讲经营效果的弊端。

第三,体育事业的行政化和非市场化,也造成了中国体育事业运行机制的低效率。

因此,我国体育产业要想得到一个大的发展,必须破除举国体制的束缚。但体制的改变必然会影响到既得利益集团的利益,阻力很大,体制的改变必将是一个漫长的过程。

(二)外部体育大国的竞争日趋激烈

体育产业作为一个发展前景良好的第三产业,越来越受到世界各国的重视,并借此来实现本国的产业结构转型。尤其是一些发达国家,不仅在体育竞赛表演、体育健身休闲上具有优势,而且在体育赛事的组织以及体育产品设计上也具有很强的竞争力。一旦这些国家进入我国体育产业领域,将会给我国体育产业的发展造成很大的威胁。

此外,国际高水平联赛的电视转播,影响了中国联赛的收视率。欧洲五大联赛和美国职业篮球赛几乎集中了世界上所有水平最高的运动员,球星们的精彩表演吸引了大量的中国观众,导致国内联赛的收视率下降。再加上我国体育产品的的研制和生产起步较晚,企业科技人才和对科技开发投入的严重不足,导致我国企业的品牌竞争力、产品开发、技术含量、市场推广及融资能力同国际品牌相比还有明显差距。随着进口关税的进一步降低,我国的体育产品和体育市场也将面临更大挑战。

（三）体育产业发展的世界关联性越来越密切

经济全球化既给我国带来了机遇，同时也带来了威胁。这是因为经济全球化使各个国家联系越来越紧密，每一个国家的产业发展都不能独立于全球经济之外，因此，任何国家的经济危机，尤其是体育消费大国，都会影响我国体育产业发展。各国之间关系的复杂性和不确定性在给我国体育产业发展带来机遇的同时也带来了威胁。

（四）体育赛事资源竞争处于弱势

体育赛事属于稀缺资源，竞争十分激烈。在与发达国家竞争申办举行国际大型体育赛事上，我国仍旧处于弱势地位。

第三节　我国体育产业发展的目标与思路

一、我国体育产业发展的目标

根据当前我国体育产业的发展形势，应该制定一个切实可行的发展目标，使我国的体育产业发展成为国民经济的一个新增长点，从而有效推动我国经济的持续增长。具体来讲，我国体育产业的发展目标主要有以下几个。

（一）建立相对完善的体育市场体系

为推进我国体育产业进一步发展，尽快建成一个相对完善的体育市场体系，并使其与其他市场体系相衔接是极为重要的。而且，体育市场体系的完善有助于有效反映市场需求状况的价格与竞争机制的形成与完善。

在对体育市场体系进行完善时，应该积极培育体育博彩市场、体育媒体市场、体育保险市场、体育旅游市场等，从而最终形成多种体育市场相互联系并共同发展的法规建设，建立起公平竞争、信息灵敏、运行有序的体育市场管理体制以及运行机制，并依法保护体育投资者以及消费者的合法权益。此外，还应该借助于现代化的网络技术对传统的体育商品流通渠道与营销体系进行合理改造，积极鼓励体育企业开展电子商务业务。

（二）建立科学合理的体育产业管理体制

在进行体育产业管理时，政府的作用是不容忽视的。但是，政府在体育产业管理中不应全权负责，而是应进一步转变自身的职能，主要负责体育产业的战略规划、信息指导以及政策协调等工作，同时还应该协调政府的计划、财政、金融以及税务等部门，制定并指导体育产业发展的产业政策，对体育产业进行合理的宏观调控，指导并协调体育产品的生产经营活动，从而保证体育产业朝着健康、稳定、协调的方向不断发展。

（三）不断优化体育产业的资本结构

在推动体育产业进一步发展时，应通过资产重组以及结构的调整不断对我国体育产业的资本结构进行优化。要实现这一点，可具体从以下几方面着手。

第一，要在理顺国有体育企事业单位产权关系的基础之上，对社会投资的意向与力量进行积极引导，同时对非国有体育企业的成长与发展进行帮助与扶植，从而促进以国有体育企业为主导、非国有体育企业为主体的多元化的体育产业资本结构的形成。

第二，国有体育企事业单位的各类经营实体应走公司化的道路，建立与现代企业制度相适应的法人治理结构。

第三，要鼓励、支持并发展多种形式的非国有体育经济成分，包括个体私营、合伙经营、股份合作经营、股份公司等各种体育生产经营企业，使之与国有体育企业一起在规范的市场环境与政策法规环境中相互竞争并自主发展。

第四，要大力引进外资，不断扩大体育产业对外开放的领域，外商直接投资经营的体育产业领域也应该逐步放宽限制。

（四）促进区域体育产业协调发展

我国不同地区有不同的体育资源，且不同地区体育产业发展的规模与水平也有一定的差异，因而要形成统一的体育产业发展模式是比较困难的。针对这一现实，各级政府的体育行政管理部门应该根据本地区体育资源的条件以及特点，制定相应的区域体育经济政策，以本区域内的首位市场为中心，以点带面、分层推进，从而形成各具特色的区域体育产业的发展模式。其中，北京、上海、天津、重庆、沈阳、广州、西安、南京、深圳等大型城市应该建立起国家级的体育产业基地，并充分利用其得天独厚的体育资源与雄厚的经济及科技实力，努力开拓体育消费的市场潜力，迅速使体育产业发展成为本地区国民经济的主导产业。内陆以及少数民族地区的省会城市也应该根据本地区经济与体育发展状况，因地制宜地大力开发与利用自身的特色体育资源，发展具有区域特色的体育产业，努力使体育产业在本地区经济与社会发展中发挥重要的作用。

(五)不断增强我国体育产业的国际竞争力

当前,我国体育产业的发展面临着国内和国外两个市场,且来自国外市场的竞争在很大程度上制约了我国体育产业的进一步发展。因此,应不断增强我国体育产业的国际竞争力,在国际体育市场竞争中占据有利的位置。

在我国的体育产业当中,体育用品业是在国际体育市场上具备一定优势的行业。因此,体育产业的发展应该加快在这一行业推进品牌战略的力度,同时还要采取积极扶持的政策,鼓励并引导大型的体育用品企业进行研发与投入,开展技术创新、产品创新以及营销手段的创新,力争打造出在国际体育用品市场上具备相当影响力的品牌。同时,还应该制定特殊的政策,对我国的优势运动项目开拓国际市场进行积极扶植,努力推动传统武术、散打、象棋等走向国际,不断开拓海外竞赛表演市场,从而提升这些运动项目在国际体坛的影响力。

(六)打造一流的体育企业家队伍

体育产业的发展离不开相关的人才,因而体育产业在发展的过程中应制定人才培养战略,努力打造一支一流的体育企业家队伍。具体来说,政府的体育行政管理部门应制定相应的体育商贸人才培养战略,体育院校也应与财经类大学进行广泛的合作,增设体育产业相关的专业或者专业方向,开设体育 MBA 系列课程,培养更高水平的体育经营管理人才,从而为我国体育产业的可持续健康发展提供充足的人才支撑与智力支持。

二、我国体育产业发展的基本思路

要确立 21 世纪我国体育产业发展的总体思路,必须把握国际环境的深刻变化,把握国内经济发展的特征,把握培育国民经济新增长点的战略目标,把握满足人民群众日益增长的体育消费需求的基本任务。从总的发展趋势来看,我国体育产业在今后一段时间的发展过程中面对的仍然是机遇与挑战并存的局面。一方面,体育产业发展过程中存在的问题与矛盾将继续存在,体育产业的发展不仅要面临经济结构调整的巨大挑战,同时还要应对产业自身的结构调整与升级,解决发展问题具有很大的难度;另一方面,经济的调整同时也带来了很大的发展机遇,只有正确处理体育产业发展过程中所产生的矛盾,积极采取各种手段来化解不利因素,同时善于挖掘体育产业与市场的潜能,才能更好地保持我国体育产业健康发展的势头,为体育产业的继续发展奠定坚实的基础。在这里，着重阐述一下竞技体育产业、社会体育产业和学校体育产业发展的基本思路。

(一)竞技体育产业发展的基本思路

自第二次世界大战结束后，世界竞技体育的职业化程度进入了一个高潮。尤为突出的是以职业足球为代表的产业化经营，加快了世界竞技体育产业化经营的步伐，各国、各洲的高水平竞技体育比赛应运而生，为竞技体育产业化经营奠定了坚实的基础。当前，我国也在积极发展经济体育产业。江泽民同志在党的十五大报告中强调指出："在现代化建设中，必须把实现可持续发展作为一个重大战略。"可持续发展这一概念自诞生以来越来越得到社会各界的关注，其基本思想已被国际社会所广泛接受，并逐步向社会的各个领域渗透。竞技体育产业化经营开发与其他社会事业一样，要充分认识实施可持续发展战略的重要性和紧迫性。因此，在促进经济体育产业进一步发展时，应积极走可持续发展的道路。也就是说，今后竞技体育产业发展的基本思路是坚持可持续发展的战略。

竞技体育产业发展的可持续发展战略是一项"政府调控行为、竞技体育行业俱乐部自制能力、社会公众参与"三位一体的系统工程。只有三方有效协调，才能真正促进我国竞技体育产业的不断发展。

1.政府要充分发挥自己在竞技体育产业发展中的宏观调控作用

一个国家、地区或行业的政府领导是推动该国家、地区或行业可持续发展的第一位力量。很难相信，没有政府部门的鼎力支持，可持续发展的实践会有效地运行起来。

竞技体育产业化经营开发可持续发展战略，是和社会主义市场经济的建立过程同时进行的，必须在发展市场经济的同时加强政府对竞技体育产业化经营开发问题的宏观调控。特别是要依靠完善的法律体系、政策体系、行业法规和强有力的执法监督，建立竞技体育产业化经营开发可持续发展的综合决策机制和协调管理机制，才能使竞技体育产业化经营开发可持续发展得到贯彻和落实。

2.竞技体育行业俱乐部要不断加强自身建设

我国竞技体育行业俱乐部、各种竞技体育俱乐部都是从事竞技体育产业化经营开发的细胞组织。与可持续发展相适应的竞技体育俱乐部应该是追求内部经济性和外部经济性双重目标的俱乐部。竞技体育产业化经营开发的可持续发展，首先应该在观念层次上建立公正为本的发展理念。因此，俱乐部在自身建设方面要特别注意以下几个方面。

第一，要注意与产业化经营开发的竞争环境之间的公正。

第二，要注意与他人和其他俱乐部之间的公正。

第三，要注意与后人之间的公正。

3. 积极引导公众参与到竞技体育产业的发展之中

社会公众参与是竞技体育产业化经营开发可持续发展的群众基础，因此应积极引导公众参与到竞技体育产业的发展之中。一旦公众关心竞技体育和竞技体育经营活动，那么行动起来的公众将成为竞技体育产业化经营开发可持续发展战略的真正势不可挡的大军。

具体来说，公众参与竞技体育产业化发展的方式主要有以下几个。

第一，社会个人或社会团体积极参与竞技体育的活动、支持竞技体育产业化经营开发的经济活动。

第二，社会公众对有害于竞技体育产业化经营开发的行为进行预警、监督和指控。

第三，通过新闻传媒或公众论坛推进政府部门采取有效而及时的举措，实施竞技体育产业化经营开发的可持续发展战略等。

(二)社会体育产业发展的基本思路

1. 我国社会体育产业发展的现状

我国社会体育产业在发展的过程中暴露出不少问题，其中较为主要的有以下几个。

(1)社会体育产业未受到高度重视

在当前，我国社会体育产业还没有受到高度重视，具体来说表现在以下几个方面。

第一，我国体育的管理体制长期以来注重的是以发展竞技体育为中心，政府尤其侧重发展竞技体育事业，这使得竞技体育与社会体育没有从根本任务目的上和实质上严格区分开，重竞技而轻群体，中央和地方的竞技体育运行体制搞得壁垒森严，完全成了一种政治任务。社会体育备受冷落，社会体育产业发展缓慢，无法形成一项独立的产业。

第二，由于社会体育主要是由各级体育职能部门负责管理，而各级体育职能部门的主要目标是抓竞技体育或奥运战略，社会体育工作只是一带而过，因此，根本无法准确划分对社会体育产业的投入与收益，社会体育资产的责、权、利不明确，群体资源未能得到优化配置，社会体育产业自然而然就成为了竞技体育的附属品，无法对社会体育产业进行界定评价、严密控制和管理，这是导致社会体育产业发展缓慢的重要原因之一。

第三，社会体育产业的管理、宣传力度不够，对调动人民群众参与竞技体育的观赏消费方式、方法缺乏深入细致的调查研究，广告宣传不够深入人心，组织上仍然存在官僚主义作风，这是官办竞技体育与生俱来的痼疾。当今世界体育产业的重要方式，是通过观赏高水平体育竞赛和表演吸引更多观众，以此增加门票收入和吸引更多更好的广告赞助商，从而达到赢利的目的。目前，我国只有足球的观赏消费市场有较大的潜力，但仍然远远没有达到体育产业消费市场所应该达到的期望值。同国外足球产业市场相比，我国还处于非常稚嫩时期。这与直接管理者和经营者缺乏先进的、灵活多样的、现代化管理经营策略方式有密切关系，例如，对广告宣传方式的展开、门票价格的制定策略、门票销售的多种方式方法以及相关行业的相互配合呼应，都未得到充分的认识、研究和分析。

(2)盲目地开展社会体育

在我国社会体育产业的发展过程中，盲目地开展社会体育也是一个十分突出的问题，具体表现在以下两个方面。

第一，我国社会体育培训辅导和信息咨询服务等市场的培育发展不够，只重视提供体育活动场所和相应的设备器械条件，极大地忽视了对真正参与对象的有关指导和培训工作，这是社会体育工作中最大的失误！学校体育活动、业余运动训练、娱乐体育和运动竞赛是当前各地体育场馆最主要的活动内容，而社会体育活动指导和培训的内容最少，在我国广大人民群众对社会体育活动技能和基本常识掌握普遍不高的情况下，非常有必要加大群体活动开展的力度，同时要不断加强社会体育参与对象的培训和指导工作，这是当前发展和培育体育消费市场的重要前提，必须引起高度重视。

第二，在社会体育序列中，直接参与体育活动是最基本的。目前，我国整个社会体育产业的基本状况是高档次、高消费的体育场所建设过多，面向广大一般工薪阶层的体育活动消费场所较少，如保龄球、高尔夫球，网球等，前些年，各大、中城市的保龄球馆如雨后春笋般地建起来，一哄而上，由于对社会体育消费市场的调查了解不够，导致出现发展过剩和需求不平衡的局面，造成资源浪费。而对身体锻炼价值明显、深受广大人民群众欢迎的经营项目明显不足，如乒乓球、羽毛球、游泳等。与此同时，仅仅作为一名体育比赛的观众，而不积极投身于体育活动中成为一名参与者，只是纯粹为了满足感官的需求，这种现象相当普遍地存在于日常生活中，它严重制约了体育人口的培养和壮大。

(3)体育场馆的使用开放不够灵活

体育场馆的使用开放依然不够灵活，从体育场馆的开放情况来看，并不是现今所有体育场馆都已经对外开放，有的是全部对外开放，有的只是部分对外开放，而有的仍未对外开放。其中尤其是官办的体育场馆，由于政策或行政命令和由于缺乏懂管理会经营的人才以及由于内部管理体制模式的僵化，不少地方的体育场馆远远无法满足大众对体育场馆的需求。

(4)体育无形资产未得到有效开发

体育消费应该具有持续性，它除了身体活动行为的延续性外，体育精神消费也占有重要的地位。当前我国社会体育文化市场几乎一片空白，难以看到高水平体育题材的影视剧作品现世，难以听到好的体育歌曲，唯有的基本都是"舶来品"，而当今市场上却充斥了大量国外反映体育题材的影视剧作品及歌曲，十分不利于完善我国的社会体育产业市场的发展。

2.我国社会体育产业发展的具体思路

在今后发展我国体育产业时，应遵循以下两个发展思路。

(1)积极开发具有民族特色的体育健身娱乐产品

要根据各地体育市场的特点及大众的体育消费爱好，着力开发一些深受大众欢迎的、喜闻乐见的、具有中国特色民族特点的体育健身娱乐产品，以满足不同层次体育消费者的体育健身娱乐消费的需要。

(2)积极开发新的体育健身娱乐市场

作为我国体育产业重点发展领域的体育健身娱乐业，要把为大众强身健体、延年益寿、欢度闲暇提供服务的体育健身、休闲、娱乐产品的市场供应作为重点，坚持常规体育健身娱乐消费项目(如足球、篮球、游泳、羽毛球、网球、乒乓球等)与新兴体育健身娱乐消费项目并举的开发方针。在此基础上，要注重开发以下几个相关的体育健身娱乐市场。

第一，日益受到男、女青壮年青睐的"青春美容健美健身市场"，如以减肥、健美、形体训练为主要内容的参与型体育健身娱乐产品。

第二，满足现代都市居民回归大自然、欢度闲暇迫切愿望的趣味性和休闲性较强的娱乐型体育健身娱乐市场，如多功能水上体育娱乐场所、体育游乐、体育旅游等体育健身休闲娱乐产品。

第三，深受年轻家长喜爱的少年和幼儿体育培训市场，如游泳、体操、乒乓球、网球、足球、棋牌等培训班，以及各种体育俱乐部、体育学校及体育幼儿园等。

第四，中老年的"银发健身市场"，如气功养生、康复咨询、运动处方等保健型、康复型的体育健身娱乐产品。

第五，为外商及国内部分白领阶层休闲、健身、娱乐、公关及商务活动提供服务的“多功能高档体育健身娱乐市场”，如高尔夫球俱乐部、网球俱乐部、保龄球俱乐部、游艇俱乐部。

(三)学校体育产业发展的基本思路

1.学校体育产业化及其发展现状

(1)学校体育产业化的内涵

学校体育产业化是一种以市场为导向，将学校体育服务产品生产、流通、交换、消费的诸环节联结为一个完整的产业系统，实现一体化经营的过程。在学校体育产业化进程中，市场并不是唯一的方式，还应包括计划以及市场和计划相结合的方式。因此，学校体育产业的运行往往是市场方式、半市场方式和非市场方式多种形式并存。

学校体育产业运行的市场方式，主要是指社会体育需求量大、经济效益高的商业性体育项目，如足球、篮球等，实行企业化经营，可以成立足球俱乐部，自主经营，自负盈亏。

学校体育产业运行的半市场方式，是指以社会效益为主，经济效益为辅的公益性体育实行计划和市场相结合的方式，实行低价服务。一方面，学校体育产业要满足国家与社会的体育需要；另一方面，学校体育产业要有利于单位自身发展的需要。

学校体育产业运行的非市场方式，是指以非盈利为目的，执行国家体育目标的政治性体育，靠财政全额拨款，不通过交换，完成国家下达的任务。但是要参照市场，讲究投入和产出。

(2)学校体育产业的发展现状

现在学校体育走向市场已是大势所趋，许多专家也提出了一系列发展学校体育产业的方法和策略，但由于学校体育隶属于教育这一特殊性，使其与商品经济的结合显得力不从心。同时，由于体制原因、经营人才缺乏、场馆建设和思想意识等原因，使得学校体育产业化道路步履维艰，困难重重。具体来说，阻碍学校体育产业发展的因素主要有以下几个。

第一，政府对学校体育产业投入量偏小。我国体育产业化以竞技运动为突破口，相比之下，学校体育产业化路子显得捉襟见肘。改革开放以来，随着国民经济的迅速发展，各级政府对体育的投入总量虽然不断增加，但体育在政府财政支出中的比重仅为4%，而体育支出在教科文体等领域中的支出只占23%。由此可以知道，政府对学校体育产业投入量是比较小的。

第二，学校体育产业的投入渠道比较单一。以往的学校体育单一，因受体育事业和教育事业的定位，否认它具有创造产值的经济属性，因而长期以来只强调国家投入，不重视自身产业开发，靠国家财政性体育经费维持，政府依然承担着学校体育投资主体的责任和压力，远远不能满足人们日益增长的体育需求。因此，必须积极开拓学校体育产业发展的多元化投资渠道，以促使我国学校体育产业的进一步发展。

第三，学校体育教育投资严重短缺。目前，我国高校体育教育经费严重短缺已成为不争的事实。根据国家教育部和国家体育总局联合下文对学校体育设施和场地的要求看，在校生人数和运动场地设施的比例均不达标，严重制约了体育教育事业的发展，极难适应目前扩招、增幅、增量和教育事业快速发展大环境的需求。

第四，学校体育产业运行缺乏有效的理论基础和实践经验。学校体育产业作为一个具有规模特征的体育文化，其运行也必然有其理论与实践相结合的文化思想基础。学校体育产业在我国还刚刚起步，因此在实践上没有现成的经验可循，在理论研究方面还没有形成规范性的理论体系，一些局部性与边缘性的研究也不能作为理论经验来套用。市场是资源配置的基础性手段，生产要素是按照市场法则流向组合的，而这种流动又总是使各种生产要素流向能够产生更大的效益，产生回报率更高的地方和区域。同样，学校体育产业的资源配置和产业结构也要按照这个特点来考虑和重新设计、调整。因此，在把学校体育产业作为体育事业对待的同时，要适当、适时地将学校体育的产业结构进行重构和转变，做到产业要素的科学性、合理性和流动性。这主要表现在要完善学校体育的产业结构，抓住产业结构中的重点要素和重点要素的重要方面，以市场规律为基本法则，在产业结构和市场运行中寻找自身不足，完善功能，为学校体育产业化的规模化、规范化和科学化打下坚实的基础。

2. 学校体育产业发展的具体思路

(1)不断深化学校体育产业改革

长期以来，由于国家财力有限，福利性的教育事业支出不得不让位于生产性支出。体育的组织者也仅把学校体育产业看作是社会的一种消费，并不追求经济效益，体育产业的规模、数量以及人们对体育产业的需求都受到财政拨款或福利基金的限制。显而易见，把学校体育产业限定在体育事业之中，已不能适应社会主义市场的需要。因此，必须树立体育产业化意识，增强体育产业化观念，加快学校体育产业改革步伐，完善知识体系，加速人才培养。

(2)大力发展学校体育产业市场经济

根据市场经济的要求,大力发展学校体育产业市场经济的建立已迫使体育面向市场。作为体育重要组成部分的学校体育,其适应市场经济的最有效方式就是本身的产业化,这也是体育本身适应市场经济改革的基本要求。

(3)重视开发与利用学校体育产业的信息市场

从我国体育产业存在的形势来看,无论是竞技体育、大众体育、休闲体育或学校体育,都与学校体育信息或多或少地联系在一起。体育产生信息市场以无形商品作为交易对象,体育信息是一种抽象资源,没有固定物质形态。当前,学校体育信息市场的主要缺点在于,信息需求不足,对信息的有偿使用存在着许多误解;信息市场传输能力不平衡,供给质量有待提高;信息市场专业化程度较低。学校体育产业信息市场的开发,应该从学校体育娱乐业、学校体育相关产业、学校体育竞赛转播权的销售、学校体育广告业等发展的现状出发,不断调整和规范体育产业结构,强化体育信息商品意识,缓解体育信息商品的供求矛盾,科学管理体育信息市场,使其朝着有序、健康的方向发展。

第四节　我国体育产业发展的策略

体育产业要想实现持续、健康的发展,就必须根据体育产业发展的现状总结制定出产业下一步发展的基本策略。根据我国体育产业的发展情况,体育产业在未来发展的基本策略主要有以下几个。

一、不断深化体育产业体制改革

在进行体育产业体制改革时,应着重从以下几方面着手。

第一,积极转变政府职能。政府部门不再直接参与体育,而是负责制定体育产业政策,完善体育产业法规,为体育产业的发展指明方向,为市场环境下的体育运营进行宏观调控。

第二,加强社会力量,强化社会体育组织,更好地发挥体育的社会功能。

第三,建立现代体育产业产权制度,实行行政权与所有权分离,按照“谁投资、谁所有、谁受益”的原则,重塑所有权主体,实现企业产权独立化。

第四,改革体育产业投资和融资体制。对于社会公益性体育产业,实行国家财政宏观调控的体育产业财政投融资体制;对于盈利性体育产业,应建立以内部融资为主、股权融资和债务融资为辅的融资体制。

二、大力发展体育竞赛的表演市场

作为我国体育产业重点发展领域的我国体育竞赛表演业，应把已经进入竞赛表演市场的职业体育俱乐部联赛作为竞赛表演产业的优先发展领域，在此基础上加大对商业性体育竞赛表演市场及社会体育竞赛市场的开发力度，并把我国体育竞赛表演市场开发的区域逐步向中小城市、边远城市延伸与扩散。与此同时，注重竞赛表演市场经营主体和中介机构经营机制的健全和完善，形成职业体育竞赛表演项目市场、一般竞技项目竞赛表演市场、民族传统体育项目竞赛表演市场及联赛竞赛市场、商业性竞赛表演市场、社会体育竞赛表演市场并驾齐驱的市场格局，以不断提高我国竞赛表演产业的市场容量及经济效益和社会效益。

此外，应该立足于体育竞赛体制的改革以及运行机制的转换，对各种体育竞赛的经营活动进行指导与规范，鼓励多种社会力量承办国内外高水平的体育竞赛表演，从而促进体育竞赛与表演朝着产业化、社会化以及法制化的方向不断发展；应结合我国体育发展的客观实际，吸收并借鉴国外运营体育商业赛事等方面的成功经验，从而逐步建立各种体育竞赛中介服务经济实体以及完备的体育竞赛经纪人制度。

三、有效调整体育产业的结构

在进行体育产业结构调整时，可具体从以下几方面着手。

第一，把健身娱乐产业、竞赛表演业作为体育产业发展的重点。政府要制定适合体育健身娱乐产业健康发展的产业政策，体育健身娱乐机构保证人们体育健身娱乐生活的丰富性和高档性，体育健身娱乐业的工作人员要提高服务水平。竞赛表演业在整个体育产业当中是最具影响和辐射力的部分。要大力发展竞赛表演业，能够形成像美国 NBA 联赛这样有档次、有影响的体育竞赛表演业，其主要途径是发展和完善体育联赛。

第二，发展体育中介业，带动体育产业的其他部分，尤其是竞赛表演业的快速发展。

第三，组建大型企业集团，推进品牌战略以及增加研发投入，引导和鼓励技术创新、产品创新及营销手段创新等方面扎实工作，使体育用品业成为持续推动整个体育产业高速增长的主导行业。

四、不断加大对体育产业的政策支持

从各国体育产业发展经验来看，体育产业发展除了靠市场自身发展之外，政府的参与也十分重要。政府参与并不是政府直接办体育，而是政府给体育产业发展提供一种良好发展环境。其中主要是对体育产业发展提供政策支持，指导及改善体育经营的管理方式和实施机制。同时，体育产业政策的制定必须坚持与我国各地区的经济和社会发展相协调。各级政府在扶持体育产业发展时，可以给相关的体育企业和体育活动提供资金、补贴和减免税收，同时也要建立与体育产业相关的知识产权保护法律法规，构建多元化的投融资体系，以及建立体育产业研发基地等。

政府在对体育产业的发展给予政策支持时，对于经济政策的制定要特别注意。政府应认真深入地进行相关调查研究，积极争取并贯彻国家对于体育事业发展的相关政策、体育基本建设的投入、投资政策、税收政策、价格政策、社会对体育公益事业赞助方面的政策、体育彩票和体育基金制度等方面的政策；制定并贯彻体育事业单位以及经济实体进行多种经营来补助体育事业的优惠政策，执行相关人事、财务以及资金等方面的政策，使之真正落在实处；严格执行国家税务的相关法律法规，进行依法纳税，从而为体育产业的发展创造良好的政策环境。

五、积极培养体育管理人才

体育产业管理人才的培养应广开渠道，采取多种方式，如在岗培训、专业培养、交流引进等，加快体育产业人才的培养，特别是要发挥体育院校培养体育管理人才的作用。

为了培养出懂经济管理又懂体育的人才，体育院校应根据社会需求情况，积极进行教育教学改革，优化专业和课程设置，加强与体育企业、体育经营和体育管理单位的联系，走教学、科研、生产和管理一体化的体育产业人才培养的道路。体育院校和财经类院校发挥各自的优势进行强强联合，共同培养从事体育产业经营管理工作的高层次专门人才。同时应积极扩大和增进体育产业人才的国际交流与合作，以适应体育产业全球化的发展趋势。

六、充分调动社会各方的积极性

要想实现体育产业的全面发展，应该充分调动社会多方面的力量，而不能过多依赖政府的扶植与投资。体育产业的发展应该在坚持“谁投资、谁所有、谁获益”的原则之下，打破地区、部门以及所有制的界限，积极鼓励社会各界来对体育产业进行投资与支持。此外，相关的体育行政部门还应该积极提供咨询、服务以及优惠政策等，从而为体育产业的发展提供更好的条件。

在国家对体育产业进行财政拨款的主导作用下，体育系统自身应该积极主动地把握当前产业发展的有利时机，将产业自身发展的潜力与优势充分挖掘出来；同时还应该多渠道筹措产业发展的资金，使体育产业的经营模式不断多样化，在增强自身发展力的同时也为社会提供更加多样化的产品与服务。

七、积极培育体育健身娱乐市场

在全民健身计划的大背景下，坚持国家扶植与社会参与相结合的原则，积极鼓励社会各界对体育健身娱乐方面各种经营活动的投资与兴办，同时对其进行规范与指导。群众性的体育协会、俱乐部以及社会体育指导中心（站），应该以社会化与产业化为方向，面向市场，服务群众，同时以各类体育设施为依托，为广大群众健身、健美、康复、娱乐等体育活动的开展提供场地、设施以及技术等多方面的服务。此外，还应该积极引进国外趣味性较强的健身娱乐项目与设施，从而更好地满足广大消费者对于体育健身娱乐多种层次的需求，鼓励并支持在社区中开展体育指导咨询及策划、体育场地设施和器材租赁、体育活动保险、体育康复等各类社区体育服务活动。

体育行政管理部门以及有关单位应该加强对各类群众体育活动的经营组织与监督管理，切实保障广大体育消费者的权益。

八、培育与发展多要素的体育市场

体育产业的发展应该打破体育人才的地区所有制，将体育人才市场搞活，使体育人才资源得到最大程度的开发与利用；应该建立并不断完善运动员注册制度与转会制度，鼓励运动俱乐部运用市场手段选聘或者输出国内外高水平运动员促进高水平体育运动人才的合理流动；扩大各个体育运动学校的自主权，试行体育后备人才有偿培训制度，培育并开拓体育后备人才市场；充分发挥体育院校的有利条件，不断加强体育人才的培育。大力发展体育技术中介服务与信息咨询业，通过运用市场机制促进体育高科技产品的开发，推进体育技术成果的商品化和产业化，从而提升体育信息资源的使用效率与效益。

九、广泛开展体育系统的多种经营活动

发展体育产业应该鼓励体育事业单位根据自身的特点与市场的需求兴办投资少、见效快、收益高的经济实体，积极开展多种形式的经营创收活动，合法经营并依法纳税。而对于体育系统现有的各类经济实体，应该根据相应的情况进行针对性研究，通常应该在转换经营机制方面采取新的措施，对不盈利的单位进行整顿，条件成熟的依照现代企业制度进行规范。

各级体委也应该对多种经营活动加强宏观管理，同时采取切实可行的措施遏制经营收益的福利化倾向，保证大部分的创收收入投入到体育事业的发展当中。同时，还应该要重点抓好体育部门与外单位合作经营、合作开发中的产权界定、评估以及签订合同等各种工作，从而有效避免在产业经营开发中体育部门国有资产的流失。

十、建立完善的技术研发体系

科学技术是第一生产力，科学技术在体育产业中的作用主要体现在体育用品行业中。面对体育服务市场和产品市场的飞速发展，作为世界体育消费最大市场之一和全球众多体育用品的重要生产和加工基地，我国要在利用劳动力成本优势的同时，不断转向靠技术研发来发展体育产业，加快建立技术研发体系。首先，最重要的是体育企业转变经营观念，投入更多的资源开展技术研发工作。其次，政府大力发展给体育企业提供技术咨询服务和指导的研究机构、大学等。对于一些技术性体育企业给予直接财政补贴或税收方面的优惠措施，促进体育企业不断提供技术水平。最后，建立更多的技术信息交流与共享平台，促进技术转让与交易。

十一、积极改善体育产业发展的基础设施

体育基础设施是我国体育产业发展的基础。一方面可以为体育企业发展提供良好的发展平台，另一方面可以刺激消费者对体育产品的消费。首先政府应进一步改变一家独大的体育格局，打破各种政策壁垒，制定优惠政策，吸引各种资本进入体育基础设施建设领域。其次，进一步整合现有体育设施资源，打破各种体育资源的系统分割，用法律法规明确社会上各种体育场地对全社会开放的责任，推动有限资源的共享。尤其是加大政府、学校、

企业各单位体育基础设施的开发力度，不断提高现有体育基础设施的使用效率，从而为我国体育产业发展提供物质基础。

十二、坚持总量扩张与质量提高并重

当前，我国的体育产业正处于起飞阶段，也就是体育产业自身发展的初级阶段。广大人民群众对于体育的商品化需求仍然处于起步与上升的初期，增长的潜力非常巨大，需求拉动下的水平扩张或者说是规模扩张，仍将是我国体育产业发展的基本特点。同时，在我国体育产业的发展过程中，发展规模的迅速扩张是产业发展的第一需要，这是由于产业的规模过小就无所谓规模与质量的问题，因此必须将启动体育消费需求与投资需求作为发展的重点任务来抓，争取实现体育产业规模的迅速扩张。但是，随着体育产业规模的迅速壮大与发展，产业的结构与质量问题也将逐步凸显出来，并且在经济全球化背景下，体育产业的后发国家将会面临着在本国体育产业还没有形成一定规模的情况下就遭遇激烈的国际竞争，怎样有效提升本国体育产业核心部分的国际竞争力就成为体育产业发展初期需要解决的实际问题。因此，体育产业的发展应该坚持走总量扩张与质量提高并重的道路，不仅不能为优化体育产业结构、提高体育产业质量而忽视体育产业规模的壮大，因为这与产业发展的阶段特征以及满足人民日益增长的体育消费需求并不相符；也不能只为扩张体育产业的规模与总量而忽视产业发展的质量，因为这不符合“两个转变”的要求以及提升体育产业国际竞争力的客观需要。

十三、积极促进大型体育企业与中小型体育企业共同发展

我国体育产业发展的重要特征之一就是要将提升体育产业的国际竞争力放在重要的位置。而要想提高我国体育产业的国际竞争力，就必须制定相应的政策鼓励并支持优势企业的重组与企业之间的兼并，“造大船下海”，与国外体育企业特别是跨国体育企业进行竞争。从一定意义上讲，没有国际知名体育企业就没有一流的企业形象与著名品牌，也就没有体育产业国际竞争力。因此，组建大型的体育企业是我国体育产业的发展必然的战略选择。但是，我们同时也要重视中小型体育企业的发展，这是由于：一方面，我国体育产业在相当长的一段时间内仍将处于由起飞阶段向成熟转变的一个过渡阶段，规模的水平扩张需要中小型体育企业在数量与质量两方面迅速提升；另一方面，体育产业作为大文化产业的一类有其自身的发展特点，

遍布全社会的体育企业网状结构也主要由中小型体育企业来支撑。因此，我国体育产业今后的发展战略一定要坚持组建大型体育企业与发展中小型体育企业相结合。

十四、促进体育用品业和体育服务业的协调发展

人民群众有支付能力的体育消费需求是实际购买的各类体育物质产品与服务产品的总和。从某种意义上来讲，发展体育产业的过程就是引导与激励人民群众不断实现自己有支付能力的体育消费的过程。我国针对核心产业(也称本体产业)发展滞后的问题已经制定过一系列相应的政策，大力支持并扶植核心产业的发展，这是必要同时也是正确的。但是，我国体育产业下一步的发展将很快跨越起步的阶段，不管是出于扩张总量还是优化产业结构的考虑，都应该妥善处理好体育用品业与体育服务业之间的关系。这是由于：一方面，我国体育用品业与体育服务业的规模非常有限，各自的领域都有继续拓展的空间，且发展潜力很大；另一方面，体育用品业与体育服务业之间存在着很大的关联效应，两者互为发展的前提，没有体育服务业的快速发展就没有体育用品业的大繁荣；反之也就不会有体育用品业的高速发展，体育服务业继续发展的可能性也会受到很大制约。

因此，在体育产业发展过程中必须正确处理好发展体育用品业与发展体育服务业之间的关系，体育用品业的行政主管部门与体育服务业的行政主管部门应该从培育国民经济新增长点的大局出发，打破行业之间的壁垒，从而实现产业的大发展。

十五、积极启动国内体育消费需求

启动国内体育消费需求对于我国体育产业的发展而言并不是短期问题，而是一个具有长远意义的战略性问题。

我国的人口众多，国内体育消费人口与体育市场非常大，这种国情就要求我们应该将拓展国内体育消费需求作为工作的重点，只有真正把这方面的工作做好了，体育产业的规模才能扩大，体育产业在国民经济中的地位与作用才能得到有效提升。但是，中国在成为世界贸易组织的成员国之后，我们在享受成员权利的同时也需要承担相应的义务，体育商贸的国际化趋势将在国际与国内两个体育市场上愈演愈烈。因此，如果我们不在启动国内体育消费的同时高度重视拓展国际体育市场，那么失去的将不仅仅是国际体育市场的份额，甚至会造成我们栽树别人乘凉的后果。有鉴于此，我国体

育产业的发展思路必须坚持启动国内体育消费需求与拓展国际体育市场的统一，要选择我国体育产业中具有国际比较优势的部分，同时根据有所为、有所不为的发展方针，有重点地扶持一批明星企业以及知名品牌进军到国际体育市场，争取在国际体育商贸活动中获得更大的市场份额。

十六、不断创新体育场馆的运营模式

体育场馆是健身休闲和竞赛表演的重要场所，也是体育产业的重要内容。调查数据表明，我国居民在体育场馆进行健身活动的比例只有15.3%。因此，积极推进体育场馆管理体制改革和运营机制创新，引入和运用现代企业制度，激发体育场馆活力，探索大型体育场馆所有权与经营权的分离是当前政府职能部门改革的重点。

目前，我国体育场馆总数已经超过170万个，主要经营模式有政府主导型、承包租赁型和企业化经营三种。传统政府主导型经营模式是我国大中型体育场馆的主要经营模式，在计划经济体制下发挥了重要作用。但这种经营模式存在运营效能不佳、服务能力不强、利用水平不高、持续发展动力不足等问题。尤其是在全民健身体育场馆不足的情况下，大中型体育场馆闲置率高，70%以上运营亏损，造成了大量体育公共资源的浪费。因此，进一步深化体育场馆管理和运营体制改革，由政府主导型体育场馆运营模式向市场化运营模式转变已成为必然趋势。以职业体育赛事和大众健身服务为主要内容，不断完善政府购买体育场馆公共服务的机制和标准，健全体育场馆公益性开放评估体系，构建城市体育服务综合体，创新体育场馆运营模式等改革举措是保障全民健身活动多元化、多层次体育消费需求的必然选择。

参考文献

[1]刘远祥.体育产业结构优化研究[M].济南:山东大学出版社,2015.

[2]吴超林,杨晓生.体育产业经济学[M].北京:高等教育出版社,2004.

[3]曹可强.体育产业概论[M].上海:复旦大学出版社,2004.

[4]杨铁黎.体育产业概论[M].北京:高等教育出版社,2010.

[5]丛湖平.体育产业理论与实践[M].北京:人民体育出版社,2006.

[6]高巍.完善我国体育产业政策体系研究[D].东北师范大学博士论文,2014.

[7]张瑞林,王会宗.体育经济学概论[M].北京:高等教育出版社,2016.

[8]钟天朗.体育经济学(第2版)[M].上海:复旦大学出版社,2010.

[9]张玉峰,王跃.体育经济学[M].上海:华东理工大学出版社,2007.

[10]钟天朗.体育经营管理——理论与实务[M].上海:复旦大学出版社,2008.

[11]陈林祥.体育市场营销[M].北京:人民教育出版社,2010.

[12]张贵敏.体育市场营销学[M].上海:复旦大学出版社,2006.

[13]刘勇.体育市场营销(第2版)[M].北京:高等教育出版社,2007.

[14]王伟利,刘东升.市场经济概论[M].北京:中国商业出版社,2003.

[15]蔡俊武,赵长杰.体育赞助——双赢之策[M].北京:人民体育出版社,2001.

[16]朱玲,柳伯力,谢晋达.体育产业论[M].成都:四川科学技术出版社,2008.

[17]李龙,汪玮琳.体育市场竞争策略与管理[M].北京:中国经济出版社,2007.

[18]何海明,袁方.奥运营销——十大经典案例[M].北京:人民体育出版社,2008.

[19]李海.体育博彩概论[M].上海:复旦大学出版社,2004.

[20]杨公朴,夏大慰.产业经济学教程[M].上海:上海财经大学出版

社,2003.

[21]卢元镇.中国体育社会学[M].北京:北京体育大学出版社,2000.

[22]黄柯.论体育赞助[J].成都体育学院学报,2001(4).

[23]鲍明晓.我国体育市场投资前景分析[J].天津体育学院学报,2000(2).

[24]傅君芳.试论整体体育赛事营销[J].体育科学研究,2005(4).

[25]陈立基.试论体育市场的若干理论问题[J].体育科学,1998(4).

[26]林向阳.体育经济学中若干理论问题的探讨[J].北京体育大学学报,2004(9).

[27]周爱光,杜高山.新常态视野下我国体育产业发展研究[J].体育学刊,2016(6).

[28]郑先常.我国体育产业发展的SWOT分析[J].山东省农业管理干部学院学报,2012(4).

[29]唐广宁.我国体育产业的SWOT分析及其发展战略研究[J].沈阳体育学院学报,2012(1).

[30]王海娜.竞技体育产业发展研究——以山东省为例[D].山东农业大学硕士论文,2012.